中 华 文 史 新 刊

著述与宗族

—— 清人文集编刻方式的社会学考察

何明星 著

中华书局

图书在版编目（CIP）数据

著述与宗族：清人文集编刻方式的社会学考察/何明星著.
—北京：中华书局，2007.9
（中华文史新刊）
ISBN 978 – 7 – 101 – 05883 – 3

Ⅰ.著… Ⅱ.何… Ⅲ.古籍 – 版本 – 社会学 – 研究 –
中国 – 清代 Ⅳ.G256.22

中国版本图书馆 CIP 数据核字（2007）第 150423 号

书　　名	著述与宗族——清人文集编刻方式的社会学考察
著　　者	何明星
丛 书 名	中华文史新刊
责任编辑	周　旻
出版发行	中华书局
	（北京市丰台区太平桥西里 38 号　100073）
	http://www.zhbc.com.cn
	E – mail：zhbc@ zhbc.com.cn
印　　刷	北京未来科学技术研究所有限责任公司印刷厂
版　　次	2007 年 9 月北京第 1 版
	2007 年 9 月北京第 1 次印刷
规　　格	开本/630×960 毫米　1/16
	印张 12¾　插页 2　字数 200 千字
国际书号	ISBN 978 – 7 – 101 – 05883 – 3
定　　价	26.00 元

目　录

导　论

　　美国学者艾尔曼(Benjamin Elman)对中国现代历史的发端时间，断定是从太平天国之后，他在《经学、政治和宗族》一书中写道："太平天国之后，中国现代化的过程正式展开，此后史学家在所有的层面上——从思想以及经济——都必须将现代化过程纳为分析对象。"①这无疑是一个十分重要的历史分期。尽管学界尚未有定论，但这个分期的启示意义在于，中国现代化的进程被大大提前了。如果从太平天国之后的1860年算起，时至2006年，中国现代化的历程已经达到146年。这对于现代与传统的接缝处的一切探索，都具有重大的历史意义。

　　图书出版活动是一个多维线索交结的重要结点，它具有历史与当下的交融性质，这种交融性使每个历史时代的政治、经济等显性因素往往遮盖图书出版的本原价值。文化出版活动，正如水与容器之间的关系一样，不同人群、不同场合、不同时期有不同的容器装水，方形、圆形、椭圆形等等不一，木桶、铁桶、瓷碗、玻璃、水晶材质不同，河水、泉水、茶水、酒水等水质有别。社会结构、制度、法律的刚性规范造成了茶杯与水桶的不同，道德、传统、伦理等精神文化追求，导致了泉水与河水的水质差别。同时，容器的大小、材质、形状不等于水的形状，河水、泉水、茶水、酒水中的任何一种都无法全部代表水的性质。对于清代文集著述、编辑、刊刻的社会学探索，就是尝试着探索图书这种文化思想的物化载体，与清代政治、经济、技术等刚性社会结构的内在联系。

　　著名学者钱存训先生在系列专著、论文中，从纸张的技术、方法、用途和印刷技术的起源、发展、用料等图书载体角度，对中国传统纸张、印刷技术文化等进行了深刻研究，取得了奠基性成果。其中，对清

---

① [美]艾尔曼：《经学、政治和宗族》，江苏人民出版社，2005年版，第3页。

代图书印刷技术的研究成果,对本书极有补益。钱先生通过对影响文字记录发展的因素的研究,表达了这样一种思想,不断发展的技术,如"印刷术并没有改变书籍的形式、内容、材料,以致创作的质量。印刷术虽使书籍的产量增加,传布广远,但并不一定就增进书籍内容的高度和深度。甚至今日的计算机时代,我们还没有产生一部著作,其体例、规模和创见能超越二千年前书于竹帛上的经典","我们没有看到一部历史著作……超出司马迁所创作的纪传体所包含的面、线、点而统盖历史全面的写作方法"①。其实,对这个问题钱存训先生提出了一个十分有价值的命题,即学术思想的创新与出版印刷技术之间是否密切相关? 如果有,是一种什么关系? 从文化出版的角度去探讨中国学术思想的创新问题确实还未有人尝试。我们仔细寻找钱存训先生在 1962 年提出该论点之后的文献资料,也没有发现正面结论。

在当代国内出版史研究领域,武汉大学的曹之教授和北京大学的肖东发教授成果丰硕。曹之教授的《中国古籍版本学》、《中国印刷术的起源》和《中国典籍编撰史》,建立在丰富翔实的历史资料基础上,对迄今流传的中国图书典籍的编撰、刊刻动机一一做了研究揭示,并按照中国历史年代顺序对各代图书编撰、印刷给予总结,确实体大思精。曹之教授对清代图书出版的动机研究,发人深思,列举了包含清人在内的落第著书、困厄著书、毁家刻书的大量史迹,表明"立言不朽"思想与实现这种思想的载体——图书之间形成了一种有机的内在联系,它超越了现世的财富与金钱欲求,与人生目标联系在一起。中国古人对图书、文字的超越性价值认识和宗教般的神圣态度,形成了古代中国特殊的图书出版、传播文化传统。曹之教授的研究成果,对这个问题有所涉及,但停留在事例的揭示方面,目前还没有看到对各个时代深入的专题研究成果面世。

肖东发教授侧重从印刷文化的角度去研究古代图书出版,有《中国图书出版印刷史论》和《插图本中国图书文化历史》两本著作问世,从版本、校勘和印刷文化的角度谈到了古代图书出版的动机和价值认识。其中,肖东发教授在前一本书中提到:"早在春秋战国时期,鲁国的叔孙豹就提出了立德、立功、立言三不朽的人生观,这也是一种历史

---

① [美]钱存训:《书于竹帛——中国古代的文字记录》,上海世纪出版集团,2004年版,第 163 页。

观,是中国传统文化中一种十分重要的精神命脉。中国人的理念,人生不仅是一生一世,也是生在上下古今的历史绵延之中。上有父母祖先,下有子孙后代,既要开创又要积累。叔孙豹之三不朽说也是早期图书文献内容的反映,甲骨文、青铜器铭文以及石刻文字中,相当数量都带有上告慰祖先,下昭宣后世之意,其后又化为重文崇著的优秀传统,以著述立言,以著述为荣,以著书传世,是历史文化人亘古不易的情结。"可以说肖东发教授看到了立言不朽对中国图书文化的影响,也提出来这个命题,但没有进一步专题研究立言不朽的人生思想追求何以能够长期存在中国知识学人心底? 其现实的支撑基础是什么? 今天的中国知识学人是否还有古代中国人的那样浓厚的立言追求?

对于中国传统历史时期著述、编撰、刊刻的研究,在作品的版本、目录等研究著作里能够找到非常丰富的成果。著名版本学家李致忠先生的研究在图书古籍的版本考据方面取得了十分卓越的成就,他在1994 年出版《宋板书叙录》中,列举了宋代图书的跋、叙、撰、前言、后记中提供的大量可供分析图书出版目的、动机的例证。四川大学古籍整理研究所祝尚书先生从 1986 年开始,整理出版了《宋人总集叙录》和《宋人别集叙录》(上下),加上中华书局在八十年代出版的万曼先生的遗著《唐集叙录》,大量丰富的个案为本书研究清人文集所得出的一些结论提供了历史佐证。

在钱存训先生的研究中,多次提到汉语文字的千年连续性,保障了中国古今图书思想内容之间的有效传递,是世界出版历史上绝无仅有的奇迹。本书相信,除了文字、语言之外,这种千年连续的奇迹,还与中国传统图书文化独有的出版特征——以宗族为中心的文化活动有着密切关系。如果认同本书开篇所引用的艾尔曼的观点,中国从1860 年开始迈入现代化进程,那么,从此之后的一百多年,属于传统与现代的接缝处,也正是宗族化共同体整体淡出图书加工、传播和学术研究的历史的蝉蜕时期。

本书借助张舜徽先生对 600 部清人别集研究的成果,对清人文集的编刻方式进行统计分析,从社会学的视角探讨清人图书文化活动在宗族传承、科举教育和学术研究中发挥的作用,从中可以得出这样的结论:清人图书生产、销售和出版都体现明显的宗族化特征,图书的手工生产加工、销售系统与学术研究是一种相互适应的文化生态关系。著述、编撰、刊刻有一个共同的目的,就是希冀图书文字实现"立言",从而达到人生不朽的理想。这种超验性的伦理提倡,依托中国社会结构的核心——宗族共同体而存在。

在 1860 年之后,随着印刷技术带来的一场革命,宗族整体淡出传统图书加工、销售系统,凝结在图书文本之上的这种超验价值观念也逐步消失。一百多年后的今天,重新反思这种价值观念,给当代图书出版事业在不同媒介载体下精神产品的评价标准、版权、著作权和出版制度设计、管理提供了深刻反思的思想源泉。这种探讨反思的目的是为了思考现代专业出版许可制度的文化基础,探索出现行制度与历史累积的文化之间,其内在紧张与和谐的原因。

与图书文本是传统社会的重要结点一样,图书、杂志、电视等大众媒介,仍然是现代中国社会的重要结点。这个结点维系着中国学术思想、教育科研等社会文化多维方向,山泉水与混浊的河水水质相差千里,而水桶与茶杯的容量不可以水滴计,如何设计完善基于中国传统文化的现代文化出版制度,使中国文化重新迸发山泉水般自由的创造力,是中国完成现代化进程之前一项重要的历史使命。

论文牵涉到清人科举家族、学术活动和有史以来的中国宗族文化活动研究,史料庞杂,线索千头万绪,以本人的学识积累,很难把握全面。好在近代史学界、文献学界的研究成果颇丰,前人的开拓为本书主旨的实现打下了基础,本书仅仅是一个主要思想的大概论述。

第一章　相关概念的界定

第一节　别集的概念与源流

一、基本概念

别集是一个人作品的结集,它是古籍的一大类别。"别"字,古汉语中第一次出现是在《尚书·禹贡》里,"禹别九州",别,分开之意,在《史记·高祖本纪》中有"使沛公项羽别攻城阳",此处之"别"意为另外,在古汉语中"别"与"另"通用。"集"字,古意为群鸟停在树上,《诗经·周南·葛覃》中有"黄鸟于飞,集于灌木",后引深为聚集、诗文集子,如《三国志·诸葛亮传》中有"亮言教书奏多可观,别为一集"。因此,别集即是一个人创作、写就的各种体裁的作品结集,即现代人所通常意义上的文集。

别集内容根据作者的学术专长、研究志趣等,可以说是无所不包。既有经、史、子的内容,也有诗、赋、碑、箴、颂、诔、传等文学创作,内容往往与作者的生活、工作、交往等紧密相关,它是作者个人的生活轨迹、思想学术、工作资料等百科全书式的汇集。在《四库全书》中,别集的作者有相当的比例是历代官吏、文人、学者,基本上体现了某个历史时期的社会思想状态。因此,别集保存了大量时代信息,是最为鲜活的具有时代历史价值的精神产品。

别集的名称,有的以作者命名,有的以内容命名,有的以作者官职命名。

二、别集的起源与发展

对于别集的起源,在《隋书·经籍志》有如下记载:

> 别集之名,盖汉东京之所创也。自灵均已降,属文之士众矣,
> 然其志尚不同,风流殊别。后之君子,欲观其体势,而见其心灵,
> 故别聚焉,名之为集。辞人景慕,并自记载,以成书部。①

章学诚在《文史通义》云:

> 集之兴也,其当文章升降之交乎?古者朝有典谟,官存法令,
> 风诗采之闾里,敷奏登之庙堂,未有人自为书,家存一说者也。自
> 治学分途,百家风起,周秦诸子之学,不胜纷纷;识者已病道术之
> 裂矣。然专门传家之业,未尝欲以文名,苟足显其业,而可以传授
> 于其徒,则其说亦遂止于是,而未尝有参差庞杂之文也。两汉文
> 章渐富,为著作之始衰。然贾生奏议,编入《新书》,相如辞赋,但
> 记篇目:皆成一家之言,与诸子未甚相远,初未尝有汇次诸体,裒
> 焉而为文集者也。自东京以降,迄乎建安、黄初之间,文章繁矣。
> 然范、陈二史,所次文士诸传,识其文笔,皆云所著诗、赋、碑、箴、
> 颂、诔若干篇,而不云文集若干卷,则文集之实已具,而文集之名
> 尤未立也。自挚虞创为《文章流别》,学者便之,于是别聚古人之
> 作,标为别集,则文集之名,实仿于晋代。"②

通过《隋书·经籍志》的记载和章学诚研究,表明别集这种文人结集活
动,起源于汉代,真正具有"别集"之名的时期为晋代。根据曹之教授
的考证,考察《汉志》,隶属于"诗赋略"内容的文集,共著录 106 家,
1318 篇。到了《晋书·郭澄之传》才有"所著文集行于世"的字样。最
早以"别集"单独列目的,是南北朝时期,梁阮孝绪《七录》始于"文集
录"之下有"别集"之目。自此之后,历代各家书目几乎都有别集,与

①《隋书》,中华书局,1997 年版,第 721 页。
②章学诚:《文史通义校注》,中华书局,2004 年版,第 296 页。

经、史、子相并列，成为中国古代文化典籍中最重要的一大类别。《宋史·艺文志》记载，宋人别集超过一千种，四川大学祝尚书教授在1997年完成的《宋人别集叙录》中收录了宋人诗集、诗词集、文集、诗文集、诗文词集、奏议集等544种，这些是今天仍然能够看到的作品。明代印刷技术的繁荣，使刻书更易，"数十年读书人能中一榜，必有一部刻稿"，《千顷堂书目》中记载，明代别集约有四千多种。《清史稿·艺文志》著录别集有4575种，由于清代年代不太久远，大部分别集还能够看到。

第二节　别集的著述与编撰

　　既然别集是中国传统文化分类的一个重要类别，那么必然涉及到对这个类别产生的过程——著述、编撰、刊刻等文化活动的考察。

　　一部文集是作者的编撰还是作者的著述，对这两种概念的廓清，标志着文集价值的高低，可以以此对清人文集进行学术价值分类。

　　最早注意到二者区别的，是清代章学诚，他在《文史通义》外篇三《报黄大俞先生》中写道：

　　　　班氏撰《汉书》，为一家著述，刘歆贾护之《汉记》，其比类也。司马撰《通鉴》，为一家著述，二刘、范氏之《长编》，其比类也。……两家本自相因，而不相妨害……但为比类之业者，必知著述之意，而所次比之材，可使著述者出，得所凭藉，有以恣其纵横变化。又必知己之比类，与著述者各有渊源，而不可以比类之密笑著述之或有所疏，比类之整齐而笑著述之有所畸轻畸重，则善矣。①

章学诚所言之比类、纂类、撰述，其意义部分等同于我们现代经常使用的编撰一词。按照现代出版概念，有统一的思想体系，但借助他人研究成果、现成文字资料、文献资料而阐述自己的思想观点，形成图书或

---

①转引自钱穆：《文史通义·书教下》，《中国近三百年学术史》，商务印书馆，1997年版，第437页。

文章,就是编撰。它分为编辑与撰写两部分。编辑是对现成的作品或资料进行整理加工,撰写是指按照一定思想就现有文献资料进行创作、阐发。编撰与编写、编著、编纂意义基本相同,只是根据使用的对象而有所区别,如大型工具书一般用编纂,图书和一篇文章等用编写、编著。与著述有着明显的区别。对于编撰,章学诚考证了其大致源流:

> 三代以上,记注有成法,而撰述无定名;三代以下,撰述有定名,而记注无成法。①
> 易曰:著之德圆而神,卦之德方以智。间尝窃取其义以概古今之载籍,撰述欲其圆而神,记注欲其方以智也。夫智以藏往,神以知来,记注欲往事之不忘,撰述欲来者之兴起,故记注藏往似智,而撰述知来拟神也。藏往欲其赅备无遗,故体有一定,而其德为方;知来欲其决择去取,故例不拘常,而其德为圆。《周官》三百六十,天人官曲之故,可谓无不备矣。然诸史皆掌记注,而未尝有撰述之官;则传世行远之业,不可拘于职司,必其待人而后行;非圣哲神明,深知二帝三王精微之极致,不足以与此。②

按照章学诚的考证,记注为三代之时史官的职业,历史典籍皆为记注。撰述起源于三代以下,三代以前无撰述之官职。清代尚朴学、汉学,即名物训诂、典章考证之学兴盛,但这类属于编撰纂类之作,在章学诚看来,应为"智以藏往"一类,与著述有着本质的区别,"神以知来"的撰述才具有现代著述的部分含意。章学诚之撰述即是编撰,与记注之区别主要在于"撰述欲其圆而神,记注欲其方以智"。钱穆在《中国近三百年学术历史》中进一步阐述章学诚之撰述概念时,曾写道:

> 若论当时经学,比类纂辑,拾遗搜隐,正所谓藏往似智也。即名物训诂,典章考订,究其极,亦藏往似智也。此皆记注纂类之事,不得即以是为著作。纂类记注之不得为著作,正即是功力之不得为学问也。学问不能无藉乎功力,正犹著述之不能无藉于纂

---

①章学诚:《文史通义校注》,中华书局,2004 年版,第 30 页。
②同上,第 49 页。

类记注。纂类记注为著述之所取资。①

在钱穆看来,从记注到撰述,再到著述,是一个功力、知识不断增加的过程,而其间最重要的区别是性灵、智慧,即章学诚所言的"盖记注比类,惟在功力,著述创造,有俟乎智慧","仆尝谓功力可假,性灵必不可假"。对于著述,章学诚曾有过非常精彩的论述:

> 著述一途,亦有三者之别:主义理者,著述之立德也也;主考订者,著述之立功者也;主文辞者也,著述之立言者也。……立言之士,读书但观大意;专门考索,名数究于细微;二者之于大道,交相为功,殆犹女余布而农余粟也。而所以不能通乎大方者,各分畛域而交相诋也。②
>
> 札录之功……不可以为著作。……既以此为功力,当益进于文辞。……孔、孟言道,亦未尝离于文也。但成者为道,未成者为功力,学问之事,则由功力以至于道之梯航也。文章者,随时表其学问所见之具也;札记者,读书练识以自进于道之所有事也。③

章学诚明确指出,著述就是立言,就是要有自己的观点思想,并且是在札录、考索等功力基础上才能达到,即"成者为道,未成者为功力",是否有"道"是著述与札录考索之间最明显的区别。

对于著述、编撰的概念探讨,由于远离本书主旨,因此不做过细探讨。总之,章学诚注意到了二者在文化活动过程中的精神含量有别,应该对之有不同的评价标准。清代是我国传统与现代之间的蝉蜕阶段,对著述与编撰之区别的探讨,预示着现代出版制度的萌芽。正是大量的编撰者逐步走向现代,使编辑职业队伍最后出现。在现代图书出版活动中,一本图书一篇文章,是编撰还是著述,表现了不同的文化价值,代表着不同的评价标准。诸如我国现代实行的著作权制度明确规定,对于完全属于著作权人自己创作、著述的稿酬,一般规定在70—

---

① 钱穆:《中国近三百年学术史》,商务印书馆,1997 年版,第 438 页。
② 章学诚:《文史通义外篇卷三·答沈枫墀论学》,引自钱穆著,《中国近三百年学术史》,商务印书馆,1997 年版,第 439 页。
③ 章学诚:《文史通义·与林秀才》,引自钱穆《中国近三百年学术史》,商务印书馆,1997 年版,第 439 页。

150 元一千字,而一部图书、一篇文章超过 30% 的文字为引用他人现成的成果,就属于编撰、编著,付酬标准相应降低,在 45—70 元一千字。现代出版制度从经济利益角度对于这两种文化活动给予了评价。

第三节　清人别集综述

清代是我国传统社会的最后一段历史时期,也是中国传统出版业与现代专业出版的过渡阶段。清人的文化学术活动,在传统的土壤中蕴含着许多现代文化发展的萌芽。

首先编撰活动从著述、记注等文化活动中脱离,成为专职为他人从事文字加工或材料整理的编辑活动。现代专业编辑出版制度,即将著述、撰写分离,单独成为一个独立于著述、撰写的编辑行业,并构成具有一定规章、法规、制度的现代出版行业的主体。著述活动的专业化使家族、个体的精神活动,逐步走向专业化的学术、科研集体活动,并日益朝着职业化方向迈进。

其次,在传统图书文化活动中,无论是记注、编撰,还是著述都不是单独存在的。在中国传统积几千年的文化历史中,大量传统图书文化活动编缉与撰写不分、编撰与著述不分,在章学诚之前是混同并用的。编撰、著述活动,除国家设立的修史机构之外,还没有完全变成一种社会职业,依然停留在士大夫阶层,或者以授业为生的教师等群体的一种业余精神活动层面上。编撰与著述不分,如同刻书与藏书不分一样,著述、编纂、刊刻、藏书通常有一个主体负责组织实施,这是中国传统图书历史的主要形态,正是这一形态在清代依然存在,形成了以宗族为中心的图书文化活动,因之使清人的学术思想研究得以沿着宗族化的渠道展开。

收入《清人文集别录》中的文集共有 600 部,它们是张舜徽先生从 1100 多个目录中搜寻出来,再从中删汰的结果。根据文集名称和内容两方面来看,本书认为,这些作品都属于清代学人的著述作品。理由如下:

从名称上来看,清人文集有的曰集、文集、类集、合集、全集、遗集,有的曰稿、文稿、类稿、丛稿、存稿、遗稿,稿中有初稿、续稿,集有正集、别集。有的曰文钞、文录、文编、文略、遗文等,还有的曰辨析、疑辨、小记、杂著,类似笔记,按照张舜徽先生的看法,仍属于文编一类:"如颜元《习斋记余》、万斯同《群书疑辨》、董丰垣《识小编》、法坤宏《学古编》、钱塘《溉亭述古录》、张宗泰《质疑删存》、陈立《句溪杂著》、李象鹍《隶怀堂随笔》之类，名似笔记，实即文编，今兹所论，悉为采入。"从名称上看，基本可判定属于著述一类。

　　从内容上看，张之洞对清人文集的内容有过评价，他认为："方苞、全祖望、杭世骏、袁枚、彭绍升、李兆洛、包世臣集中，多碑志状，可考当代掌故、前哲事实；朱彝尊、卢文弨、戴震、钱大昕、孙星衍、顾广圻、阮元、钱泰吉集中，多刻书序跋，可考学术流别、群藉义例；朱彝尊、钱大昕、翁方纲、孙星衍、武亿、严可均、张澍、洪颐煊集中，多金石跋文，可考古刻源流、史传差误"①。张舜徽先生又进一步补充到："盖自乾嘉盛时，朴学大兴，而诂经、证史、义礼、明制、考文、审音、诠释名物之文，最为繁富。苟能博观约取，为用尤弘，又不啻为经、史、小学、群书之羽翼矣。"张舜徽先生对收入进《清人文集别录》中的 600 部作品，每部都亲自翻看过，所用功力之深世人赞叹，按照他自己的说法："以一人之心思才力，上论六百家之得失利弊，其艰钜可知。"基于张之洞、张舜徽的评价，可确定清人文集的主要内容，具有相当的学术价值，多为作者的学术、思想及其研究心得的荟萃，归为著述一类是站得住脚的。

　　按照现代编辑出版的角度来分析清人 600 部著作，即这些文集是由谁来编辑加工、又由谁出钱刊刻，最后传布于世的呢？张舜徽先生在《清人文集别录》序言中说道："抑清代人文盛矣，或以学名，或以文著，或以仕宦显，或以艺术彰，各有文集刊布于世。"这段话说出了清人文集流传于世的表层原因，但没有进一步研究探讨，学名、仕宦、艺术之所以显、之所以彰有一个中间的转换过程，这个转换过程就是编辑出版，对这个过程进行社会学考察，能更深刻地揭示清人学术传承、科举教育与血缘世系、师业授受、同里乡邦等中国传统宗族文化之间互为依托的发展关系，对理解中国传统图书文化价值观，反思现代出版制度具有深刻的启示作用。

---

①转引自张舜徽：《清人文集别录》，中华书局，1980 年版，第 2—3 页。

第四节　宗族的概念界定及其起源、发展、演变

一、宗族概念的界定

对于中国的宗族概念,在社会学领域,通常指的是以血缘为纽带建立起来的社会群体,在内涵上有广义与狭义之分。

郑杭生教授认为"所谓宗族,即同宗同族,指有着共同祖先或同一父系,因而使用同一姓氏的人们。其成员的联系可以延续数代、数十代,甚至近百代","所谓家族,指同一血统的几代人所形成的社会群体,也有人称之为大家庭……由于时代传统等文化背景之不同,有些人将家族称为家庭。但是,我们通常只是把具有血缘联系的群体称为家庭"①。郑杭生教授初步区分了家族与宗族两个概念在时间上的区别。

中国古代文献中"宗族"一词出现得很早。据李卿博士的考察,在秦至魏晋一段的历史文献中,出现的频率最高,共见 269 例,"家族"一词出现只见 8 例。具体统计如下表:

表一②

正史＼次数	宗族	家族	正史＼次数	宗族	家族
史记	17		陈书	9	
汉书	50	1	魏书	22	
后汉书	51	2	北齐书	1	
三国志	29		周书	6	
晋书	33		南史	19	
宋书	3		北史	28	1
南齐书	8		隋书	17	
梁书	6		总计	269	4

---

①郑杭生:《社会学概论新编》,中国人民大学出版社,2003 年版,第 73 页。
②李卿:《秦汉魏晋南北朝时期宗族家族关系研究》,上海人民出版社,2005 年版,第 18 页。

　　宗族一词兼有"宗"与"族"的含义。在甲骨文中,"宗"是一座房屋里安置着神主,意为祖先居住的地方,即宗庙。宗的本意是祭祀祖先。"族"字的甲骨文形象为一面旗帜上树立的箭,《说文解字》中把"族"字中之"矢"解释为箭头,整个字形似为在旌旗指引下"矢之所及"的形状。段玉裁认定其本义为同类物品的聚集,引伸义即为同姓同族亲属组成的集团。

　　在《尔雅·释亲》与班固的《白虎通德论》卷八《宗族》中也有经典的解释。《尔雅·释亲·婚姻》曰:

　　　　父之党为宗族。

《尔雅·释亲·宗族》曰:

　　　　父为考,母为妣。父之考为王父,母之妣为王母。王父之考为曾祖王父,王父之妣为曾祖王母。曾祖王父之考为高祖王父,曾祖王父之妣为高祖王母。父之世父叔父为从祖祖父,父之世母叔母为从祖祖母。父之晜弟,先生为世父,后生为叔父。男子先生为兄,后生为弟。谓女子先生为姊,后生为妹。父之姊妹为姑,父之从父晜弟为祖父,父之从祖晜弟为族父。族父之子为族晜弟,族晜弟之子相谓为亲同姓。兄之子,弟之子,相谓为从父晜弟。子之子为孙,孙之子为曾孙,曾孙之子为玄孙,玄孙之子为来孙,来孙之子为晜孙,晜孙之子为仍孙。仍孙之子为云孙。王父之姊妹为王姑,曾祖王父之姊妹为曾祖王姑,高祖王父之姊妹为高祖王姑。父之从父晜弟之母为从祖王母,父之从祖晜弟之母为族祖王母。父之兄妻为世母,父之弟妻为叔母。父之从父晜弟之妻为从祖母,父之从祖晜弟之妻为族祖母。父之从祖祖父为族曾王父,父之从祖祖母为族曾王母。父之妾为庶母。祖,王父也,晜,兄也。

《白虎通德伦》卷八《宗族》曰:

　　　　宗者,何谓也? 宗者,尊也。为先祖主者,宗人之所尊也。《礼》曰:"宗人将有事,族人皆侍。"古者所以必有宗,何也? 所以长和睦也。大宗能率小宗,小宗能率群弟,通其有无,所以纪理族人者也。

> 　　族者，何也？凑也，聚也。谓恩爱相流凑也。上奏高祖，下至玄孙，一家有吉，百家聚之，和而为亲，生相亲爱，死相哀痛，有会聚之道，故谓之族。①

本书认为，《尔雅·释亲》和班固的《白虎通德论》所讲的"宗族"都是广义的宗族，就是"父之党"，亦即同一始祖的父系血缘群体。同样李卿博士考察的秦汉魏晋南北朝的历史文献中 269 例，都是广义的宗族概念。

而狭义的宗族概念，即是从己身算起上下五世九族，杜佑的《通典》解释十分明确：

> 　　族所以九者，九言为究也，亲疏恩爱究竟，谓之九族也。父族四、母族三、妻族二。父族四者，谓父之姓为一族，父女昆弟适人者子为二族，己女昆弟适人者子为三族，己女适人者子为四族。母族三者，母之父母为一族，母之昆弟为二族，母之女昆弟为三族，在外亲，故合言之也。妻族二者，妻之父为一族，妻之母为二族，妻之亲略，故父母各为一族。②

以宗族的男女血缘关系，涵盖五服九族范围内，其目的是"上奏高祖，下至玄孙，一家有吉，百家聚之，和而为亲。生相亲爱，死相哀痛"。狭义宗族概念最直接的体现是《仪礼》丧服制度的关系图。美国人类学家许烺光绘制了五服关系图，表明宗族的范围通常包含了有男女血缘关系"五服、九族"，具体如下表：

---

① 转引自李卿：《秦汉魏晋南北朝时期宗族家族关系研究》，上海人民出版社，2005 年版，第 20－21 页。
② 杜佑：《通典》，中华书局，2003 年版，1999—2000 页。

表二①

				高祖父母				
			曾祖姑	曾祖父母	曾叔祖伯父母			
		族姐姑	祖姑	祖父母	叔伯祖父母	族叔伯父母		
	祖姑	堂姑	姑	父母	叔伯父母	堂叔伯父母	族叔伯父母	
祖姐妹	再从姐妹	堂姐妹	姐妹	己身妻	兄弟兄弟妻	堂兄弟弟及妻	再从兄弟及妻	族兄弟及妻
	再从侄女	堂侄女	侄女	儿子儿媳	子侄及妇	堂子侄及妇	再从侄及妇	
		堂侄孙女	侄孙女	孙子孙媳	侄孙侄孙妇	堂侄孙及妇		
			侄曾孙女	曾孙曾媳	侄曾孙及妇			
				玄孙玄媳				

　　在一些颁赐、受封爵位和刑罚制裁等法律规章中,五服是宗族结构中内外最重要的分界线,是否出五服成为判定亲属的重要标志。如《隋书》卷七十九《外戚传》记载:

　　　　(萧)琼之宗族,缌麻以上,并随才擢用。

中大通三年(531 年)七月庚寅,梁武帝下诏曰:

　　　　推恩六亲,义章九族,班以侯爵,亦曰惟允。凡是亲戚有服属者,并可赐沐食乡亭侯,各随远近以为差次。其有昵亲,自依旧章。②

唐代《唐律》中对殴打的规定,五服这条分界线愈为明显。如《斗讼》

---

①[美]许烺光:《宗族、种姓、俱乐部》,华夏出版社,1990 年版,第 67 页。
②转引自李卿:《秦汉魏晋南北朝时期宗族家族关系研究》,上海人民出版社,2005 年版,第 25 页。

规定:"诸斗殴者,笞四十。""诸殴缌麻兄弟,杖一百。小功、大功,各递加一等。""诸殴兄姊者,徒二年半。"五服之外,则视同凡人。

通过以上考证,宗族与家族是两个意义部分重叠的概念,宗族是以父系血缘延伸的上下几代甚至更多的大概念,而家族则仅局限于五服世系之内,具有明确的历史时间和空间范围。本书同意李卿博士的结论,即:家族只能与宗族五世以内互相换称,不能与宗族以外互相换称。宗族与家族是两个内涵相近的概念。宗族是个大概念,即可涵盖五世以内的同一始祖的父系血缘群体,也可以涵盖五世以外的同一始祖父系血缘群体。家族是个小概念,它只能涵盖五世以内,不能涵盖五世以外。而到唐、宋、明等中国传统社会的高度发达时期,这两个概念的使用就区别得更为明显。

对宗族与家族概念的区分,对探讨图书出版文化活动的展开空间、时间范围具有重要的意义。著书编撰、刊刻等文化活动是在同一始祖的宗族世系内还是世系之外,是在五服家族之范围内还是五服之外,体现的是社会关系的远近亲疏在文化活动选择之中的分量和判断标准。以宗族、家族的血缘世系关系为标准进行文化选择,还是以思想创新为标准,亦或是二者兼而有之,从中可探讨出中国图书文化活动在官刻、坊刻、家刻三大图书出版系统中,私人著述、编撰、刊刻,这一最重要的私人文化出版系统的基本特征和文化价值。

二、宗族结构的历史演变

对于整个中国家族、宗族演变历史的研究,社会学领域大致有三种影响较大的观点。徐扬杰在《中国家族制度史》中,认为中国家族历史由原始社会末期的父家长家族、殷周时期的宗法氏家族、魏晋至唐代的世家大族氏家族、宋以后的近代封建家族组成①。

冯尔康在《中国宗族社会》中,根据宗族领导权的变化、内部结构、宗族生活原则的变化,将中国宗族发展史划分为先秦典型家族制、秦汉唐间士族宗族制、宋元间官僚宗族制、明清绅衿宗族制、近现代家族变异时期等五个历史阶段②。

---

① 观点详见徐扬杰的《中国家族制度史》,人民出版社,1992年版。
② 观点详见冯尔康的《中国宗族社会》,浙江人民出版社,1994年版。

　　常建华在撰写的《中国文化通史》一书《宗族志》中认为,商周春秋至战国时期,为世族世官宗族制,宗族制与贵族制及政治制度合一;秦至五代十国为士族宗族制,士族宗族在社会结构中占据中心地位;宋元明清为科举制下的祠堂宗族制,通过祭祖及建祠堂、选族长、修族谱、设族田、建族学等使宗族制度化,其历史发展趋势是在民间社会普遍化、自治化,宗族制度既与国家政权分离,又存在互动关系①。

　　上述三位学者的观点在社会学界比较有代表性。他们虽然对各个历史时代的宗族结构认识不一,但有一个基本的判断,即不论是宗族还是家族,在历史任何发展时期,都具有一个基本功能,那就是繁衍生命、代代延续血缘的自然关系,保障每个个体免受天灾人祸的侵袭;在社会政治生活中是一个政治上帮助提携、推荐、转封让爵、福祸相依,在社会经济生活中养老抚幼、散财济贫的经济利益共同体。即使现代中国人也依然生活在传统意义的宗族、家族关系网络中,这是中国社会区别于其他社会最重要的标志。有的学者认为,宗族组织是一种典型的共同体组织,它以先赋的血亲关系凝聚着家族成员之间的联系,崇拜家族祖先、维护家族利益为家族组织的核心意义。家族组织来源于古代的宗法组织,它是传统上层社会的宗法观念向底层社会的渗透与扩大,并充分制度化的一种组织②。

　　可以说,宗族的一切活动都是围绕着宗族的政治、经济利益中心进行的,不同历史时期的宗族结构,决定着宗族组织的政治、经济活动方式以及由此而衍生的文化形态,宗族的政治经济活动方式体现着已经形成的宗族文化特征。同时,在某种意义上说,又是宗族家族文化形态促成了宗族成员在具体历史环境中的政治、经济选择。历史累积的文化作用在中国宗族的历史发展过程中体现的尤为明显。

　　宗族的政治活动、经济活动不是本书所研究的重点,本书考察的中心是宗族的文化活动特征。而作为其基本文化活动之一就是宗族族谱的编撰、刊刻、传播。可以说,族谱就是家族宗族的象征,这在社会学领域是公认的,没有异议的。以族谱为标志的宗族文化活动与政治、经济活动一样,在不同历史时期表现为不同的表现形式,但同时又有自身的历史内在发展逻辑,并与整个社会的文化活动紧密联结在一起。

---

①观点详见常建华的《中国文化通史》,上海人民出版社,1998年版。
②萧放:《明清家族共同体组织民俗论纲》,《明清史》,人大复印资料2006年3期。

　　本书的基本观点是：宗族的政治、经济活动是宗族在某一历史环境下活动的主体，它体现着历史累积的宗族文化形态，文化活动作为另一种软力量，按照韦伯的说法，往往起着一种"扳道工"的作用："利益（物质的与理念的），而不是理念，直接控制着人的行动。但是，'理念'创造的'世界观'常常以扳道工的身份规定着轨道，在这些轨道上，利益的动力驱动着行动。"①宗族文化的稳固性、历史性的作用机制在于，宗族文化是以人生寿命的代际更迭为周期，它不仅能够指导规范当世宗族成员的政治经济活动，还能够抵御来自宗族之外的各种社会变革力量的冲击，还能哺育培养宗族下一代成员而延续宗族文化，对宗族的繁衍生息起着规范、塑造甚至保护作用。宗族的文化思想、理念在社会的巨大变革中起着复原、催生作用，而以宗族族谱为标志的文化活动，包含以宗族、家族五服之内、之外的成员为社会关系而发展起来的文集、家乘等图书著述、刊刻、传播的文化出版活动，就是这种复制、催生力量的具体表征。

---

①［德］马克斯·韦伯：《儒教与道教》，商务印书馆，2004 年版，第 19 页。

第二章　张舜徽《清人文集别录》600部文集编辑出版方式的统计分析

　　文人别集是一部宝贵的文化遗产,对于别集内容、版本等文献学、学术史的研究,老一辈学者成果卓著,尤其是版本学、目录学、文献学的研究,为后人在更为广阔的哲学、史学、社会学领域从事进一步研究,打下坚实的基础。本书即是借助张舜徽先生的《清人文集别录》的研究成果,从文集的编辑出版方式角度考察了清人别集600部,通过分类统计,对这些别集研究、分析,揭示清人图书编刊等文化出版活动的宗族化特征,并进一步考察宗族家族的图书文化活动在清代学术研究、科举教育等方面的重要作用。

　　本书对张舜徽先生《清人文集别录》收录的600部文集的作者身份、编辑方式分别进行数据统计,分析图表如下:

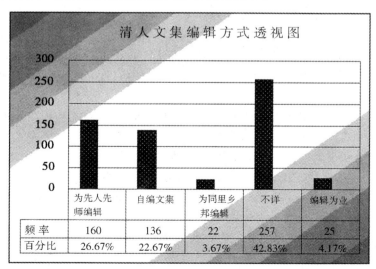

清人文集编辑方式透视图

	为先人先师编辑	自编文集	为同里乡邦编辑	不详	编辑为业
频率	160	136	22	257	25
百分比	26.67%	22.67%	3.67%	42.83%	4.17%

图一

由图一可看出,张舜徽先生考察的600部文集,从别集编刊方式分析可分为四类:

第一类,本书把作者和编者之间为祖父、父亲、外祖父、叔父、舅父、兄弟等在五服九族之内具有血缘关系的著述编刊活动,和为先师、门生等具有师业授受关系的著述编刊活动归为一大类,名为为先人先师编刊类,共160部,占26.67%;

第二类,把自编文集并自己在世刊印,虽自编文集或部分自编,但在去世后由子孙、门人等刊刻传世的归为自编类,共136部,占22.67%;

第三类,把为本地名人、故旧朋友编刊文集,或者具有同乡同里、共事之谊的,归为同里乡邦类,共22部,占3.67%;

第四类,把一些学人专门从事编辑、编校并刊印文集的,归为专业编刊出版一类,该类人群是中国专业出版机构的萌芽,共25部,占4.17%;

其他为版本、印刷等各种原因,无法确认编刊类别的,共257部,该部分比例很大,达到42.83%,本书暂不作分析。

第一节　为先人先师编刊方式概述

从图一中可看出,为先人先师编刊,具备血缘宗族关系、师业授受关系,而为其编辑刊印著述的数量占600部的26.67%,如果去掉257部无法确认的文集数量作定性分析,该比例达到46.6%。这个数据充分表明,清代编撰文集、刊印图书的文化行为有近一半是依托着血缘宗族关系、师业授受关系而进行的。

之所以把为先人先师合为一类,是因为在中国传统知识阶层的思想中,师生关系与父子关系相同,即有"一日为师,终身为父"之说。《荀子》卷十三《礼论篇》云:"礼有三本:天地者,生之本也;先祖者,类之本也;君师者,治之本也。无天地,恶生? 无先祖,恶出? 无君师,恶治? 三者偏亡焉,无安人。故礼上事天,下事地,尊先祖而隆君师,是礼之三本也"。可见,尊祖重师是维护统治秩序的重要组成部分,同样也成为中国传统文化的一个核心观念。

科举制度形成之后,师生关系变得更加重要,有时甚至超过父子关系。清代学者叶梦珠的观点具有一定的代表性。他认为:"不为师,不知师道之难;不为师,不知师恩之厚。余尝为之矣,敢不知之乎? 发蒙之处,固虑其无知;知识即开,又虑其泛骛。启颛蒙而使之领悟,取泛骛而纳诸中正,器识文艺,务必兼优,掩短护长,应机科导,师恩岂可忘哉! 若夫文章变化,得诸存心,而就墨引绳,匪师不克。假以指南之手,拔诸广众之中,知吾之恩以教吾等。"(叶梦珠《阅世篇》卷九,《师长》)①叶梦珠做过教师,有过切身体验,议论至为恰当,教师在科举应试的过程中比之父子血缘要重要得多。在迈向开科取士的每一步,都有教师帮助和引领,如清人对教师的称呼中分为"受业师"和"受知师",受业师是指亲自讲授知识的老师,受知师是指中举、中进士、复试、殿试等阅卷者。受业师中又分为蒙师、业师、课师、问业师、肄业师、书院肄业师等,代表了科举过程中的每步历程。因此,父与师是同等重要的,有时甚至超过父子血缘关系。有时师缘与血缘互相重叠,这是因为大部分宗族内都有族学、私塾,它是传统中国最主要的教育形式,在清代三百年的历史中依然是主体。

清人不仅对"以师为父"理念高度认同,而且也身体力行,亲自付诸实践。比如,清代新安望族程煃,其祖父、父亲皆为诰赠奉直大夫,他本人教授乡里,门徒甚众,晚年逢太平军起义,曾经颠沛流离,在战火中屡遭离乱,几次危难都是由门生帮助度过危机,并由门生养老送终。在《程可山先生年谱》中记载:咸丰四年(1865),"是年四月立夏日,先生患头眩疾,时常防跌。宗沂(程煃门生)未行时,以先生脾湿,有风疾,请服清解之品,及是中风,甫动饮温补剂,精神转愈。宗沂以道梗折回,先生病痢,进以润剂方愈,而中风根株得补难祛,自是渐为固疾之萌矣",咸丰十一年(1872),"五月中,感暑腹泻,病日剧,尚观察曾为备寿木,聘卿命工构成。宗沂省亲,自扬州回,进解疫剂,少愈。自是神气渐颓唐,束书不观,每扶杖倚门以遣闷"②。年谱记载了一个体弱多病的老先生,备受疾病折磨时,每每受到门生送药、进剂的照顾。其中提到的为老先生养老送终的尚观察,既是程煃的族侄,也是先生的学生,与门生宗沂为同学。类似这样关心尊师、并为恩师养老送终的事例,在清代士人中屡见不鲜。可见在清人心目中,老师与先父处于同等重要地位。

---

①转引自张杰:《清代科举家族》,社会科学文献出版社,2003年版,第147页。
②徽学辑刊:《清代徽人年谱》,黄山书社,2005年版,第687—688页。

第二节　自编文集与立言不朽

　　清人文集中自编文集 136 部,占 22.67% ,如果去掉 257 部无法归类部分,比率为 39.6% ,仅次于为先人先师编刊。对该类编刊方式的分析,要结合中国传统最基本的图书价值观——"立言不朽"进行探讨。

　　一个确定的结论是,中国图书历史上,所有文集著述、编刊的文化活动,其基本动因大多是为了实现立言不朽的人生理想,这是中国几千年知识阶层沿续不断的人生信仰,正是有这样的信仰存在,才有灿烂辉煌的中国图书文化历史,几千年前的思想文化典籍才能够流传至今。这是世界文化的一个奇迹。立言不朽的人生追求,不仅创造了奇迹,而且安顿着一个个学人在困厄与窘迫时的心灵,使之顽强不屈,构成了一部个性鲜明、壮丽多彩的图书文化史画卷。

　　关于立言不朽的最初记载,见于《左传·襄公四年》:

　　　　二十四年春,穆叔如晋,范宣子逆之,曰:"古人有言曰,死而不朽,何谓也?"穆叔未对。宣子曰:"昔丐之祖,自虞以上为季陶氏,在夏为御龙氏,在商为豕伟氏,晋主夏盟为范氏,其是之谓乎?"穆叔曰:"以豹所闻,此之谓世禄,非不朽也。鲁有先大夫曰臧文仲,既没,其言立,其是之谓乎? 豹闻之:太上有立德,其次有立功,其次有立言,此之谓不朽。若夫保姓受氏,以守宗祀,世不绝祀,无国无之。禄之大者,不可谓不朽。"

从古至今,三不朽中的立言不朽思想对中国古代图书文化产生了深刻的影响,它是图书刊刻、著述实现的最高目标,也是中国传统知识阶层的人生追求。胡适对这个人生信仰给予高度的评价,他认为:

　　　　三不朽论的影响和效果是深厚宏达而不可估计的,而且它本身就是言之不朽的最佳证明。

　　　　公元 1508 年,伟大的哲学家王守仁的学生问他的炼丹术究否可以延年益寿。他答曰:我们孔夫子的学派也有我们不朽的见解,例如孔夫子最喜欢的弟子颜回三十二岁去世,但他今天仍然活着,你能相信吗?

　　我在写这篇论文的时候,我的记忆使我回到五十多年前,回想到安徽南部山中我第一次进入的那个乡村学校。每天从高凳上,我可以看见北墙上悬挂的一幅长轴,上面有公元八世纪时政治家和大书法家颜真卿的一段书札的印本。当我初认草书时,我认出来这张书札开头引用的就是立德立功立言的三不朽论。五十年匆匆过去了,但是我第一次发现这些不朽的话的深刻印象却一直没有毁灭。

　　这古老的三不朽论,两千五百年来曾使许多的中国学者感到满足。它已经取代了人类死后不朽的观念,它赋予了中国士大夫以一种安全感,纵然死了,但是他个人的德能、功业、思想和语言却使他死后将永垂不朽。①

关于这方面的专题研究,南京师范大学文学院的徐克谦教授在《传统儒家知识分子对"不朽之名"的追求》一文中,列举司马迁、曹丕、刘勰、白居易、刘知几等人的言论和观点,阐明中国古代士大夫阶层在"三不朽"中更看重立言成名,"三不朽"中的"立言"其实是处于第一位的。这不仅因为文人本来就是以"言"为业的,而且因为德与功也只有凭借了"言"才能永传不朽。再者立功需要一定的外部条件和机遇,立德也有赖于一定的环境和他人的评判。相比较而言,立言却不太需要其他条件即可独自实现。正因为如此,曹丕干脆把写文章视为"不朽之盛事":

　　盖文章经国之大业,不朽之盛事。年寿有时而尽,荣乐止乎其身,二者必至之常期,未若文章之无穷。是以古之作者,寄身于翰墨,见意于篇籍,不假良史之辞,不托飞驰之势,而声名自传于后。

人们常引用这段话以说明曹丕重视文章在社会政治中的作用,但很显然,曹丕强调的重点并不在文章对社会政治的作用即所谓"经国之大业",而是强调文章可以使个人获得不朽声名的意义。这与刘勰《文心

━━━━━━━━━━━━━━━━

①胡适:《胡适学术文集·中国哲学史》,中华书局,1998年版,第535—537页。

雕龙·序志》所谓"岁月飘忽,性灵不居;腾声飞实,制作而已"表达的意思是一样的。刘勰认为:

> 夫宇宙绵邈,黎献纷杂,拔萃出类,智术而已。岁月飘忽,性灵不居;腾声实飞,制作而已。夫人肖貌天地,禀性五才,拟耳目于日月,方声气乎风雷,其超出万物,亦以灵矣。形同草木之脆,名逾金石之坚,是以君子处世,树德建言,岂好辨哉,不得已也。

刘勰这段话,成为后世文人学者通过有限生命去追求无限身后之名的座右铭,它十分透彻地表达了"树德建言"是能够带来不朽名声的基本途径。而自己编刊文集流布于世,是立言不朽最直接、最方便的实现手段,所以,清代文人别集才有相当数量的作品属于自己编缉、自己刊刻一类。

自己编刊与为先人先师编刊具有内在的一致性。司马迁在《太史公自序》中记述了其父司马谈对他说的一段话:

> 且夫孝,始于事亲,中于事君,终于立身。扬名于后世,以显父母,此孝之大者。

在司马谈看来,扬名后世不仅可以使自己获得不朽,而且也连带使父母获得不朽,因此是最大的孝,其意义甚至在事亲、事君的具体行为之上,几乎是人生的终极目标,如司马迁在《报任安书》中所说:

> 所以隐忍苟活,幽于粪土之中而不辞者,恨私心有所不尽,鄙陋没世而文采不表于后也。古者富贵而名摩灭,不可胜记。唯倜傥非常之人称焉。……仆诚以著此书,藏之名山,传之其人,通邑大都,则仆偿前辱之责,虽万被戮,岂有悔哉?

从《左传》到司马迁的《史记》、从刘勰到近代的学者胡适,无不表明,在中国知识阶层的心目中,立言不朽不仅高于立德立功,而且也是个人实现人生"名逾金石之坚"的身后名的基本途径,同时也是"事君事亲"孝义的根本。立言著述,一方面光耀祖先,"立身行道,扬名于后世,以显父母,孝之终也"(《孝经·开宗明义章第一》),个体的追求与祖先的荣耀有机的结合在一起;另一方面是承继祖先未竟之业,同时继往开来,启迪后人。因此著述不仅成为传统知识阶层每个人孜孜以求的人生目标,而且成为光宗耀祖、家族兴旺的旗帜和标杆。

本书基本的结论是,清代学人,无论是作为编缉者、刊刻者还是作为著述、编撰者,对图书文化活动的目的、期望达到的目标、图书媒介传播功能的认识都深受占主流的儒家思想观念影响。以"立言不朽"为标志的人生追求,使中国传统知识阶层形成了表面上矛盾而实质具有一定历史延续性的图书价值观、历史观。

自编文集与为先人先师编刊两大类,既有一定的共通性,也有相互区别的部分。在传统宗族、家族的血缘、师缘关系内,虽然为先人先师是为他人,但却是"善继人之志、善述人之事"的宗族孝道实践,自编文集虽然是彰显个人学术与思想的成就,但却是所从属宗族家族、师门的荣耀。但个体自编文集,在个体与群体之间,毕竟是个体的觉醒,是对群体关系的一种挣脱,这明显表现在清代末期随着全社会思想与文化开放,自著文集、自己出版的数量逐渐增多。

除此之外,立言不朽的思想价值,在今天看来,还有更深一层的人身安顿价值。胡适在同一篇文章说道:

　　我们不必认为仅有伟大的德能、功业和教言才是不朽的。就我们现代人来说,我们应十分可能且合理地把这种古老的观念重加阐释,民主化或社会化。这样,则所谓德也许才可以意味着我们所以为人的一切,才可以意味着我们所为的一切,才可以意味着我们所想的和所说的一切。这种学说可以得到一种现代的和科学的意义,就是这个世界上的任何一个人,不论他怎样的鄙陋低微而不足道,总都会留下一些东西,或善或恶,或好或坏。由于不只是好的才能留下来,所以古语说得好:"遗臭万年。"对于善恶贤愚不肖都可以贻人的影响的这种了解,而使我们对于自己所以不朽的行为思想和言语道义,深深怀有一种道义的责任感。举凡我们的为人、行事和言谈在这个世界上的某些地方,都会发生影响,而那种影响在别的地方又会发生另外的影响,如此而至于无穷的时间和空间。我们不能全然了解一切,但是一切都存在那里,而至于无穷尽。

　　总之,就像猫狗会死一样,个人也会死的,但是他却依然存在所谓人类或社会的"大我"之中,而"大我"是不朽的。大我的继续存在,成为无量数小我个人成功与失败的永存纪念物。"人类的现状固源于我们若祖若父的贤愚,但是我们终将扮演成何等角色,则需我们从未来的情势去加以判断"。①

笔者十分认同胡适先生对这个支撑中国知识阶层的人生信仰的评价。如果说在中国几千年悠久文化传统中有什么能够堪称是给予今人的最有价值的思想基因的话,那"三不朽"的人生理想是第一个仍然活在今人心中并安顿心灵的理念。余英时先生进一步发挥了胡适先生的评价,他认为这个人生信仰不仅能够安顿中国知识阶层的心灵,也应该是当代中国普通人的生活信念。本书把余英时先生的观点放在这里,作为本段的小结:

> 立德、立功、立言是中国自古相传的三不朽信仰,也是中国人的永生保证。这一信仰一直到今天还活在许多中国人的心中。我们可以毫不迟疑的说,这是一种最合于现代生活的宗教信仰。
> 根据中国人的生死观,每一个人都可以勇敢地面对小我的死亡而积极的作人,勤奋的做事。人活一日便尽一日的本分,一旦死去,则气散归天地,并无遗憾。这便是所谓"善吾生所以善吾死"。张载的《西铭》说得最好:"存,吾顺事;没,吾宁也。"②

第三节　为同里乡邦编刊概述

清人为同里、同乡编书、刻书的现象,在本书统计的 600 部文集中,有 22 部占 3.67%。虽然比率不高,但表明一个基本事实:同里同乡是宗族血缘核心圆的外层,它是姓氏宗族关系的一种放大,是姓氏宗族社会交往范围的补充。

同里、乡邦,在中国人的心目中仅次于血缘宗族,其原因在于,从社会关系来看,同里、乡邦,是血缘、师缘等紧密交往圈子的放大。以社会交往关系紧密程度为标尺,血缘关系的五服九族是圆心层,师缘是第二层,而同里同乡是第三层,同事故旧则为最外层。这种社会交

---

① 胡适:《胡适学术文集·中国哲学史》,中华书局,1998 年版,第 535—537 页。
② 余英时:《文史传统与文化重建》,生活·读书·新知三联出版社,2005 年版,第 488 页。

往的层次区分标志着政治、经济和文化交往的频率高低。在杜佑《通典》中,专门记载了中国自上古、周、东晋、魏晋南北朝、隋到唐时期的乡党制度设计,其设计目的十分清楚:

> 昔黄帝始设土井以塞争端,立步制亩以防不足,使八家为井,井开四道而分八宅,凿井于中,一则不泻地气,二则无费一家,三则同风俗,四则齐巧拙,五则通财货,六则存亡更守,七则出入相司,八则嫁娶相媒,九则无有相贷,十则疾病相救。是以情性可得而亲,生产可得而均。

到了周代,其制度仍沿用乡党制,只不过家庭数量有所变化:

> 大司徒令五家为比,使之相保;五比为闾,使之相受;四闾为族,使之相葬;五族为党,使之相救;五党为州,使之相赒;五州为乡,使之相宾。①

此后历代均基本沿用乡党制度,只不过范围大小有别,家庭户数多寡有差。这种千年一贯的乡党制使中国人的政治、经济等社会生活范围在一个相对固定空间里展开,因此精神生活空间也以此为依托逐步外延,为同里乡邦编刊文集也就成为仅次于先祖、恩师和自编文集之后的一个重要文化活动。从时间与空间二维角度看,先祖、师门是一种历史时间的延续,而同里乡邦是一种空间上的拓展。

为同里乡邦编撰、刊刻图书,是清代图书文化活动的一种特殊现象,它既是中国传统图书文化活动宗族化特征的延续,又是图书出版从传统走向现代的中介和过渡。

一、为同里乡邦编辑出版文集活动,在清代成为普遍化趋势

清人为同里乡邦编辑、刊刻文集活动,十分普遍,是清代图书文化活动高度发展的一种标志,同时也是编辑文化活动宗族化特征的一种表现。立足为本省、本郡的历史上的学人、前辈编撰、出版系列图书、

①杜佑:《通典》,中华书局,2003年版,第54页。

文献的现象,编撰者与图书作者、图书内容,都是立足于同一个区域,基本属于同一个地理范围。这一点明显区别于宋、元、明等其他历史时期。

叶德辉对清代为同里乡邦编辑、刊刻图书的现象有过一段总结:

> 荟萃乡邦郡邑之书,都为丛刻。自明人梓吴一书始,樊维城盐邑志林继之。国朝嘉庆间,有赵绍祖刻泾川丛书,宋世荦刻台州丛书,祝昌泰刻浦城遗书,邵廷烈刻娄东杂著。道光朝有伍元薇刻岭南遗书,同治朝有胡凤丹刻金华丛书,孙衣言刻永嘉丛书。光绪朝此风尤甚。如孙福清刻槜李遗书,丁丙刻武林掌故丛编,又刻武林先哲遗书,陆心源刻湖州先哲遗书,赵尚辅刻湖北丛书,王文灏刻畿辅丛书,盛宣怀刻常州先哲遗书。力大者举一省,力小者举一郡一邑。然必其乡先辈富于著述,而后可增文献之光。①

依据叶德辉的记载,清代大约有《泾川丛书》(即今天甘肃泾川县)、《台州丛书》(浙江台州市)、《浦城遗书》(今福建浦城县)、《娄东杂著》(今上海市松江地区)、《岭南遗书》、《金华丛书》、《永嘉丛书》、《槜李遗书》、《武林掌故丛编》(今浙江杭州)、《武林先哲遗书》、《湖州先哲遗书》、《湖北丛书》、《畿辅丛书》(今河北地区)、《常州遗书》等14种。

张舜徽先生在《清人文集别录》收录了22部为同里乡邦编刊的图书,其中有专门编辑乡邦文献的作者,如鄞县袁钧,曾编撰过《四明文征》、《四明献征》、《四明近体乐府》、《四明书画记》等系列图书,被张舜徽誉为“承其乡先辈全祖望之余绪,究心乡邦文献者也”。

广东人谭莹,道光二十四年举人,“凡粤人著述,嵬罗而尽读之。其罕见者,告其友伍崇耀汇刻之”,所编撰刊刻的粤人图书系列有《岭南遗书》、《粤十三家集》,还选刻一些近代广东人诗作,如《楚庭旧遗诗》,“又博采海内书籍罕见者汇刻之,曰《粤雅堂丛书》,凡莹为伍氏校刻书二千四百余卷”②。

太平天国之后,崛起一大批湖南藉的政界、学界、军界人士,对湖

---

①叶德辉:《书林清话》,中华书局1999年版,第252—253页。
②张舜徽:《清人文集别录》,中华书局,1980年版,第455页。

南地区的文献、文集的编撰、刊刻等文化活动,也十分令人瞩目。湖南湘潭人罗汝怀,道光十七年拔贡生,"选受芷江县学训导、改选龙山县学训导皆不受,独以纂辑述造为事"①。他编辑成《湖南文征》二百卷,《褒忠录》八十四卷,备受曾国藩称赞。

叶德辉在《书林清话》中谈到的孙衣言,是浙江瑞安人,道光三十年进士,咸丰初年,由翰林入直上书房,历任安庆知府、安徽按察使、湖北布政使等职。他大张永嘉经学,刻《永嘉丛书》,还辑录《瓯海佚闻》以表彰之。张舜徽评价孙衣言为:"常以黄宗羲、全祖望宋元学案,于永嘉诸儒叙述未备,更搜捕为永嘉学案,又编其遗文为永嘉集内外编,其敬桑梓之意,有足多者。"②

此外,叶德辉谈到的《金华丛书》,其编刊者为胡凤丹,浙江永康人,历任兵部员外郎、湖北候补道,"性好聚书,颇究心流略之学,犹有意表彰乡邦遗献,尝以金华一郡撰述最盛。叠遭兵燹,散佚殆尽。因就四库采录自唐以来一百六十五种,釐为经史子集,撰《金华文粹》书目提要八卷。先取所藏,设退补斋书局于杭州,依次开雕,仅刻成经部十五种,史部十一种,子部十三种,集部二十八种,名曰《金华丛书》。虽未及文粹书目所载之半,而凤丹竟以此获大名"③。

可见,清朝学人喜欢编撰、刊刻乡邦文献图书等文化活动,是清代近三百年时间里,区别于其他历史时期最显著的特征。

文化的特殊性在于,文化传播交流的范围有多大,文化影响力就有多大。著述、刊刻等文化活动是沿着这样一个轨迹扩展,从以宗族族谱的编撰、刊刻为圆心慢慢向外扩张、渗透,放大到血缘世系的官职显达、科举功名的先人文集、遗文等编撰、刊刻活动,再扩展到师业授受的恩师,突破姓氏血缘关系,再向外放大到同里同乡。

二、同里乡邦编辑、刊刻文集图书现象分析

清代出现为同里乡邦编撰、刊刻图书的普遍化现象,除文化活动的宗族化原因之外,还有一个重要的原因,就是中国几千年形成的官学与私学并举的两大教育系统,以及私学教育系统的高度成熟。

---

① 张舜徽:《清人文集别录》,中华书局,1980年版,第455页。
② 同上,第462页。
③ 同上,第494页。

　　中国传统社会自春秋战国之始，就形成了悠久的私人讲学传统，产生了系统总结教育经验的专著《学记》、《劝学篇》等。到了汉代，全国各地，到处都有生徒聚集，听经师讲学，有的数百人，最高达数万人。到了宋代，私学更是全面兴盛，除广大乡村有"冬学"、"义学"、"小学"、"书社"、"书会"、"乡校"、"村学"、"家塾"等私学之外，还出现了退隐的士大夫、富有资财的大宗世家参与创办的书院。如宋代马端临《文献通考·学校考》中说道："盖州县之学，有司奉诏旨所建，故或做或辍，不免具文。乡党之学，贤士大夫留意斯文者所建也。故前规后随，皆务兴起，后来所至，书院大多，而其田土之赐，教养之规，往往过于州县之学，盖皆欲仿四书院云。"马端临所说的四书院，即是宋代出现的岳麓、白鹿、嵩阳、睢阳四大书院，皆为学者首创，具有一定的私学性质。此外宋代还有湖南衡阳石鼓书院，为学者李士真所创办，华林书院由富人胡氏创办，东佳书院由陈氏家族举办，其目的均为"将使子孙勤而学于斯，学其可以专"，"子弟之能读书者，必加意优恤"①，为本族及其本地的贫寒子弟，创造广泛的读书机会。书院制度自宋以后，成为历经元、明、清各代垂千年之久的制度化私学形式。

　　清代后期，中国的私学教育系统又加入了一股新生的现代教育力量，那就是大批留学生受到教育救国思潮的影响，与部分开明士绅、私塾一起，创办工业、商业、师范、法政等各种现代学堂。如上海杨保恒自日本宏文学院学成后，回国创办二十二铺小学于刘公祠，山东荷泽宋绍唐将村里著名土刹东阳寺泥像拉去，改建小学；无锡侯鸿鉴创办男女师范小学、中学、幼稚园等凡七校；四川南充张澜创办端明女塾小学初级部等。上述均为留日学生。当时全国有名的私立学校还有明德学堂（胡元倓）、大通学堂（陶成章、徐锡麟）、丽则学院（刘三等）、中国公学（于右任等）、湖南民立第一女校（俞蕃同）、周南女校（朱剑凡）、周氏女塾（周家纯）、城东女学（杨白民）、杭州女学（陈敬弟、邵章）、淑行女塾（陆慎言）、楚怡工业学堂（陈润霖）、上海中等商业学堂（胡雨人）等②。几千年传统的私学教育在中国传统走向现代的巨大社会变革前夜，率先承担了现代教育先锋者、实验者的历史任命。

　　私学系统经过漫长的历史发展，具有自己内在的历史发展脉络，

①陈谷嘉、邓洪波：《中国书院史料》（上），浙江教育出版社，1998年版，第2页。
②尚小明：《留日学生与清末新政》，江西教育出版社，2003年版，第61—62页。

而且在中国历史上曾经数次成为官学衰弱、萧条时期中国教育的中坚力量，因此，私学教育变革与创新意识远远领先于官学系统。

私学教育系统是沿着宗族、同里、同乡的空间展开，人才培育也往往以一乡一镇一省的区域化组团式出现。私人讲学等私塾教育，使社会交往范围由宗族成员扩大到同一个居住空间的异姓族群，以宗族成员为主体的私塾教育在很早就开始接纳同乡同里异姓子弟读书，教育的宗族化开始转向区域化，由宗族成员受益开始惠及一乡一里一邑，因此在科举取士制度兴盛的宋明时期，继"科举家族"之后屡屡出现的是"科举之乡"①。这种变化是和宋明时期的宗族结构主体以现代士人为主直接相关。宋明时期的宗族组织其主要的功能是"敬宗收族"，因此族学、私塾在族群、乡里是发挥思想传承、社会教化作用的重要工具，师业授受与同里乡邦通过私塾、家学教育在时间和空间上重叠交汇，与此相伴随的图书编撰、刊刻、传播等文化活动，自然会与同里乡邦紧密联系在一起。

文化传播的基本功能，就是在一个传播范围得到某种认同，使之达到传播活动的发生和传播效果的最大化。姓氏宗族以姓氏血缘为天然纽带进行传播，同乡、同里、同郡、同省以地理范围为传播活动覆盖区域，姓氏族谱、乡邦学人的文集、作品等图书文献成为该区域共同的认同标志，因此传播效果达到最大化，思想教化与学术传承能够在宗族子弟内代代传承，一个区域的学术思想才会呈现相同特征。

《清人文集别录》所收录的作品，有相当的数量介绍了作者的学术渊源，其中那些拔起孤寒之人，主要得力于世家宗族的私塾教育，才有日后的功名和文化成就。如清代常州今文学派的代表人物庄存与、庄述祖家族与其外亲刘逢禄、宋翔凤、洪亮吉、赵翼等系列人物的学术成就，就是明显的世系宗族教育惠及外戚、再惠及同里的事例。

常州庄氏宗族历史久远，但从明代1496年开始有庄轶中进士，享受官职禄位，按照美国学者艾尔曼的研究，从此开始，庄氏宗族进入明清两代显赫的历史时期。庄氏宗族曾于1611、1651、1761、1801、1838、1935年多次修纂族谱。族谱记载，这个世家大族，曾出现90名举人，29位进士。明代举人7人、进士6人；清代举人83人、进士12人，前后有11人任职翰林院。翰林院是担任要职的必经之路，又极易获得

---

① 上述观点见于熊承涤编，《中国古代教育史料系年》，人民教育出版社，1991年版。

广泛社会声誉,庄存与 1745 年殿试中榜眼,其弟庄培因 1754 年殿试状元,兄弟俩先后入直翰林院。此前有其父亲庄柱、舅氏庄楷,此后有庄存与之子庄通敏、庄培因之子庄选臣、庄存与之孙庄受祺进入翰林。为清代显赫一时的科举鼎甲世家。庄氏宗族取得享誉天下的文化声望与政治优势的原因在于,庄氏宗族具有优质的家族教育机构——东坡书院。苏东坡曾在常州居住过,因此庄氏宗族命名自己的家族教育机构为东坡书院。从后来诞生于常州的优秀学者所留下的记载可看出,庄氏宗族的宗族教育有着严格的管理和优秀的师资,注重家学——今文学派的传承教育。如受惠于宗族教育的刘逢禄,是庄存与的外孙,幼年时得益于与庄氏族人一起学习,经学学业直接受到庄存与的教诲,庄存与叩以所学,应对如流,曾叹道"此孩长大,必能传吾学"。刘逢禄于嘉庆十九年(1814)中进士,改翰林院庶吉士,散馆授礼部主事。著有《春秋论》、《公羊何氏释例》、《公羊何氏解诂笺》、《发墨守评》等著名经学著作。

与刘逢禄同等经历的还有常州宋翔凤,其母是庄存与的侄女,庄述祖的外甥。其学出于舅氏庄述祖,同样有幸进入庄家私塾受教育,青年时期,与刘逢禄同样受到外家的赏识。良好的教育,使他科场顺利,嘉庆五年中举人,历官泰州学政,旌德训导,湖南兴宁、耒阳等县知县。著有《卦气解》、《尚书说》、《论语郑注》、《论语说义》、《大学古义说》等经学论著,其中《庄珍艺先生行状》一文详细地记载了自己所学渊源。

长于舆地之学的洪亮吉,同样是受惠庄氏宗族私塾教育的成功典型。他的母亲是庄姓族人,但非直系,他的姨母也嫁给了庄姓族人,这种远房关系,使他偶尔能够与庄姓宗族子弟一样入塾读书。六岁时父亲去世,与母亲常驻外家,幼年受到了庄氏族学良好的教育。在洪亮吉所著《洪北江全集》收入的一篇墓志铭中,他介绍了自己在庄氏族学受到的教诲。最为准确的记载是江藩《汉学师承记》中的记述:

> 先生(洪亮吉)六岁而孤,依外家读书,颖悟异常儿。晚自塾归,母氏篝灯课读,机声轧轧,与书声相间不断。年十八,祖妣赵及祖相继下世,君承重,水浆不入口,杖而后起。二十四岁,入学

为附生。①

洪亮吉于乾隆四十五年中进士,同年授编修,充顺天府乡试同考官,旋督贵州学政。后因直言获罪,遣戍伊犁,寻赦还回籍。洪亮吉所著《左传诂》、《比雅》、《六书转注录》、《汉魏音》诸书,因袭常州今文学余绪,其中以舆地、疆域沿革为最擅长。

常州庄氏宗族的宗族教育,除惠及同姓族人和外戚亲属之外,同样使常州同里异姓乡邦受惠,宗族文化教育的影响力逐步外延,波及同里同乡。据艾尔曼在《经学、政治和宗族》(第41页)一书考证常州籍史学家赵翼是从庄氏族学受益的学人。他1761年中进士,入翰林院,声名鹊起。他在为庄钤写的传记中,记述了庄氏族学对自己学业的帮助。赵翼的孙女后来嫁给庄氏族人。对于庄氏族学,艾尔曼认为,"庄氏族学的这种方法表明,他们的家学在为族人服务的同时,还为更广泛的社会共同体尽了自己的义务","族学因此无论在组织上还是在教育环境上都称得上是一个学校。庄氏族学代表了族内中举成员在族内世代相传的学术传统。一位学术大师的理论、方法通过私人传授的方式被信徒们一代代延续着(这是一个学派的特征)。这种理论同样可以出现在血缘关系居主导地位的群体所提供的有利的社会和制度性环境中"②。

类似庄氏族学惠及宗族外戚、再惠及同里学人的事例在清代十分普遍。它表明,中国私学教育体系以宗族为核心的家庭、私塾教育经过近千年的发展已经高度成熟,它在教育理念、教育方法等方面,有着丰富的文化传统和精神遗产,其中孕育着现代学校的性质,具有现代教育普及大众化知识的功能,但同时还有着大众化教育所不能完全替代的文化传承、个性化精英教育的功能。以私塾教育为主体的私学教育系统,在中国长达几千年的历史,留下来的教育思想博大精深,并非如近一百来在引进西方教育思想时所批判的那样一无是处。时至今日,对于私塾教育的历史价值,仍然没有好好研究和挖掘,这一点值得认真反思。

---

①江藩:《汉学师承记笺释》,上海古籍出版社,2006年版,第448页。
②[美]艾尔曼:《经学、政治和宗族——中华帝国晚期常州今文学派研究》,江苏人民出版社,2005年版,第41页。

第四节　编辑为业概述

编辑为业一类共有 25 部,占清人文集编刊数量的 4.17%。数量比为本地名人编刊要多,并且有相当部分交织在其他编刊类别中。这是著述编刊等文化出版活动走向现代化的星星之火,具有一定的标志性。中国第一家现代意义上的出版机构是 1844 年的教会出版组织——上海美华书馆,此时与其并行的是一些清代学者以个体方式进行的专业编刊活动,其中不乏具有重大学术价值者。如专门收集全国女诗人创作的诗集《国朝闺秀正始集》就是一部大型诗歌总集。该书为江苏阳湖女诗人恽珠(1771—1833)收集编纂,共收集诗歌 1536 首,涉及闺秀诗人 933 人,涉及地域广泛,"滇、黔、川、粤均不乏人,且有蒙古命妇、哈密才媛、土司女士、海滨渔妇,末卷又附载朝鲜国四人……无远弗届",是清初至道光年间二百多年的清代女性诗歌总集,具有重大的文学价值①。类似这类编辑为业的出版活动不断,直到商务印书馆、中华书局等现代专业编辑机构大量出现。由于此部分与本书的主题脱节,因此不做探讨和专题研究。

无论是为先人先师编刊,还是为同里故旧编刊,都是一种以人际社会关系进行的文化活动,这两种图书出版活动都属于宗族化的文化活动,因为它是依托于血缘宗族和师业授受关系、同里乡邦关系形成的。那么这种依托于宗族血缘、地缘的文化活动,形成了清人的图书著述、编撰、刊刻等文化活动的哪些不同于今天现代专业出版的特征?它是如何过渡、演变到现代专业出版?再进一步,中国传统图书文化活动,乃至科举教育、学术研究与宗族发展演变之间有着怎样的互为依存关系?宗族化是怎样开始现代化的蝉蜕?这些都是本书要研讨的重点,本书将用四章的笔墨研究探讨之。

---

①马钰坪:《等闲莫作众芳看——恽珠与〈国朝闺秀正始集〉》,《中国古代文献学国际学术研讨会论文集》,凤凰出版传媒集团、凤凰出版社,2006 年版,第562 页。

第三章　清人著名科举家族的著述出版活动考察

　　科举入仕是宗族延续、发展的重要现实支撑,宋以后宗族最主要的文化活动,就是以科举入仕为中心开展宗族教育、文化传承,从而保持科举家族的政治文化优势,科举取士制度,成为宋、明、清等历史时期宗族发展的重要力量。因此图书编撰、著述等文化活动的中心作用是教育鼓励宗族成员参与科举入仕,而宗族的重要标志——族谱,对血缘世系成员中取得科举功名成员的记载也成为重点。而将宗族文化活动的重点放在历代科举入仕者图书文献、文集的整理编撰上,这一点在清代文人别集中表现得尤为突出。

　　本书通过对张舜徽先生《清人文集别录》中收录的 600 部作品分类统计的结果表明,在编刊方式的四大分类中,最多的一种是为先人先师编刊,忽略无法统计的 257 部,其比例高达 44.9%。如此高的比率,说明该行为是清代学人最普遍的文化行为。这种文化行为显现了如下心理特征:延续其祖先或者恩师的功业、思想与精神追求,彰显宗族的社会区隔标志,激励后人,凸显文化资本的象征作用。其具体表现,首先是清代状元几乎人人有著述、其次科举家族成员,每代皆有著述,有的具有一定的学术价值,甚至是清代学术发展的代表;有的则没有什么思想意义,仅仅是诗文、序跋、碑传等文学创作、人生感悟,还有的仅仅是书信、往来公文等文字活动的汇集,但这些都作为科举家族每个成员的标志,凸显的是一种文化象征作用。

第一节　清代状元著述编刊情况分析

　　对清代状元著述分析,本书在宋元强先生提供的资料基础上,统计了从清代顺治三年(1646)开科取士开始,到光绪三十年

（1904）截止,共有 106 名状元,通过对这些状元出身、著述数量的分类统计,基本可得出清代科举状元对图书著述的重视程度。

图二是清代近三百年间 106 名状元出身状况的分析:

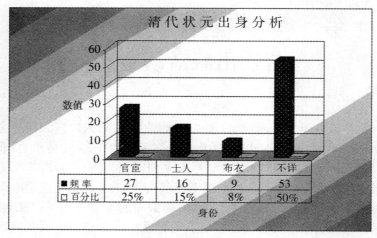

清代状元出身分析

身份	官宦	士人	布衣	不详
■频 率	27	16	9	53
□百分比	25%	15%	8%	50%

图二

从上表中可发现,出身于官宦之家的状元有 27 名,达到 25%,出身于士人家庭的状元 16 名,占 15%,没有任何背景,拔起孤寒的状元仅有 9 名,占 8%,其他无法确认有 53 名,占 50%。如果去掉无法确认的数量,则出身官宦世家的比例为 50% 强,士人之家为 30% 强,表明家庭所具备的文化、教育等社会资源,对一名状元的产生起着不可忽视的作用。官宦之家与纯粹的士人之家相比,占有 20% 的优势,这表明,士人之家具有的纯粹的文化优势在科举竞争中比之官宦之家的政治优势还逊色很多。

图三为清代 106 名状元著述分析图:

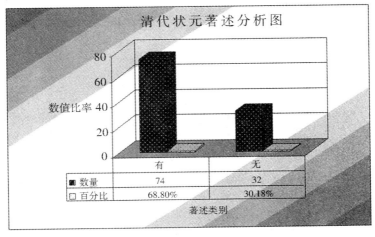

图三

从上述图表中可看出,有著述传世的为 74 人,占 68.8% ;没有记载或
无法考证的有 32 人,占 30% 。如果考虑清代初期科举政策采取贬抑
汉人、抬高满人、蒙古人中举等因素,那么状元著述的比例应该更高。
上述数据已经说明,著述图书几乎是每个状元必做的事情之一。这和
中国其他历史时期,凡天下举人进士必著述、必刻书、必结文集的现象
是一致的。

第二节　清代著名科举家族的
著述编刊情况分析

　　上海图书馆收藏有清代近三百多年开科取试的朱卷,每张朱卷都
记载了应试者完整的祖先世系。这部分朱卷由顾廷龙先生主编,台湾
成文出版有限公司影印,即《清代朱卷集成》。辽宁大学的张杰教授,
用三年时间,对这部文献进行了深入研究,取得了可喜的成果。本书
借助张杰教授提供的一系列线索,查阅了《清代朱卷集成》部分分册卷
页,从每个应试者族人的朱卷履历中,发现了一些家族有关宗族成员
著述情况的记载。本书从中选出江苏顾氏家族、章氏家族、顺天高氏
家族、常州储氏家族、浙江俞氏家族等 5 个清代科举家族的情况,又考
察了山东杜氏家族、江苏昆山归氏家族两个横跨几个朝代的大家族著

述情况,得出如下几个判断:

一是凡科举家族,几乎每代人都有图书传世,著述行为十分普遍;二是著述愈多的家族,在历史上活跃的时间跨度越长,有的甚至从清代开始上溯直到唐代。

通过这些科举家族著述行为的分析,本书发现,著述,既是其家族文化自身延续的需要,保证宗族后代举业兴盛的软力量,同时也是光耀门庭的旗帜,在某种程度上,科举宗族的著述活动不仅代表了宗族所在地区文化的发展水平,还成为清代学术发展的代表。

一、江苏顾氏家族

在《清代朱卷集成》中,参加咸丰九年(1859)已末恩科江南乡试举人顾秉政,在其朱卷履历中记载了江苏松江府华亭县顾秉政家族的著述情况:

第一代九世祖:顾秀汀,"明处士,博学通经,尤精于《易》义,著有《易理精蕴》,藏于家";

第三代七世祖辈:顾思照,岁贡生,镇江丹徒县训导,著有《醉白池诗集》行世;顾思照弟顾光照,考授州同知,著有《幻花亭诗草》行世;

第五代五世祖辈:顾文焕,岁贡生,候选训导,著有《竹庐诗稿》、《引玉琐言》、《咏菊小品》行世;顾重兰,分发福建盐大使,著有《松窗诗稿》行世;

第六代高祖辈:顾元灯,岁贡生,候选训导,著有《松风草堂诗文钞》;顾世俊,附监生,著有《存诚堂文钞》、《春秋麟髓》行世;顾世杰,太学生,年逾七旬,恩给九品顶戴,著有《香雪诗钞》;顾世望,"早逝,幼即聪慧,九岁能诗,著有《困学斋诗》载入郡志";顾世显,太学生,著有《话雨斋诗》;

第七代曾祖辈:顾德成,太学生,喜读书,好吟咏,善丹青,究书法,持己俭约,于善事则慷慨好施,被县中授予"功存利济"匾额旌其门,著有《益斋诗草》;顾德嘉,太学生,著有《亭湖小志》;顾德言,工书善画,议叙光路寺典簿,邑人私谥"孝悫先生",著有《三益轩诗文集》、《书画录》诸书;

第八代嫡伯叔祖顾作球，太学生，著有《适可集》行世。①

　　通过朱卷著录，基本可看出顾秉政家族的著述特点是：宗族成员从事著述活动，具有普遍性。顾氏族人先后六代计 14 人从事文化著述，总计著书 19 种。著书内容除第一代九世祖顾秀汀著述《易理精蕴》具有一定的学术价值之外，其他的大部分是诗歌、文集、文钞等内容。其中六位族人为监生（太学生）可知著述水平不高，但有部分著作刊印流传。顾氏广有资财，如六世祖顾梁佐，因输粟赈饥，义声震乡里，得到知府汪德馨馈赠"仁恤维桑"和"仁风可则"两块匾额。可见，顾氏族人通过刊印家族著作，弥补了应试中未能取得较高功名的遗憾，从而扩大了家族在文化上的影响。

二、常州储氏家族

　　再看储氏家族。光绪二十九年（1903）癸卯恩科江南乡试举人，常州府荆溪县人储凤瀛，其朱卷履历记载其族人著述如下：

　　　　始祖储光义，唐朝开元进士。著作《正论》十五卷，《文集》七十卷，入《唐书·艺文志》，列《江南通志》；

　　　　二十八世祖储懋端，太学生，著有《倚云楼集》、《留都见闻录》、《志怪录》、《酒政商》，列入县志载籍；

　　　　二十九世祖辈储欣，康熙经元，拣选知县。著作有《春秋指掌》、《在陆草堂文集》，选刻名家古文行世。世称同仁先生，行谊详《一统志》、《江南通志》、县志；

　　　　三十世祖辈计 5 人：储方庆，康熙进士，管山西清源县知县，著作有《逊庵文集》、《解元真稿》；储芝，生员，著作有《仅存集》，列县志载籍；储芒，太学生，著作有《四观堂经解》、《荷衣集》、《愿学就正篇》，列县志载籍；储玎庆，生员，著作有《懒津诗集》，列县志载籍；储贞庆，增生，著作有《挹蔼楼集》、《雨山词》，列县志艺文、载籍；

　　　　高高高祖辈 7 人：储在文，康熙进士，以翰林院编修入直南书

①张杰：《清代科举家族》，社会科学文献出版社，2003 年版，第 193 页。

房,参与朝廷编书,著作有《尚书疑义》、《待园文集》、《经畬堂稿》、《课孙草》,列入县志文苑、艺文、载籍;储掌文,康熙举人,官四川纳西县知县,著作有《云溪文集》,列县志文苑、艺文、载籍;储元文,著作有《抱山集》,列县志载籍;储右文,康熙举人,官湖北京山、福建宁德知县。著作有《敬义堂集四卷》、《文蝶》十卷,列县志文苑、艺文、载籍;储大文,康熙会元进士,官翰林院庶吉士,著作有《存研楼初、二集》、《会元真稿》、《九峰楼课艺》、《临场艺》、《玉井》、《金梅集》、《明文透宗集》,列县志文苑、艺文、载籍;储郁文,康熙进士,历官至国子监博士。著作有《允教文集》,列县志文苑、载籍;储雄文,康熙进士,即用知县,著作有《浮青水榭集》、《辑馆课古今文》,列县志文苑、艺文;

高高祖辈8人:储长庚,恩贡生,后选州判。著作有《吟秋草》、《留越吟》,列县志载籍、艺文;储麟趾,乾隆进士,历官至宗人府府丞,著作有《心鉴楼文稿》、《双树轩诗稿》,主讲安徽、扬州书院,列县志治绩、艺文、载籍;储开济,太学生、候选州同知。著作有《听涛轩词稿》、《闽峤纪事》,列县志文苑、载籍;储知行,太学生,著作有《存余诗草》,列县志文苑;储元升,雍正进士,历官至直隶东明县知县,著作有《剩墨集》,列县志治绩、载籍;储元益,雍正举人,著作有《春帆诗稿》,列县志载籍;储国均,大学生,著作有《抱碧斋诗》、《偃献集》、《一壑风烟集》、《倚楼笛谱词集》、《中唐十二家诗选》,列县志文苑、艺文、载籍;储晋观,雍正进士,翰林院编修,因纂修《明鉴纲目》,特赐《明史》一部,著作有《恕斋诗集》、《松隐堂文集》,列县志文苑、载籍;

高祖辈4人:储秘书,乾隆进士,官至吏部考工司郎中。著作有《玉函文集》、《缄石斋花屿诗词钞》,列县志治绩、艺文、载籍;储研磷,乾隆举人,主讲庐江、龙山书院。著作有《偏园文集》,列县志文苑;储成璋,著作有《秋兰馆烬余剩稿》,列县志文苑、艺文、载籍;

曾祖辈储文曜,生员,著作有《云外楼诗集》,列县志艺文、载籍;

祖父辈三人:储恩承,绩学高志,著作有《芸窗自尚录诗》、《古文词》,未刊,庚申毁失;储世臣,太学生,积学,南北闱五次荐卷,著作有《鸿雪龛诗词稿》,列县志载籍。储澘士,生员,著作有

《安素轩诗词》刊行；《古文》未刊，庚申毁失，列县志文苑、载籍。①

　　通过上述储氏族人著作者分析统计，从康熙经元二十九祖辈储欣开始，到储凤瀛的祖父辈，共有 30 人，有进士 9 人，举人 4 人。其中储在文以翰林院编修入直南书房，参与朝廷编书；进士储麟趾主讲安徽、扬州书院；储晋观以翰林院编修纂修《明鉴纲目》，被特赐《明史》一部，举人储研磷曾主讲庐江、龙山书院。这些都是家族具有较高文化素养的标志。张杰教授的结论是：

　　　　储氏族人的著作，在全国影响很大，一般都载入县志，是荆溪县中公认的著名作家，有四种列入《一统志》和《江南通志》，表明在全国的学术地位。其中，储方庆的《逊庵文集》、《解元真稿》；储国均的《中唐十二家诗选》；储晋观参与纂修的《明鉴纲目》；储大文的《存研楼初、二集》、《会元真稿》、《九峰楼课艺》、《临场艺》、《明文透宗集》；储郁文的《允教文集》等著作，都有较高的学术水准。

　　本书没有考证储氏这些作品在文学史、学术史上的记载，但《明鉴纲目》、《解元真稿》确实是在清代学术历史上具有一定地位的史学名著，能够参与修明史之人是经过官府举荐、总纂修官审定的，其中顾炎武的外甥徐乾学、黄宗羲之子黄百家等都参与过明史修纂。由此可见储氏宗族的文化成就已经达到相当高度。

　　常州在清代一直是经济、文化和信息中心之一，大运河横贯期间，交通便捷，经济发达。宋明时代的文化积累，使常州、扬州等地在清代乾嘉时期迅速崛起，成为朴学、今文学的发源地。同样诞生在常州的庄氏宗族，是清代父子两状元、一门五翰林的鼎甲望族，储氏宗族在这样的文化环境中出现，跨越几百年历史兴盛不断。储氏家族从光绪二十九年（1903）储凤瀛开始，上溯唐代储光义，历经几百年，跨越宋元明清五朝，尽管可能有夸耀之嫌，但二十八、二十九、三十世族直至祖父辈储恩承三人的记载确是可信的，储氏宗族在明清两朝确实举人、进士辈出。在储氏宗族的延续和发展中，可看到著述刊刻图书等文化行

---

① 张杰：《清代科举家族》，社会科学文献出版社，2003 年版，第 194—196 页。

为起到了家族再次衍生、复原等形塑作用,读书著述等文化活动成为储氏家族哺育后人成才入仕的源泉和动力。

三、顺天高氏家族

根据光绪十四年(1888)戊子科顺天乡试举人,高抡元的朱卷记载,其祖先高士奇的著作多达27种,其后人虽然科举平平,但保持了高士奇的著述传统,以图书著述维持宗族的文化传统,著述成为高氏家族一种重要的文化习惯。

据《清史稿》记载,高士奇"幼好学能文。贫,以监生就顺天府乡试,充书写序班。工书法,以明珠荐,入内廷供奉,授詹事府录事,迁内阁中书,食六品俸,赐居西安门内"①。其著作有11种,而朱卷记载的更为准确,种类达到27种。如《扈从西巡日录》、《扈从东巡日录》、《随辇正续集》、《清音堂正续集》、《〈左传〉辑注》、《松亭行记》二卷、《金鳌退食笔记》二卷、《江村销夏录》三卷、《编珠补遗》二卷、《续编珠》二卷、《三体唐诗补注》六卷、《塞北小钞》、《登岱恭记》、《扈从西山诗》、《北墅抱瓮录》各一卷、《拓西闲居录》八卷、《归田集》十四卷、《独旦集》六卷、《四明山题咏》一卷、《简静斋集唐悼亡诗》二卷、《独旦集》一卷、《田间恭记》一卷、《珠窗集》二十卷、《蔬香词》、《珠窗词》各一卷、《唐诗掞藻》八卷、《唐诗小补》一卷等。对于高士奇之后到高抡元的著述情况,张杰教授的考证如下:

> 第二代,高舆,进士,著有《谷兰斋诗集》;
> 第三代,高嵩,太学生,著有《简静斋集》、《醒阁诗钞》;高衡,著有《怡闲小稿》;妻李氏,为嘉兴知府李宗渭女,著有《生香乐意斋诗稿》;
> 第四代,高廷璨,县学廪生,著有《春苏斋诗稿》;
> 第五代,高兰曾,县学生员,著有《自娱文集》、《瓦釜诗集》;高一谔,举人,著有《小瓶庐诗稿》;高三祝,举人,著有,《藏用斋诗稿》;
> 第六代,高赐忠,县学增生,著有《春畬小草》;高飏,县学廪

① 《清史稿》,中华书局,2003年版,第33册,第10014页。

生,著有《瘦吟楼诗赋稿》;

　　　第七代,高抡元,嘉兴府拔贡生,著作未有记录,但由于文化
层次较高,续写著作肯定会有。①

由高士奇族七代人的情况可看出,自高士奇之后的七代人没有显赫的
功名,四、五、六、七代后人中大多数是县学生,只有第五代出现过两名
举人,但每代人皆有文集、诗集、赋集,著述书写成为高氏宗族后人代
代保持的传统。

四、浙江俞氏家族

　　浙江湖州府德清县,即今天的浙江省德清县,是一个文化累积丰
厚之地。光绪二十四(1898)戊戌科一甲第三名进士,德清人俞陛云在
朱卷中记载的家族著述情况如下:

　　　高祖俞廷镳,乾隆副贡生,著有《四书评本》,已刊行;
　　　曾祖俞鸿渐,嘉庆举人,著有《印雪轩文集》四卷、诗集十六
卷、随笔四卷,《四书文》二卷,《读三国志随笔》一卷,均刊行;
　　　祖父俞樾,道光进士,官河南学政。著有《群经评议》三十卷,
《诸子评议》三十五卷,《第一楼丛书》三十卷,《曲园杂纂》五十
卷,《俞楼杂纂》五十卷,《宾萌集》六卷、补一卷,《宾萌外集》四
卷,《春在堂杂文初编、续编、三编、四编、五编》共十七卷,《春在
堂诗编》十五卷,《词录》三卷,《右台仙馆笔记》十六卷,《茶香室
丛钞、续钞、三钞、四钞》共一百十卷,《茶香室经说》十六卷,《经
课续编》八卷,《九九销夏录》十四卷。此外,尺牍、随笔、楹联等
各种杂著五十余卷,风行海内,称《春在堂全书》。②

浙江德清俞氏家族确实是一个富有家学传统的宗族,其中俞陛云朱卷
中记载的俞樾,为清代道光三十年进士,为著名经学大家。张舜徽先
生对俞樾的著述情况考证甚详,可以作为《清代朱卷集成》史料的佐

①张杰:《清代科举家族》,社会科学文献出版社,2003年版,第197—198页。
②同上,第199页。

证:"由翰林出任河南学政,因事罢职,归后侨居苏州,主讲苏州紫阳、上海求志等书院,而主讲杭州诂经精舍至三十年之久。课士一以阮元成法,游其门者,若戴望、黄以周、朱一新、施補华、王诒寿、冯一梅"等,"樾自少时,即以著述二字横于心中,刻刻以模拟王氏为念","一生好著述,而又老寿,故其所为文甚多,诂经精舍自课文,乃说经之作,《宾萌集》,则分为论篇、说篇、释篇、议篇、杂篇,其后应酬日繁,杂文日富,复先后裒辑陆续付刊,手定杂文六编,时年已八十五矣,精力强固,不可及也"。① 由此可见,德清俞氏宗族之著述确是代代相传。

五、江苏章氏家族

光绪十六年(1890)庚寅恩科进士,江苏松江府娄县人章士荃家族,其著述活动连续十代人长盛不衰,远溯明代开始,是著述历史最长的一个宗族之一。

十世祖章宪文,明万历进士,官工部虞衡司主事,著有《白石山房》等集,诗见《松风余韵》,府志、县志有传;

九世祖章台鼎,明附监生,著有《青莲馆集》,诗见《松风余韵》,府志有传;

八世祖章旭,明增生,著有《半绿轩诗稿》,诗见《松江诗抄》,县志有传;

七世祖章有豫,布衣,著有《一瓢集》;

六世祖章鸣鹤,康熙岁贡生,任铜陵县学训导,著有《谷水旧闻》,县志有传;

五世祖章德棻,生员,著有《四世杂说》、《诗经杂说》、《尊闻琐记》,县志附传;

高祖章廷煦,候选国子监典薄,著有《烂柯斋诗集》、《弈薮》;

曾祖章焕,生员,门人私谥"孝介先生",著有《易经约》、《友石居读书记》、《友石居诗钞》,府县、志有传;

祖父章倬,生员,著有《性理辑解》、《改生杂记》、《尊闻书屋诗草》,府志附传。

①张舜徽:《请人文集别录》,中华书局,1980年版,第525页。

父亲章末,同治拔贡生,事迹详府志、县志。著有《春秋内外传》、《筮辞考证》,已刻,《国朝学略》、《明儒事略》、《周易一得》、《尚书天文考证》、《诗经假借文字考略》、《春秋三传天文考证》、《曲礼答问》、《孝经述闻》、《论语述闻》、《论语音释》、《服氏通俗文补义》、《读经札记》、《学汉学斋杂著》、《学汉学斋诗文集》均未刻,藏于家。①

章氏宗族的图书著述,通过朱卷记载可看出,基本从十代开始,一直到应科举者章士荃,每代都有,父死子继,世代相传,蔚然成风。著述成为显示家族文化传统、家族文化活动旺盛生命力的一个重要标志。

六、山东杜氏家族

中国的家族发展与传承,因其依托血缘关系代代相传,只要没有战争、自然灾害等不可抗力,其稳定、恒久性要超越一朝一代的限制,这就造就了中国历史上若干个历经多个朝代的大家族。对这些家族的研究和分析发现,以图书为依托的文化活动是宗族绵延、发展除政治、经济之外另外一股不可忽视的力量。

山东杜氏家族就是明显一例。杜氏始祖杜雄飞是明代洪武二年(1369)随移民从河北枣强到山东滨州,一百年后,第六代才有人获取功名。明末嘉靖、万历年间的 1549 年,六世孙杜其萌中举人,1565 年中进士。杜氏家族,著述如下:

八世孙杜诗,明万历二十二年(1594)举人,二十六年(1598)进士,官至江西布政使、湖广左布政使。万历己酉(1609)年修成杜氏家族第一部家谱,著有《忠孝堂存笥稿》,但大部散佚,在《武定明诗钞》中存诗歌十五首,文章《训导宅记》存《滨州志》,并编著《文选》、《楚辞》、《医问》等书流传后世。

第十世孙杜漺,清代顺治二年(1642)举人,顺治四年(1647)进士。杜漺继承祖先著述传统,成为当时海内闻名的诗人,著述最丰。传世结集有《湄湖吟集》,清初著名诗人、学者毛际可、徐渭对杜漺之作

①张杰:《清代科举家族》,社会科学文献出版社,2003 年版,第 200 页。

评价甚高,诗集收入《山东通志·艺文志》,列《中国古籍善本书目》。《清史列传》云"当官屹屹,不可摇撼,惩豪滑,行保甲,剔盐弊,而尤以除溺女、淹丧、锢婢三事为善政,民甚德之"。杜澂四弟杜杲,秀才出身,与当时名人王士禛交游,诗作被王士禛评为"风霜高洁,萧萧肃肃之政",诗集后人整理为《杜杲遗稿》,入《滨州志》。杜澂二弟杜曦,同样承继祖业,多有诗歌之作,但无留存。《滨州志》云:"少负奇才,十二游泮水,中年多病,乃以廪例入国学,博极群书,为文下笔千言,诗歌各造其工,尤善章草,临终自焚其稿,散存者无几。"

第十二世孙杜禴,雍正四年(1726)举人,乾隆三年(1737)成为杜氏家族第五位进士。杜禴继承家学传统,并进一步发挥了文学传统,诗文兼工,传世诗集为《听松轩诗》,文集为《拙修斋》。

第十三世杜禴之子杜彤光,秀才出身,著述《拙斋诗集》和集中反映教育思想的《述训》刊行于世。《述训》由杜彤光之子杜堮整理、刊行,成为训诫后世子孙的家传。此外,《国朝山左诗续钞》存诗七首,《武定诗续钞》存诗五首;杜彤光之弟杜彤辉,乾隆三十年(1765)秀才,《国朝山左诗续钞》存诗一首,《武定诗续钞》存诗一首。

第十四世孙杜堮,乾隆五十五年(1790)恩赐举人,嘉庆六年(1801)会试殿列二甲,授任翰林院庶吉士,次年为编修。杜堮历经嘉庆、道光、咸丰三朝,历任武英殿纂修、实录馆纂修、文颖馆纂修等多职,被誉为"三朝元老,一介忠臣",受到多次封赏。传世之作为《遂初草庐诗集》;整理父亲文集《述训》、《家塾绪语》等,读史论著《读明末记事》、《读鉴余论》、《古学汇纂》、《时文举隅》、《续时文举隅》、《备忘琐录》、《时文辨体》、《治安本论》、《遂初草庐札记》、《石南随笔》、《梦余音话录》、《明文手钞》、《武镜》、《唐律赋》、《本朝律赋》、《十研斋杂志》、《恩余随录》、《恩余杂志》、《恩余录续补》、《石画龛论述》等。

在杜堮的影响下,杜氏十四代涌现了队伍庞大的著作群体,具体为:杜坊,举人,著述有《白雪山房诗》,今见《国朝山左诗续钞》存诗四首,《武定诗续钞》存诗六首;杜墫,秀才,著有《红雨山房诗草》,今见《武定诗续钞》存诗一首;杜玗,今见《国朝山左诗续钞》和《武定诗续钞》各一首;杜浮,今见《武定诗续钞》一首。

第十五世孙五人,著述丰富。杜受田,道光三年(1823)会试第一,殿试二甲第一传胪,进士,选庶吉士,任翰林院编修,成为杜氏家族第二个翰林学士。后为咸丰帝师,深受器重,成为咸丰朝重要辅相,参与多项重大决策,咸丰二年(1851)死于江南赈灾途中,咸丰闻讯,失声痛哭,赐谥"文正"。其子杜翰等为编定《杜文正公年谱》。诗作今见《武定诗续钞》存诗二十五首;杜受元,嘉庆九年(1803)秀才,嘉庆十九年(1814)国子监廪贡生,诗集《东溟草》、《明湖草》、《黉山草》、《都门草》等,文学成就在十五世杜氏族人中最高,今见《武定诗续钞》存诗九首,入《山东通志》;杜受廉,道光十七年(1837)拔贡生,诗集《竹石山房诗草》,同治九年(1870)编定付梓杜塈的《遂初草庐诗集》,今见《武定诗续钞》存诗十七首;杜受衡,诗集《红炉点雪斋诗草》,今见《武定诗续钞》存诗十一首;杜受履,《武定诗续钞》存诗一首。

　　第十六世孙有著述三人,分别为:杜翰,道光二十四年(1844)进士,先后受翰林院检讨、庶吉士、编修,诗存《云钞诗稿》、《武定诗续钞》三首;杜乔,道光十五年(1835)进士,任翰林院庶吉士,成为继祖父、父亲之后的第三位翰林学士。诗集《筠窠诗稿》、《运甓吟草》传世,《武定诗续钞》存诗十三首;杜宾,《武定诗续钞》存诗三首。

　　第十七世孙一人,杜庭琛,咸丰六年(1856)进士,咸丰十年殿试名列二甲,入翰林院,授编修之职,《武定诗续钞》存诗六首。

　　杜氏家族从明末到清末,延续几百年,进士12人,举人8人,秀才327人,两朝为官者达188人,入当地史志有50人,留有传世作品的有30人。重要的作品、文集的编辑传承,是后裔为前人编定付梓,如杜塈整理其父杜鼐的《述训》,十五世杜受廉编定十四世杜塈的传世之作《遂初草庐诗集》,同治九年刊刻;十六世杜翰为其父亲杜受田编定《杜文正公年谱》,咸丰九年刊刻。此外,杜氏兄弟诗集互相收存,如杜翰的诗见于杜乔《筠窠诗稿》、《运甓吟草》等。杜氏家族大部分作品见于《国朝武定诗钞》、《武定诗续钞》,属于清末家刻本①。

　　通过为先人整理文集、作品、祖训的方式,起到了宗族文化不断复制、再生的功效。先人纷纷离去,而先人著述的文集、书稿、诗作却代代流传,不断累积下来,愈是到后来,子孙可承继的文化积累愈多、愈丰富。图书文化活动成为宗族不断复制再生的母本和源头。在宗族之外,记载杜氏家族主要活动、人物事迹的《滨州志》,也起到了这种不断的复制作用。清代《滨州志》最早在康熙四十四年刊刻,由当时知州杨容盛主修,此后又历经武定知府李熙龄于咸丰十年纂修,最后一次修订是在宣统元年滨州知州吴建勋编纂《滨州乡土志》,三次修订,完

────────────────

①资料来源侯玉杰:《滨州杜氏家族研究》,齐鲁书社,2003年版。

整地保留了杜氏家族的主要人物活动及族人著述、教育、升迁等发展、变化的轨迹。

七、昆山归氏家族

昆山归氏原属吴中望族,即现在的江苏昆山地区,远祖可追溯至唐代归崇敬(718—799),苏州吴郡人,以经业擢第。天宝末,对策高第,名显于世,尝迁起居郎、赞善大夫兼武官修撰,加集贤殿校里,累官翰林学士、光禄大夫、户工部尚书、太子侍读,封余姚郡公。与诸儒官修《通志》、主修《礼仪志》、《五经》等。

归崇敬子归登,举孝廉高第,登贤良科,尝迁史馆修撰、工部尚书。受诏与同人同译《大乘本生心地观经》。

归登子归融,进士及第,累官翰林学士、兵部侍郎、校检吏部尚书兼御史大夫、山南西道节度使,封晋陵郡公。

归融五子,皆登进士及第,至达官,与归崇敬皆入新、旧《唐书》。

归崇敬十四世孙归罕仁,宋咸淳间为湖州判官,其子归道隆移居昆山项脊泾,后为昆氏老屋所在地。

十九世孙归子富始迁居并占籍昆山。归子富之弟为归度,归度多子孙,家法相传,昆山族人皆以归度为祖。

二十三世孙归凤,即归度曾孙,归有光之父,明成化十年(1474)年进士,专治《尚书》,官城武知县。

二十四世归有光,明嘉靖十九年(1540)举人,后八次会试,均名落孙山。嘉靖二十年(1541)开始设帐收徒,并坚持著述,此时有《易经渊旨》、《尚书别解》、《读史记纂言》、《两汉诏令》《三吴水利录》、《诸子汇函》《道德南华经评注》、《文章指南》等著述,此外还有大量杂文、序跋、传记、诗书、墓志铭等收入《震川先生全集》中,成就一代散文大家。嘉靖四十四年(1566)中三甲进士,任长兴知县,后历任顺德府通判、太仆寺丞等职。

读书作文为归氏家传,经归有光发扬光大之后,归氏第二十五世,即归有光之子归子宁、归子骏、归子慕、归子祜、归子萧等人进一步发扬。归子骏(1554—1632),太学生,以诗书自娱,著有《通鉴类编》、《灌园余录》、《字学考要》。归子慕(1557—1600),万历十九年(1591)举人,居家教授,与无锡高攀龙、嘉善吴志远交游,安贫力学。崇祯七年(1634),特赠翰林院待诏。归子宁、归子祜在昆山刻《归震川先生全集》三十二卷,称"昆山本"。其从弟归道传在常熟刻《归震川先生全集》二十卷,称"常熟本"。

二十六世归昌世(1574—1645),即归子骏之子,少称才子,发愤为古文词,中年意放于诗,著有《假庵诗草》。

二十七世有四人,即归昌世之子归时发、归昭、归继登、归庄。归氏诗文家传到此又呈现一高峰,归庄表现最为突出。归庄(1613—1673),一代著名文学家和诗人,十四岁补诸生,综观六艺百家,少有大名。崇祯二年,十七岁入复社,并加入反清复明的队伍之中,后昆山城被清军攻破,归氏家族遭遇离散之祸,归庄承担复兴家族之任,并在国破家亡之际,创作了大量的诗文著作,《万古愁》一千八百首俗曲,《西汉地理志注》、《自考录》、《悬弓集》三十卷、《恒轩文集》十二卷、《恒轩诗集》十卷、《甲辰唱和集》三册、《病言》一册。归庄还于顺治十七年(1660),与从叔归起先一起,遍选《归震川先生全集》诸本,搜集遗珠,增补去重,正误编次,勒成《震川先生全集》文集三十卷、别集十卷、附录一卷。嘉庆元年(1796)玉钥堂刻本、1981 年上海古籍出版社校点本底本均是归庄的刻本。

二十九世归子谨,即归庄族孙,收藏归庄诗文稿六册,后由太仓季锡畴编次刻成《归玄恭文钞》七卷。归庄裔孙归曾祁汇刻本《归玄恭文牍》七卷、昆山朱绍成编《归高士集》十卷、徐崇恩编《归玄恭遗著》。1962 年,中华书局在归、朱、徐三本基础上汇印成《归庄集》上下册。

归氏家族从唐代归崇敬至清代归庄,历经 955 年,家族绵延不断,诗文代代相传,明代归有光和清初归庄为两个高峰时期。在家族从没落到复兴,再从兴旺到萧条之间,有各种外在不可抗拒的力量推动家族的变化和走向,而著述、诗文等文化传统始终成为一个家族的核心,通过后人不断为祖先编辑、整理、增补、正误、刊刻等过程不断复制、衍生自己的家族传统。《震川先生全集》堪称为家族的出版工程,从归有光的儿子归子宁、归子祜开始到归起先、归孝仪、归庄、归玠、归子谨、归曾祁,历经六代,多人参与,共同成就了表彰家学的大业。归庄云"先太仆集,乃当年先祖与伯祖、叔祖出公费命坊间刻者,非一房子孙所得而私者也"。《震川先生全集》自明末清初先有归子宁、归子祜的刊刻本,到康熙十年(1671)有归起先、归庄刻本,归庄未完成而卒,其事业有归玠继续,直至康熙十四年(1675)年完成。收录归庄的一系列文章诗文《归玄恭文钞》、《文牍》也是历经三代成就。著述与宗族的血脉一起延续着归氏家族①。

　　总之,通过对清代5个科举应试者宗族履历朱卷的探讨,再加上山东杜氏家族、昆山归氏家族两个横跨数朝的大家族的分析,基本可以得出这样的结论:以著述、刊刻为标志的文化活动在家族的繁衍、科举传承、政治地位的保持等方面是一种重要的衍生、复兴力量。家族会因各种外在因素导致衰落或者复兴,有各种外在不可抗拒的力量推动家族的变化和走向,而著述、刊刻为标志的文化传统始终成为一个家族的核心追求,它是一种文化形塑的软力量。对于一个家族而言,记有祖先的思想、创作的诗文集等图书,往往是一个宗族历史的再现,它能够引起宗族后代对先人历史记忆的回想和追认,而且具有认祖归宗的标识意义。正如葛兆光对于传统所描述的一样:"这里所说的传统,不仅仅是一些历史的遗迹,一些民间的习俗,一些民族的观念,而且意味着这个历史悠久的民族存在的基石,它虽然是一些象征、一些记忆、一些语言符号,但是正是在这里储存着大量的记忆,当这些记忆被呼唤出来的时候,拥有共同记忆的人就会互相认同","共同的历史记忆,存储在每一个人的心灵深处,不同的历史记忆确定了不同的根,当人们在心灵深处发掘它的时候就叫寻根,在寻找到共同根的时候,人们发现自己是一棵树的枝叶,尽管四面八方伸向天空,但归根结底是一个根。"②宗族姓氏、血缘世系无疑是一个宗族、家族明晰的标识,这种标识之下,还包括该宗族鲜活的历史记忆,文集、诗稿等图书文本就是这种历史记忆的最好再现。著述与宗族就是这样紧密地结合在一起,互为表里。因此,任何一个宗族成员都会延续这种书写的传统,每一个宗族后人都会自觉延续这种文化追求。

　　图书著述、刊刻是诗文、学术、科举教育等文化活动的物化标志,而文化与宗族之间是一种相生相继、互为因果的关系,宗族成员的政治、经济活动方式显现一个宗族特有的文化特征,比如有的宗族是历代科举世家,有的宗族是诗文传承,有的宗族是学术传家,而这些文化特征又会反过来成为宗族进一步繁衍生息、世代发展的动力和源泉。

　　美国学者杜赞奇在《文化、权力与国家:1900—1942年的华北农村》中提出,"文化,是指各种关系与组织中的象征与规范,这些象征与

---

①曹月堂:《中国文化世家·吴越卷》,湖北教育出版社,2004年版,第62—77页。
②葛兆光:《中国思想史》,复旦大学出版社,2001年版,第54页。

规范包含着宗教信仰、相互感情、亲戚纽带以及参加组织的众人所承认并受其约束的是非标准"，文化的软力量就在于它是一种规范、制约和象征，它依托宗族成员而存在，只要血缘世系不断，这种规范和制约力量就不会消失，而社会政治、经济的变化无论多么剧烈，也无法使其马上应时而变。文化变迁是以人生寿命的代际更迭为周期，只要一代人还存在，依托在其身上的文化力量就会延续并发挥着作用。因此，宗族既是一个经济与利益的共同体，也成为某种思想、精神文化等在历史传承过程中抵御外在社会结构巨变或经济冲击的一层厚厚的铠甲。

　　对于中国传统文化，人们显而易见的结论是它的超稳定性，正如余英时所言"文化是一股真实的力量，不能化约为其他的东西"，"中国文化是在长期历史中不断演进和发展而形成的"，"中国文化中也吸收了许多外来的文化成分，如南北朝隋唐时期的医学，印度佛教，以及明清之际的西方天文历算之类，都是最显著的事例。这些个别的外来文化成分虽然丰富了中国文化的内容，甚至引起了它的自我调整，但整体的说，中国文化的流向及其价值系统在 19 世纪中叶以前并未发生那个根本性的改变"①，许多人都看到了中国文化的超稳定性，但对这种文化稳定性所以存在的原因大多语焉不详。

　　透过对图书著述、编刊等文化活动的宗族化特性研究可发现，中国文化的基本结构是以血缘宗族、家族为单元编制的，只要这个基本的单元不变，中国文化的超稳定性就不会发生根本的改变，传统文化的力量，不管是正向还是负向，都在现代中国人身上发挥着作用。

---

① [美]余英时：《现代危机与思想人物》，读书·生活·新知三联出版社，2005 年版，第 574 页。

第四章　清人学术活动的宗族化特征

　　清人编撰、刊刻图书等文化活动的宗族化特征,还和清人学术活动以宗族成员为主,并逐步扩展到在宗族主导的地理区域范围内开展学术交游等活动这一特点密切相关。著名社会学家爱弥尔·涂尔干认为:"家庭作为一个完整的整体,其影响可以直接伸展到经济、宗教、政治和科学等各个领域。我们所做的一切事情,包括家庭以外的事情,都在家庭内部产生了回响,并引起了相应的反应。"①

　　清人学术活动,从宗族出发,在师生、同门、同乡同里、同僚等社会交往范围内展开,而在社会交往范围内又逐渐结成新的婚姻关系、儿女亲家关系,通过血缘关系进一步巩固这种学术交往。学术活动最直接的外在物质表现就是结集刻书,因此可以说清人的学术活动是以图书的编撰、刊刻和传播交流为中心展开的,整个活动都深深刻印上了宗族化的特征。

　　清人学术活动的宗族化,主要表现在姓氏宗族中的子承父业、兄弟相继、代代传承;亲友之间互相提携、学术切磋;同门师徒间的思想传授;同里乡邦的学术切劘等几种形式。在这几种形式中,又往往互相交叉,如子承父业、兄弟相继,同时兼有以父为师、以兄为师的师业传授关系。同门师徒关系,不仅包含着老师与弟子、同门弟子之间的知识传授、学术切劘关系,还有政治仕途上的互相提携关系从而促进学术交游等多种形式,老师与弟子既可能是同一姓氏宗族子弟,也可能是血缘亲属,还可能是同里乡邦之人。

---

① [法]爱弥尔·涂尔干:《〈社会分工论〉第二版序言》,收于苏国勋、刘小枫主编《社会理论的开端和终结》,上海三联书店,2005 年版,第 205 页。

第一节　子承父业的学术活动与著述出版

清人学术活动中子承父业的现象十分普遍。本书通过对 600 部文集作者、编辑者的学术活动分类分析发现，子承父业达到相当高的比例，在清人学术成就取得的来源上，子承父业占第一位。

纵观清代 268 年学术历史，其中比较著名的有如下几大宗族世系，他们均属于子承父业一类。

一、余姚黄宗羲、黄百家父子

余姚在清代隶属浙江省绍兴府，在杭州湾南面。张舜徽先生对清代初期黄宗羲父子共治史学等事迹考证甚详。

黄宗羲"其父尊素，东林名士，以官御史为魏阉所害。宗羲年十九，袖长锥，草疏入京讼冤。至则逆阉已磔。与许显纯、崔应元对薄，出长锥锥显纯，卒论二人斩"[1]。黄宗羲所学，源于明末学者王守仁之学说，然其趣径，实以扩而大之，治史之外更深于经学。《清史稿》对黄宗羲的治学过程也有这样的记载，"尽发家藏书读之，不足，则抄之同里世学楼钮氏、澹生堂祁氏、南中则千顷堂黄氏、绛云楼钱氏"[2]。黄宗羲家藏明十三朝《实录》及《二十一史》，贯通历朝大事，尤精熟于明代史实，辑有《明史案》二百四十四卷、《明文海》六百卷。据《清代朴学大师列传》（岳麓书社，支伟成著，1986 年版，第 15 页）记载，黄宗羲晚年还著有《黄氏宗谱》、《黄氏丧制》及自著年谱。因熟悉明史，有大名于浙东南地区，因此康熙十八年（1679）开史馆纂修明史时，总裁叶方蔼、徐乾学力邀黄宗羲担任，他坚辞不就。不得已邀请宗羲之子黄百家及其门生万斯同参与《明史》纂修工作。

梁启超对黄宗羲的学术成就给予高度评价，"总之梨州纯是一位过渡人物，他有清代学者的精神，却不脱明代学者的面目"，"梨州之学，自然以王阳明为根底"，但"不是王学的承继人，他是王学的修正

---

① 张舜徽：《清人文集别录》，中华书局，1980 年版，第 12 页。
② 《清史稿》43 册，中华书局，2003 年版，第 13103 页。

者",黄宗羲的《明夷待访录》一书"是他的政治理想,从今日青年眼光看去,虽象平平无奇,但三百年前——卢梭《民约论》出世前之数十年,有这等议论,不能不算是人类文化之一高贵产品",书中"的确含有民主主义的精神,虽然很幼稚,对于几千年专制政治思想为极大胆的反抗。在三十年前,我自己的政治运动,可以说是受这部书的影响最早而最深"。对于黄宗羲的《明儒学案》,梁启超认为"中国有完善的学术史,自梨州之著学案始。《明儒学案》六十二卷,梨州一手著成。《宋元学案》,自梨州发凡,仅成十七卷而卒,经他的儿子末世(黄百家)及其全谢山两次补叙而成"①。

黄宗羲之弟黄宗炎、黄宗会,均以家学传承。黄宗炎,学者称鹧鸪先生,崇祯中,以明经贡太学生,学术大略与黄宗羲相等。曾与明末反清队伍活动于四明山一代,两次被俘,均为故人营救得脱。著有《忧患易学》、《六书会通》等书。

黄宗会,字泽望,学者称石田先生。《清代朴学大师列传》评价为"所学与两兄弟同,而性尤狷介。国变后,隐于浮屠,浪游名山,以疾终",著有《缩宅集》若干卷。

黄宗羲之子黄百家,国子监生,按照张舜徽的评价是:"少闻庭训,习其通核,故治学能归乎远大。""洞察当时承明末空言讲学之弊,与夫士大夫不尚实学之失,思有以振之。议论通达,自足箴当时末流之膏肓,亦可谓卓尔不群者矣。"②父亲给与的良好教育使黄百家入史馆后,借助史馆资料很快完成史志数种,此外还著有《句股钜测解原》等四种著作,收入《四库全书》,迅速成就一番功名。

由黄氏一族的学术成就可看出,浙东地区丰富的私人藏书和高度成熟的文化积累,是黄宗羲兄弟、父子相继成就的外在环境,而在这大环境之下的家学教育传统,父子兄弟之间言传身教也是其取得成就的内因。黄宗羲、黄百家父子之史学成就得力于家藏丰富的明史书籍,而黄宗羲之父正确的治学指导更为重要。据《黄宗羲年谱》记载,他父亲在入狱之前告诫黄宗羲:"'学者不可不通知史事,将架上《现征录》涉略可也。'公至是发愤,自明十三朝实录,上溯二十一史,每日单铅一本,迟明而起,鸡鸣方已,两年而毕。"③此时正值黄宗羲二十二岁,是

①梁启超:《中国近三百年学术史》,上海三联书店,2006年版,第41—43页。
②张舜徽:《清人文集别录》,中华书局,1980年版,第12页。
③黄炳垕:《黄宗羲年谱》,中华书局,2006年版,第14页。

进入学术殿堂的关键时期,正是因为父亲为其指明了正确的方向,才使他在明史研究方面成就清代学术高峰。之后,又指导其子黄百家承继治学路径,以黄氏父子兄弟为中心形成了清代史学中具有深远影响的浙东学派。

父子相继的学术研究活动,也使图书编撰、著述及其传播等文化活动沿着大体一致的学术方向代代传承,完成了一些重要的学术出版工程。如《宋元学案》由黄宗羲发凡,完成十七章,后黄百家续补完成,后又经全祖望修订刊刻于世。再如,在黄宗羲之后,黄氏族人多次希望编撰《黄宗羲年谱》,如黄犀圭,为黄宗羲五世孙,因故未能如愿,至黄宗羲七世孙黄直厚、黄炳垕兄弟,才开始着手。黄直厚身染重病,黄炳垕成其志,抱着"先德之绵远,家学之渊源,恒以不能记述为终身忧","况没且百余十年,未有年谱,后人之究奥辞焉",历经三十余年,在同治十二年(1873年)定稿刊行,后又经黄炳垕之子黄维翰的补充,在1892年再次补刊,才流传至今。历史上刊刻图书价值高昂,非一定经济实力所能完成,没有世系宗族后人历经几代的努力,是无法实现的。由此可见,宗族传承的魅力就在于依托血缘世系,只要宗族存在,文化的根就不断。

二、鄞县万泰、万斯大、万斯同父子

与黄宗羲父子同时期,并同属于浙东南地区的鄞县万氏父子,也和黄宗羲父子一样,学术研究父子相传,史学与宋儒义理兼收并蓄。

鄞县在清代隶属浙江省宁波府,与绍兴府为邻。鄞县与余姚相距不远,约36公里。鄞县万泰,崇祯九年举人,与黄宗羲以兄弟相称,相交甚密。张舜徽在《清儒学记》中考证:"及泰没,为《万悔安先生墓志铭》,记其行事甚详。泰有八子:斯年、斯程、斯祯、斯昌、斯选、斯大、斯备、斯同。悉令师事宗羲。各习一艺,务令精熟。"[1]万氏诸子,濡染家学,又有名师黄宗羲指教,均有大名于当时。全祖望在《鲒埼亭集外编》卷四十七中《答诸生问思稷堂集帖》中云:"万氏八子,最能绍蕺山之学,为梨州高弟者,曰斯选,当时以康斋比之。斯大、斯同,皆精于经,斯同并精于史。又其一曰斯备,工于诗。而斯年最长,非诸弟匹

―――――――――

[1] 张舜徽:《清儒学记》,华中师范大学出版社,2005年版,第153页。

也"。可见万氏诸子，随其才智大小，皆有以自见于世，而以万斯大、万斯同成就最大。

万斯大所著《学礼质疑》、《周官辨非》、《仪礼商》、《礼记偶记》、《万氏家谱》等多种，备受黄宗羲赏识，可惜毁于大火。《文献征存录》中记载了万斯大没后其子后承家学的具体事迹，特转录与此：

> 斯大子经，字授一，号九沙。少从诸父受书，后事应㧑谦、阎若璩。黄宗羲至鄞，立证人书院，又师之，论蕺山之学、善隶书，得郑谷口之妙。康熙四十二年进士，官编修，与修《康熙字典》，主山西试。太原孙嘉淦从问学，一见即推挹之，卒成魁儒。出督黔中学政，坐事修成。即归，卖所作隶书，得钱给朝夕。……乾隆初，举博学泓词，辞不就。部议亦以经为翰林官，不当举也。经补增其父《礼记集解》；从兄言《明史举要》未成，为续纂之；又辑其《尚书说》为一编。所自著有《分隶偶存》二卷。①

可见万氏家学到第三代尚在延续。

万氏诸子中最小的为万斯同，但成就最大，名声最响。十四五岁就读完家藏明代史料，师事黄宗羲，深为黄宗羲赏识。在黄百家为万斯同所撰《万季野先生墓志铭》中记载了万斯同的学识成就：

> 自两汉以来数千年之制度沿革，人物出处，洞然腹笥。尝以《东汉书》、《三国志》而下，俱无表，用李涛追补宰相年表意以补之，成《史表》若干卷。一览而历代王侯世家、将相大臣兴废迁留之岁月，燦然在目，此海内之奇书也……于有明十五朝之实录，即能成诵；其外邸报、野史、家乘，无不遍览熟悉。随举一人一事问之，即详述其曲折始终，听若悬河之泻。②

黄百年与万斯同是亲密朋友，所述之事真实可靠。据《黄宗羲年谱》记载："始与甬上陆文虎、万履安两先生交。是时，东林、复社争相依附。公所居虽僻远城市，不乏四方访客。两先生岁率三四至，晚潮落日，孤

①转引自张舜徽：《清儒学记》，华中师范大学出版社，2005 年版，第 155 页。
②同上，第 156 页。

蓬入港,见者咸知其为甬上访客公兄弟之舟也。"①从中可见万氏与黄氏两族交往之密。万氏在学术上与黄氏一家互相砥砺,尤其治学途径仍以黄宗羲、黄百家父子一途。万斯同在参与《明史》修纂时不署衔,不受禄,住在徐乾学家,自己私自以十年之功完成《明史稿》。除史学之外,还有《读礼通考》、《历代史表》六十卷、《记元会考》四卷、《儒林宗派》十六卷等十七种,合计约一百八十八卷。

　　黄宗羲父子、万氏诸子的学术研究,同属于清初形成的浙东学派。与黄万两族同样传承王守仁之学的,还有一批余姚学人。据《清史稿》记载:"余姚自王守仁讲致良知之学,弟子遍天下。同邑传其学者,推徐爱、钱德洪、胡瀚、闻人诠,再传而得国模。(沈国模)少以明道为己任,尝与刘宗周证人讲会,归而辟姚江书院,与同里管宗盛、史孝咸辈,讲明良知之说。"沈国模于顺治十三年去世,史孝咸继主姚江书院,史孝咸之后,国模弟子韩当继之。与韩当同时还有邵曾可。邵曾可"其初以住敬为宗,自师孝咸之后,专守良知","曾可子贞显,贞显子廷采,世其学","廷采,从韩当受业,又问学于黄宗羲"。②邵廷采为邵曾可之孙,继其祖父之后主讲姚江书院。邵廷采之后有族人邵晋涵后续。邵晋涵,乾隆三十六年进士,由文渊阁校理进直阁事,曾修《八旗通志》和国史,又入四库全书分任编校。

　　由明王守仁发端的浙东学派,经清初黄宗羲、黄百家、万氏诸子发扬光大,后有乾嘉时期的邵廷采、邵晋涵家族、全祖望世系继之,直到清季章学诚等一路发展,而学术活动的地理范围大体以浙东南地区为主,学术思想的传承方式以父子相传为主要形式,师生授受为辅助,形成史学特色突出的学术流派。浙东学派自明末到清季三百多年,子承父业的学术传承方式起着重要的组织作用。

三、"嘉定九钱"

　　乾嘉时期,考证学兴盛,尤以嘉定地区为滥觞。嘉定,清代属江苏省太仓州管辖,即今天的上海市嘉定地区。以钱大昕代表的钱氏宗族就诞生于此。

①黄炳垕:《黄宗羲年谱》,中华书局,2006年版,第14页。
②《清史稿》43册,中华书局,2003年版,第13110—13111页。

　　钱大昕(1728—1804)，嘉定人，康熙十九年进士，选翰林院庶吉士，散馆授编修，历任山东、湖南、浙江、河南乡试主考官，充会试同考官，官至詹事府少詹事。曾奉旨参加修辑《热河志》、《续文献统考》、《一统志》诸书。乾隆四十年，丁忧归里，定居苏州，以著述讲学为事，历主钟山、娄东、紫阳三书院，从之者甚众。王引之在为钱大昕所作的碑铭中这样评价：

　　　　我朝有大儒曰嘉定钱先生，过目成诵，自少至老，未尝一日去书。精研经训，尤笃好史藉，通六书九事、天文地理、氏族金石，熟于历史典章制度、政治藏丕、人物斜正，著书三十五种，合三百余卷。①

江藩《汉学师承记》云：

　　　　先生不专治一经，而无经不通；不专攻一艺，而无艺不精。经史之外，如唐宋元明诗文集、小说、笔记，自秦汉至宋元金石文字，皇朝典章制度，满洲蒙古氏族，皆研经究理，不习尽工……若先生学究天人，博综群籍，自开国以来，蔚然一代儒宗也。②

此外，还有阮元等后续一大批学人对钱大昕给予了很高的评价。钱大昕学术地位之高源于他不仅重经学小学，还兼通史学，扭转了乾嘉朝重经轻史的局面。钱大昕在学术上取得的文化、政治优势首先使其家人受益。

　　王昶在为钱大昕所撰《墓志铭》中记述了钱大昕之学对家族的影响：

　　　　与弟大昭以古学相切劘，其余尤子江宁府教授塘、乾州州判坫，举人东垣，诸生铎、侗等，率能具有一体。文学之盛，萃于一门。

---

①转引自张舜徽：《清儒学记》，华中师范大学出版社，2005年版，第113页。
②江藩：《汉学师承记笺释》，上海古籍出版社，2006年版，第321页。

江藩《汉学师承记》也记载：

> 　　先生之弟大昭，从子塘、坫、东垣、铎、侗，子东壁、东塾。一门群从，皆治古学，能文章，可谓东南之望矣。①

江藩所记九人就是清代学术史上著名的"嘉定九钱"。钱大昭系大昕胞弟，其余还有钱大昭的三个儿子钱东垣、钱铎、钱侗，族子钱塘、钱坫，胞侄钱才。"嘉定九钱"有的是直系，有的是同族，但都是在钱大昕的濡染下取得成就的钱氏宗族学人。其中，以其弟钱大昭、族子钱塘、钱坫最为著名。

　　钱大昭，嘉庆元年（1796）举孝廉方正，赐六品顶戴。受钱大昕影响，通贯经史，著书甚多。《清史稿》记载："大昭少于大昕者二十余年，师兄如严师，得其指受，时有两苏之比。"②钱大昭著有《广雅疏义》、《汉书辨析》、《后汉书辨析》、《续汉书辨析》、《三国志辨疑》、《后汉书补表》、《补后汉书艺文志》、《后汉郡国领长考》等多种，均有刻本问世。

　　钱大昭之子钱东垣，嘉庆三年举人，官浙江松阳县知县。《清史稿》云"东垣与弟铎、侗，皆潜研经、史、金石，时称三凤"，"东垣为学沉博而知要"，"著有《小尔雅校正》二卷、《补经义考》四十卷，《列代建元表》、《勤有堂文集》"。钱侗，同样入《清史稿》，"于历算之学，亦能深究其原本。大昕撰《宋辽金元四史朔闰考》，未竟而卒。侗证以群书，金石文字，增辑一千三百余条。日夕检阅推算，几忘寝食，卒因是感疾而没"③。

　　钱塘，乾隆四十五年进士，曾官知县，后自呈吏部愿就教职，选授江宁府教授。按照张舜徽的考证，"暇则刻历为学，专治著述，于声音、文字、律吕、推步之学尤有神解"。著有《律吕考文》、《史记三书释义》、《淮南天文训补注》、《述古录》等多种。

　　钱坫，为钱塘胞弟，乾隆三十九年（1774）中副榜，入毕沅幕中，曾官知县、知州。著有《说文解字校诠》、《十经文字通正书》、《诗音表》、《车制考》、《尔雅释地注》、《论语后录》、《新校注汉书地理志》、《史记

---

①江藩：《汉学师承记笺释》，上海古籍出版社，2006年版，第324页。
②《清史稿》，中华书局，2003年版，第13235页。
③同上，第12326页。

补注》等多种。钱坫善于篆法,其书迹为人所重,得之者珍同拱璧。

受惠于钱氏宗族的还有许多血缘世系亲属,其中以钱大昕的女婿,嘉定瞿中溶最为知名。瞿中溶,邑痒生,邃于金石之学,著有《三礼石经辨正》、《续汉金石文编》、《吴郡金石目录》、《汉石经考异补正》、《魏石经疑字举正》、《蜀石经考异补正》、《汉武梁祠堂画像考》、《古泉山馆彝器图录》、《钱志补正》、《集古官印考证》、《古镜图录》、《古泉山馆金石文献编》等多种金石图书。可惜传布甚稀。据张舜徽考证,收录在《清人文集别录》中的《瞿木文集》,属于道光年间刻本,后被缪全孙重新刊刻,收入"烟画东堂小品"系列丛书中。

"嘉定九钱"是清代学术历史上比较典型的父子宗族传承的案例,宗族中某一人在学术上取得一定开创性成就,就会为兄弟、子侄的学术研究创出一片天地,并几代人沿着这片天地拓展,取得具有一定高度的文化业绩。相应,学术研究成果的编撰、刊刻、传播等文化活动也沿着宗族的轴心展开。《清人文集别录》收入的钱大昕《潜研堂文集》五十卷,是钱大昕没后,由其女婿瞿中溶所刊刻传世,钱塘的《溉亭述古录》二卷,有钱大昕为钱塘撰写的别传,后由阮元收入小琅镮仙馆叙录本。钱大昕未完的《宋辽金元四史朔闰考》,由其族侄钱侗续完,并因工作量浩大而为此献身。宗族文化代代相传的顽强力量再次在钱氏宗族中得到体现。

四、吴县三惠

吴县惠氏祖孙三世共治易学事例,也是清代学术活动以父子传承的典型案例。

历史上的吴县,清代隶属江苏省苏州府管辖,在太湖东北岸,与元和、常州、震泽同属于苏州的卫星城。今天属于浙江省苏州地区。

按照张舜徽的考证,"周惕字元龙,所居在龙山之下,小溪环之,其形如砚,名曰砚谷。因取以自号。康熙三十年进士,官直隶密云县知县。其父有声,字朴庵,明末岁贡生。与同里徐枋友善,以九经教授乡里,尤精于诗。周惕少承家学,又从徐枋、汪琬游,工诗文辞","其子士奇,孙栋俱以经学名世","惠氏累世传经,其有著述行世,实自周惕始"①。惠周惕著有《易传》、《春秋问》、《三礼问》、《诗说》等书多种。《四库全书》著录其《诗说》三卷。《清人文集别录》所收入的《砚谷先生遗稿二卷》为惠周惕之孙惠栋编定，

惠周惕之子惠士奇，江藩《汉学师承记》记载：

> 字天牧，晚年自号半农人。砚谷先生梦东里杨文贞公来谒，已而先生生，遂以文贞之名名之。年十二，即能诗，有"柳未成荫夕照多"之句，为先辈所激赏。二十一为诸生，不就省试。……乃奋志力学，晨夕不辍，遂博通六艺九经诸子及史、汉、三国志，皆能诵。……戊子乡试第一，明年，成进士，选庶吉士，散馆，授编修。癸巳、乙未会试，两充同考官。②

惠士奇于戊子年，即康熙四十七年（1708）乡试，次年成进士。曾主湖广乡试，督学广东，累官右春坊右中允，侍讲学士。撰《易说》六卷、《礼说》十四卷、《春秋说》十五卷、《红豆斋小草》、《咏史乐府》、《南中集》、《归耕集》各一卷、《人海集》四卷、《时述录》一卷。惠氏所居有株红豆树，因自号红豆主人，被当时人称红豆先生，惠周惕被称为老红豆先生，惠士奇之子惠栋为小红豆先生。

惠栋，惠士奇之次子，字松崖，初为吴江生员，后改为元和籍。江藩对惠栋治学行状记载甚详：

> 自幼笃志力学，家有藏书，日夜讲诵，自经史诸子百家杂说及释道二藏，靡不穿穴。……学士视学粤东，先生从之任所。粤中高才苏珥、罗天尺、何梦瑶、陈海六，时称惠门四子。尝入署讲论文艺，与先生莫逆交。至于学问该洽，则四子皆以为远不逮矣。……年五十后，专心经术，尤邃于易。……精研三十年，引伸触类，始得贯通其旨，乃撰《周易述》一编，专宗虞仲翔，参以荀、郑诸家之义，约其旨为注，演其说为疏，汉学之绝者千有五百余年，至是而粲然复章矣。③

---

①张舜徽：《清人文集别录》，中华书局，1980年版，第120页。
②江藩：《汉学师承记笺释》，上海古籍出版社，2006年版，第144页。
③同上，第168—171页。

除江藩所记载的《周易述》外，惠栋还著有《明堂大道录》八卷、《易汉学》七卷、《易例》二卷、《古文尚书考》二卷、《春秋左传补注》六卷、《九经古义》十六卷、《后汉书补注》十五卷等多种学术著作。"所有撰述，如王文简公《精华录训纂》二十四卷，盛行于世。论者以为过于任渊之注山谷，李壁之注荆公诗焉。《周易本义辨证》五卷、《太上感应篇注》二卷，亦经好事刊刻。惟《山海经训纂》十八卷、《九耀斋笔记》二卷、《松崖笔记》二卷、《松崖文钞》二卷世无刊本。"①

　　惠栋为清代著名经学大师，时人对之评价甚高。阮元认为"近代礼学推新安江氏，经学推东吴惠氏"，张舜徽在《清人文集别录》中收入了惠栋的《松崖文钞二卷》，并认为"清代朴学之盛，萃于吴、皖，皖学自江永开其先，吴学至惠栋而始大"。但对惠栋治学领域也颇有微词，"后之述清代学术者，盛称其三世传经，而栋则言四世传经。自述生平治易与左传，必上溯其渊源于其曾祖朴庵公。所谓朴庵公者，名有声，以教授乡里终其身，乃明末一塾师耳。栋标榜家学，必高远其所从来，不能无溢美之词。斯亦通人一病，自其以一门为天地，以汉儒为宗师，笃信谨守，不知其他"。惠栋作为一代经学大师，故意标榜家学门第，昭显所自何来，固然有清代乾嘉时期专宗汉儒的倾向，但其背后更深的意蕴是宗族的"族谱意识"在学术研究上的清晰体现，不论这种意识是否对学术研究有补益，学术研究、思想传统的"归祖认宗"成为清代学人自发自觉的一种内在追求。

　　十分有趣的是，惠周惕、惠士奇父子二人曾共同师业于王士祯。王士祯为顺治十五年进士，选扬州推官，后官至刑部尚书。自号渔洋山人，《清人文集别录》收入其《渔洋文集》十四卷、《蚕尾集》八卷、《续文》二十卷。除惠周惕被王士祯取为进士之外，尚没有发现惠氏父子师从王士祯所得到的其他提携，倒是相反，王士祯之有名于乾嘉时期，因为时人重惠栋经学，因而备受乾嘉诸儒推崇。张舜徽认为："况士祯享名之盛，身后尤彰于身前，亦半由后学表彰之力。始士祯晚年，尝仿宋黄庭坚京华录例，自定其诗为精华录。吴县惠周惕为士祯康熙三十年所取士，其子士奇，又亲炙士祯之门，两世渊源，渐渍浃洽。士奇之子，因考博群书，为精华录训纂。栋以经学大师，为士祯之诗作注，于是乾嘉诸儒，因重惠栋之学，而并及士祯之诗。"上述记载，可见惠栋之

---

① 江藩：《汉学师承记笺释》，上海古籍出版社，2006 年版，第 206 页。

学在乾嘉时期的重视程度,而使祖父之师王士祯备享身后盛名。

惠栋之学术影响,除惠及父祖业师王士祯之外,还有惠周惕同时的汪琬。汪琬,顺治十二年进士,由户部主事,累官至刑部郎中。康熙十八年诏试博学泓辞,授翰林院编修,预修明史,后旋乞病归,结庐尧峰山,闭户著述。惠周惕与其从游十数年,亲承指授。后世称惠氏"三世传经,以易名家,兼能礼仪,癸厥师承,又必溯源于尧峰矣"。

惠氏之学术影响,对于整个清代汉学十分巨大,治学方法在"实事求是"、"无征不信",研究范围以经学为中心,而延及小学、音韵、史学、算学、舆地、典章制度、金石校勘等等,承其余绪并发扬光大之人才蔚为大观。梁启超在《清代学术概论》中论及汉学流变时有如下评价:

> 正统派之中坚,在皖与吴;开吴者惠,开皖者戴。惠栋受学于其父士奇,其弟子有江声、余萧客,而王鸣盛、钱大昕、汪中、刘台拱、江藩等皆汲其流。戴震受学于江永,亦事栋以先辈礼。震之在乡里,衍其学者,有金榜、程瑶田、凌廷堪、三胡等;其就教于京师,弟子之显者,有任大椿、卢文弨、孔广森、段玉裁、王念孙,念孙以授其子引之,玉裁、念孙、引之最能光大震学,世称戴、段、二王焉。其实清儒最恶立门户,不喜以师弟相标榜;凡诸大师交相师友,更无派别可言也。惠戴齐名,而惠尊闻好博,戴深刻断制,惠仅述者而戴则作者也;受其学者,成就之大小亦因以异;故正统派之盟主必推戴。当时学者承流向风各有建树者,不可数记;而纪昀、王昶、毕沅、阮元辈,皆处贵要,倾心宗向,隐若护法,于是兹派称全盛焉。①

惠氏三世传经,共治易学,父子相传,其后有胡氏父子、王念孙父子,同时汉学队伍又交织着师业传授关系、同里乡邦学术切劘砥砺,所从之师或为高官或为显达,学术交游与社会地位互相提携、互相辉映、互相促进,整个清代学术中汉学世系渊源,无不显现学术活动宗族化的种种特征。

---

① 梁启超:《清代学术史概论》,转引自刘梦溪主编《梁启超卷》,河北教育出版社,1996 年版,第 129 页。

五、桐城姚氏、方氏、吴氏三个宗族

桐城，清代隶属安徽省安庆府管辖，在安徽中部地区，北有鲁珙山，南临禔子湖、莱子湖。桐城方苞，开创桐城文派之先，经姚氏宗族光大后才得以在清代彰显。自姚范开始，经其曾孙姚莹、族侄姚鼐发扬光大，其后有姚莹之孙姚永朴、永朴之族弟姚永概、永朴之姊夫马其昶、范当世承其余绪，期间还有同门学友方东树、方宗诚兄弟、吴汝纶、吴闿生父子、同里张聪咸、刘开、管同、梅增亮、萧穆、徐宗亮、劳乃宣等一大批同里学人加入，形成了清代学术历史上蔚为大观的桐城文派。这里重点介绍桐城姚氏、方式、吴氏三个宗族的事迹。

（一）桐城文派，姚氏六代相传

姚范，乾隆七年进士，授编修，充武英殿经史馆校勘官，兼三礼馆、文献统考馆纂修官。旋以病免，归主讲书院。姚范之学，博览广泛，对于经史子集以及说部、佛经，多所辨证。其后姚范弟之子姚鼐，乃张而大之，选其文入《古文辞类纂》，以明己之学所自出。姚范去世六十年后，其曾孙姚莹从群集中录出所批注之语，结集《援鹑堂文集》六卷。张舜徽先生认为，《援鹑堂文集》为清人文集中最精，"范致力校刊，学识精博，又非鼐所能及"[1]。

姚鼐，为桐城文派的代表人物。乾隆二十八年进士，累官刑部郎中，旋入四库全书为总纂修官。书成，即决意仕进，乞养归江南。历主梅花、钟山、紫阳、敬敷诸书院，凡四十年。《清史稿》认为，桐城文派自姚鼐开始有名于世，"鼐工为古文。康熙间，侍郎方苞名重一时，同邑刘大魁继之。鼐世父姚范与大魁友善，鼐本所闻于家庭师友间者，益以自得，所为文高洁深古，尤近欧阳修、曾巩。其论文根基于道德，而探源于经训。至其潜深之际，有古人所未尝言，鼐独抉其微，发其蕴，论者以为辞迈于方，理深于刘。三人皆籍桐城，世传以为桐城派"[2]。

姚鼐之学，承方苞学风，治经之外，亦究心于宋贤义理之学。乾嘉时期，时人方鹜考订，以辨明物说文字为工，而姚鼐则认为学问仍有文

①张舜徽：《清人文集别录》，中华书局，1980年版，第158页。
②《清史稿》44册，中华书局，2003年版，13395页。

章、义理,曾与乾嘉朴学代表毛奇龄、程廷祚、戴震等有一番论争。张舜徽称姚鼐"治学谨严,对于群经皆深造自得,不规规于考证明物之细","鼐为文从容雅淡,不愧名家"。《清人文集别录》中收入的《惜抱轩文集》十六卷为姚鼐自己亲自编定,凡五十九岁之前之作概不入集,《惜抱轩后集》十卷为姚氏后人编刊。

　　姚莹,嘉庆十三年进士,官至广西按察使。姚莹之学,承其曾祖姚范、从祖姚鼐之遗续,以义理为宗。据张舜徽的考证,姚莹曾亲聆姚鼐指教,学习古文义法。"亲从鼐受古文义法,长于议论,而气又足以振其辞。故后直言桐城文派者必及莹。莹亦以张大其家学自认","范之论学宗旨如此,其后鼐继之,莹又继之,兢兢于文以载道之旨。自鼐创为义理、考据、词章三者不可偏废之说,而莹尤谨守之,可知其一门之内,讲学自为风气,与当时汉学诸儒异趣"①。姚莹与当时同里刘开、方东树交最密,议论观点每相合。姚莹著述有《石甫文钞》四卷,嘉庆二十三年自刻于任龙溪县令之时。张舜徽收入《清人文集别录》中的《东溟文集》六卷、《外集》四卷,为姚莹没后,道光十三年李兆洛、毛岳生编刻于江阴,《后集》续刻于道光二十九年。《中复堂全集》为姚莹之子姚睿昌在同治六年,汇集诗文笔记等十三种合刻于安福县署。《中复堂遗稿》、《遗稿续篇》为佚文和尺牍。

　　姚永朴,光绪二十年举人,姚莹之孙。其父姚睿昌,尤有诗名。按照张舜徽的考证,"永朴濡染家学,复问业于同邑方宗诚、吴汝纶、萧穆。与迁安郑杲、姊夫马其昶以学问文章相切劘。故其诗文,悉训雅有度。一生交友四方,北之旅顺,居京师尤久"。姚永朴治学"汉宋兼采,力破门户之见,仍方、姚以来矩矱也。永朴为文,谨厚沉絷,蔼然儒者之言"②。《清人文集别录》中收入的《蜕私轩集》五卷为姚永朴之门人周明泰所汇钞,于1921年刊刻。

　　姚永概,光绪十四年举人,姚永朴之弟,声名与才干超过姚永朴。清末科举废除,大兴新式学堂。姚永概历任安徽高等学堂教务长,师范学堂监督等职。辛亥后,应北京大学之邀,任文科学长。清史馆开,与姚永朴共同入馆纂修清史。张舜徽先生对姚永概有如下评价:

---

①张舜徽:《清人文集别录》,中华书局,1980年版,第388页。
②同上,第635页。

永概治学植品，一如其兄。承乡先辈遗规，兼治义理、词章，一门之内，父子兄弟，自为师友。而同邑马其昶，通州范当世，皆其姊夫，尤有切磋之意。既游京师，获与陈三立、柯绍忞等议论商榷，而学与文俱进①。

《清人文集别录》中收入姚永概的《慎宜轩文》十二卷，原有八卷，1916年铅字排印，永概没后，姚永朴及其门人，旁搜广采，增益其所未备，辑为十二卷，雕版行世，后于1926年活字印刷。

马其昶，桐城人，姚永朴、姚永概兄弟之姊夫。清末曾任学部主事，在当时有文名。据张舜徽先生的考证，其"承其乡先辈古文辞遗绪，复游于吴汝伦张裕钊之门。所学益进，论者目为桐城派古文之殿军。晚居京师，治群经诸子，著有《周易费氏学》、《诗氏毛学》、《老子故》、《庄子故》诸书"，"至其平生论学，以义理为宗，犹桐城先正遗风也"②。收入《清人文集别录》中的文集为《报润轩文集》二十卷，为1923年刻本。

同为姚永朴兄弟之姊夫的范当世，为清代江苏省通州人，清代之通州，今为江苏省南通地区。按照张舜徽先生的考证，范当世为清季"诸生，少贫力学，橐笔走四方。自言初闻艺概于兴化刘熙载，既受诗古文于张裕钊，而北游冀州，则吴汝伦实为之主，从讨论甚久。盖其诗友渊源如此"，对范当世之学的评价，"其为文，独得雄直之气，纵横出没，随笔所如，固非张、吴诸家义法所能绳也。其诗尤有名。陈三立弥叹其功力之深。姚永概至颂为有清第一"③。范当世曾客李鸿章之幕，深得李鸿章之赏识。当世有弟范钟、范铠，两兄弟俱承其教而成才，范钟为进士，官河南县令，范铠为拔贡生，为令山东。世号称"通州三范"。范当世著有《诗集》十九卷，《清人文集别录》中录入的《范伯子文集》十二卷，为1929年铅印本。

姚永概之岳父，桐城徐宗亮，也是承其桐城乡学学风，而又以婚姻巩固学术交往的典型事例。徐宗亮，承其乡辈遗绪，肆力于古文辞。他曾与当时的士人一样游幕四方，足迹遍及江浙、两湖以及滇、黔、粤、闽、甘、陕等地，晚年居黑龙江三年。著有《黑龙江述略》。《清人文集

①张舜徽：《清人文集别录》，中华书局，1980年版，第636页。
②同上，第634页。
③同上，第637页。

别录》中收录《善思斋文钞》九卷、《续钞》四卷,为光绪间刻本。张舜徽先生评价徐宗亮治学为"然则宗亮一生,喜为漫汗之游,周历广览,以开拓其心胸,信有以资其文笔之雄健也……盖其步趋前哲,取径颇高,即绍桐城古文之业,亦不坠刘、姚以下。宜其所造异于常人,不复规规于义法也"①。

桐城文派也是一个比较典型的案例,姚氏宗族六代传承,其中延及血缘亲属"通州三范"和徐宗亮,以宗族直系及亲属为主体,还有同里吴汝伦、吴闿生父子,方东树、方宗诚兄弟参与期间,不仅学术追求一脉相承,而为文风格也由姚氏宗族波及桐城吴、方两族,时间横跨整个清代历史。由宗族核心外延同里异姓宗族,纵向时间的父子相传与空间的横向拓展交织发展,清晰地展现了桐城文派在清代三百多年的发展轨迹。尤其是该学派学术著述的编撰、出版、传承,更是沿着宗族血缘世系、师业授受和同里乡邦三个主线,时而重叠交叉,时而独自传播的脉络延续发展。

(二)吴氏父子

吴汝伦,同治四年进士。《清史稿》记载,"少贫力学,尝得鸡卵一,易松脂以照读。好文出天性,早著文名"②,久客曾国藩、李鸿章之幕。后任冀州知州,又主讲保定莲池书院,光绪末,复任京师大学堂总教习。晚岁出游日本,于日本教育等考察甚细。吴汝伦治学,"由训诂以通文辞,无古今无中外,维是之求。自群经子史、周秦故籍,以下逮近世方、姚诸文集,无不博求慎取,穷其源而竟其委",又谓文章,"中国之文,非徒习其字形而已,缀字为文,而气行乎期间,寄声音神采于文外。虽古之圣贤豪杰去吾世邈矣,一涉其书,而其人之精神意气若俨立乎吾目中"③。从其治学为文可见其与桐城文派之间的内在联系。张舜徽先生评价吴汝伦"以善古文辞名于时。汝伦虽藉隶桐城,而为文不落桐城窠臼"。《清人文集别录》中录入其《桐城吴先生文集》四卷,光绪三十年刻本,《尺牍》五卷、《补遗》一卷为光绪二十九年刻本。吴汝伦的著述,均由其子吴闿生"穷十年之力,传写父书,尽布于世"。

吴闿生,幼濡家学,复请业于贺涛。早岁游日本,兼习新知,从事

①张舜徽:《清人文集别录》,中华书局,1980年版,第571页。
②《清史稿》44册,中华书局,2003年版,第13443页。
③同上,第13445页。

译述。曾讲学京师数十年。张舜徽先生评价其："及为文章，纵恣转变，能究极笔势，辞气喷薄，浩乎沛然。涛每叹曰：文章天下之公器，自今日观之，已为吾师家事，其推重如此。闿生治学，恪守汝伦遗绪……讲学京师十余年，以古文诏后进，世亦推其文章之事，为足绍父师之传。"①吴闿生晚年治金石，纂成《吉金文录》、《汉碑文范》诸书。《清人文集别录》收入的《北江先生文集》七卷为其门人吴兆璜等编次，1924 年刻本。

由吴氏父子一例表明，桐城文派从乾嘉时期到同治、光绪年间，时间跨度超过两百年，历经清朝的鼎盛到衰落等历史时期，一个地区形成的学术追求、行文风格经久不衰，像接力棒一样，由一个姓氏宗族传到另一个姓氏宗族，使整个桐城地区呈现大体相同的脉络和特征。

（三）方氏兄弟

方东树，姚鼐之高弟，字植之。《清史稿》云："东树曾祖泽，拔贡生，为姚鼐师。东树既承其先业，更师姚鼐。当乾嘉时，汉学炽盛，鼐独守宋贤说，至东树排斥汉学益力。"尝言"近世尚考据，与宋贤为水火。而其人类皆鸿名博学，贯穿百世，遂使数十年承学之士，耳目心思为之大障"②。以所著《汉学商兑》大名于当时。张舜徽评价为："于早岁读其所著《汉学商兑》，喜其言议骏快，文笔犀利，箴盲起废，足矫乾嘉诸儒之枉，虽持论稍偏，不可谓非雄辩之士。"③《清人文集别录》收入的《仪卫轩文集》十二卷为同治戊辰刻本，《考槃集文录》十二卷为光绪甲午刻本。

方宗诚，方东树之族弟，字存之，以游幕得荐，官河北枣强县知县。宗诚少事族兄，饫闻绪论。又从同里刘开商榷古今。故其治学，以义理为宗。据张舜徽先生考证，方宗诚"于东树之学，竭力表章。……编辑仪卫轩遗书叙录，曾尽发其意，要其学固不越东树遗教"④。《清人文集别录》收入其《柏堂集前编》十四卷为三十六岁之前之作，《次编》为四十二岁之前之作，《续编》为五十二岁之前之作，《后编》为六十二岁之前之作，诸编皆为方宗诚亲自手定。

---

①张舜徽：《清人文集别录》，中华书局，1980 年版，第 634 页。
②《清史稿》44 册，中华书局，2003 年版，第 13430 页。
③张舜徽：《清人文集别录》，中华书局，1980 年版，第 358 页。
④同上，第 517 页。

　　由方氏兄弟一例可看出,方氏曾祖曾为桐城文派之代表姚鼐的老师,而三代之后方氏兄弟复以姚鼐为老师,师业授受关系是宗族文化与学术横向拓展的基本途径,宗族传承与师业授受交织在一起,使具有一定时代水准的思想、文化传播在空间与时间上都得到了最有力的保证。

　　此外受桐城文派影响而成就功名的还有桐城刘开、张聪咸等。刘开,自少师事姚鼐,与方东树等习诗古文法。曾于方东树撰《汉学商兑》之时,桴鼓相应。张舜徽评价刘开,"开为文气积势盛,纵横排拓,在姚门之子中,最为雄健矣"①。收入《清人文集别录》中的《孟涂文集》十卷、《骈文》二卷为道光六年刻本。张聪咸与姚莹交最密,嘉庆十五年举人,有《音韵辨微》、《左传杜注辨证》诸书。收入《清人文集别录》的是张聪咸亲自编定的《经史质疑录》一卷,后贵池刘氏刊入聚学轩丛书。

　　桐城文派,自方苞、姚范等开始,直至姚永朴等,延续六世近两百年,治学风格与思想传承时有变化,代有传承,期间并没有人刻意去立章建制,但由于沿着父子世系、血缘亲属等宗族关系传承,并由姚氏宗族扩展到桐城吴氏宗族、方氏宗族,延及姚氏外亲江苏通州范氏宗族,桐城文派保持了最基本的特征——求义理、治文章,由姚鼐的"为文从容雅淡"到吴闿生的"能究极笔势,辞气喷薄,浩乎沛然",内在一致,贯穿始终。

　　最早总结桐城文派特点并进行整理的,是桐城人徐璈(1779—1841)编纂的桐城诗歌总集《桐旧集》,该诗集收录了明初至清道光年间近五百年桐城籍一千二百多名诗人、七千七百余首诗作,收有 85 个桐城大姓的望族诗选,其中方姓 134 人,诗歌 1046 首,为全书之最;姚姓 99 人,903 首;吴姓 110 人,708 首,集中展现了桐城文人学者的整体风貌,同时还是后人研究桐城文派具有价值的桐城诗歌文献集成。《桐旧集》经过长时间的整理,在道光辛丑(1841)年仅刊刻三分之一,徐璈去世,其同邑马树华(1786—1853)参与,后又有与徐璈的外甥苏惇元(1801—1857)又接手校订、整理,并得到方东树及马树华之孙马其昶等大力支持,于咸丰元年(1851)年全部刊刻传世。②

---

①张舜徽:《清人文集别录》,中华书局,1980 年版,第 379 页。
②许结:《〈桐旧集〉与桐城诗学》,《中国古代文学文献学国际学术研讨会论文集》,凤凰出版传媒集团、凤凰出版社,2006 年 1 月。

桐城文派在清代三百多年历史上，一直没有占据主导地位，尤其是乾嘉时期，备受汉学诸儒等贵要显达的打压，在方东树《汉学商兑》与江藩《国朝汉学师承记》的一番论争中，桐城文派的方东树、刘开等已经只具守势，一代大师姚鼐、姚莹等也备受后代学者之诟病。但是，由宗族主导，同里乡邦参与，附之以师生传授的学术活动，能够完整延续和保存、发展其文化团队的基本内核，不受时代风气的损害、冲击。由宗族主导附之以师生传授，同时师门之间又不断建立新的血缘亲属，社会关系的范围越来越广，学术影响范围也不断扩大。如桐城徐宗亮、马其昶不用说，通州范当世，通过与姚氏结亲，不仅建立了自己的学术成就，并因之获得了政治地位，而且将桐城皖学传播到了江苏的通州地区。桐城文派的案例充分表明，宗族血缘、同里乡邦的传播方式，由于其依托宗族成员传承，宗族同里所具有的能够抵御时代政治或经济变迁冲击的铠甲作用，对于以追求独立性、公正性为内在里路的学术研究、学术思想传播具有一定的价值和功能。桐城文派在清代三百年的传承一例，再次展现了由宗族、家族为基本社会结构形成的中国传统文化、学术出版的基本形态。

六、"扬州二刘"

"扬州二刘"，是同道年间，清代学术史上对扬州学派的推崇之称。一刘是指扬州府最北的宝应刘氏，以刘台拱、刘宝楠、刘宝树、刘恭冕、刘岳云、成蓉镜等宝应籍的学人为代表；另一刘指的是扬州府最南的仪征刘氏，以刘文淇、刘毓松、刘寿曾、刘师培等为代表。"扬州二刘"的学术活动，从清初的刘台拱（1751—1805 年）开始，到清末的刘师培（1884—1919 年）结束，共经历 168 年，贯穿大半个清代学术历史。

（一）宝应刘氏：

宝应，清代属江苏省扬州府北麓，与淮安府相邻，西南近邻洪泽湖水系的白马湖、洒火湖，为大运河边上的城市。诞生在宝应的刘氏宗族，与武进庄氏家族、仪征刘氏宗族一样，统属扬州学派，是清代学术历史上汉学队伍的主体部分。刘氏宗族上溯明代初年 1359 年的刘真，1400 年刘氏宗族第二代刘京中举，从此刘氏宗族开始崛起，并活跃于明清两朝，历经四百多年长盛不衰。在明代，刘氏宗族共产生了 6 名进士、3 名贡生、1 名举人；清代，刘氏宗族产生了 4 个翰林、5 名进士、1个大学士。刘氏宗族在1649年由进士刘汉卿首次编纂族谱,之后经明清两朝,分别在1693、1750、1792、1855、1876、1929年共六度纂修。宝应刘氏宗族的代表人物为刘台拱、刘宝树、刘宝楠、刘恭冕、刘岳云等,期间还有姻亲朱泽云、朱彬家族、包世臣、包慎言家族。

刘台拱,乾隆三十五年举人,以丹徒县训导终,丹徒,即今天江苏镇江地区。刘台拱幼年曾得同乡先辈王懋竑、朱泽云遗书读之。张舜徽先生《扬州学记》中转引了朱彬《刘端临行状》中的一段文字:

> 年十三四,从同里王洛师先生学为文。先生老于文律,犹及方望溪、储中子诸前辈。于门下生,多否而少可。独奇君文,以为可追古作者。年十五,见王予中、朱止泉两先生书,欣然有得。始研宋程朱之学,以圣贤之道自绳,而与文辞弗屑也。①

刘台拱21岁中乡试举人之后,曾六次应礼部试不第,后留京授徒,值四库全书开馆,得与名人学士交游,如朱筠、程晋芳、戴震、邵晋涵、王念孙等,其中以王念孙、段玉裁最密。《清史稿》还记载了刘台拱学术交往中的一段佳话:"与同郡汪中为文章道义交,中没,抚其孤喜孙,赖以成立。武进臧庸常以说经之文请益,台拱善之。恤其穷,周其困,饮食教诲,十七年如一日,庸心感焉"②。在这种类似学术共同体的交往中,刘台拱迅速取得了学术成就。其著述有《论语骈枝》、《经传小计》、《国语补校》、《荀子补注》《淮南子补校》、《方言补校》、《汉学拾遗》等。刘台拱著述均由其女婿,阮元之子阮长生和其表弟朱彬共同搜集编次,陆续付刊,王念孙有《刘端临遗书序》。《清人文集别录》中收入的《刘端临先生文集》一卷由阮元在道光十四年刊刻。

朱彬,乾隆六十年举人,为宝应先学朱泽云之族孙,刘台拱之表兄弟,与刘台拱学术切磋受益尤多。其为学深研训诂名物,又不废义理,宝应之学特征尤显。朱彬著有《礼记训纂》四十九卷,《经传考证》八卷,王念孙十分推崇,《经传考证》后被阮元收入《学海堂经解》丛书。《清人文集别录》中收入的《游道堂集》四卷,为同治七年刊刻。

刘宝树,嘉庆十二年举人,由举人挑选教谕,后改国子监典薄。其

---

①张舜徽:《清代扬州学记》,华中师范大学出版社,2005年版,第41页。
②《清史稿》43册,中华书局,2003年版,第13206页。

父刘履恂,乾隆年间举人,与刘台拱为同一祖父的堂兄弟。亦以举人官丹徒县训导。据张舜徽先生的考证:

> 宝树濡染家学,精研经训,以嘉庆十二年举于乡,履踬礼闱,晚始补五河县教谕。……宝树虽好读书,而不轻撰述,略与履恂、台拱同趣。故其遗著之传于世,仅此三卷之书耳。①

刘宝树留下的三卷著述,即《经意说略》、《杂著偶存》、《鹤汀诗抄》合为《娱景堂集》三卷,没后由其弟刘宝楠在道光年间刊刻,该书也收入《清人文集别录》中。

刘宝楠(1791—1855),道光二十年进士,历任文安、元氏、三河等县知县。与其兄刘宝树一样,少受经于从叔刘台拱,精研群经,于毛诗三礼皆有所述造,后萃心力撰《论语正义》,但只缮写完十四篇,自卫令公以下,由其子刘恭冕续成。《论语正义后序》中,刘恭冕有这样一段文字记述了刘宝楠的治学行状:

> 先君少受经于从叔端临公,研精群集。继而授馆郡城,多识方闻缀学之士。时于毛氏《诗》、郑氏《礼注》,皆思有所述录。及道光戊子,先君子应省试,与仪征刘先生文淇、江都梅先生植之、泾包先生慎言、丹徒柳先生兴恩、句容陈君立,始为约各治一经,加以疏证。先君子发策得论语,自是摒弃他务,专精致思,以焦氏作《孟子正义》之法,先为长篇,得数十巨册。此乃荟萃而折衷之。不为专己之学,亦不欲分汉宋门户之见,凡以发挥圣道,证明典礼,期于实事求是而已。既而作宰畿辅,薄书繁琐,精力亦少就衰。后所缺卷,举畀恭冕使续成之。②

刘宝楠著述有《释谷》四卷、《汉石例》六卷、《宝应图经》六卷、《胜朝殉扬录》三卷、《文安堤工录》六卷、《愈愚录》六卷。收入《清人文集别录》中的《念楼集》八卷《外集》二卷为传抄本。

刘恭冕,光绪五年举人,刘宝楠之子。少承父学,长于治经,但取

---

① 张舜徽:《清人文集别录》,中华书局,1980 年版,第 396 页。
② 张舜徽:《清代扬州学记》,华中师范大学出版社,2005 年版,第 46 页。

径稍广,赞同段玉裁所倡导的时人学者在诵习十三经之外再加八种,合为二十一经。因名所居为"广经室"。继父亲之未完之业,续成《论语正义》之外,还有其文集《广经室文钞》一卷,被张舜徽先生收入在《清人文集别录》之中。

刘岳云,刘恭冕同族兄弟。光绪十二年进士,授户部主事,累迁郎中,曾主讲四川尊经书院,出外为浙江绍兴府知府,卒于1917年。张舜徽先生评价刘岳云为"生值清末,喜留心当世之务,常挹取新知以证旧学,由博反约,期于致用","言江防,言兵事,言矿政,言关税,言外国疆域,言河工利弊,虽书生之见,所论未必有当,要在当日自不失为识时达变之士"[1]。刘岳云于光绪八年参与修《湖北通志》时,自己刊刻其文集《食旧德斋杂著》二卷,光绪二十二年又复刻于四川。

成蓉镜(1816—1883),一生教授乡里,以诸生终。成蓉镜为刘岳云的老师,同一时期的门生还有曲阜孔广牧、金坛冯煦。成蓉镜尝与刘毓松、戴望、唐仁寿、刘恭冕、张文虎、汪士铎等同校书金陵书局,有学术切劘之意,晚年主讲长沙校经堂。冯煦在《蒿庵类稿》中有这样的记载:

　　　先生学凡三变:二十攻词章,三十攻考证,四十攻义理,为之必要其成,行之必乞其安。[2]

成蓉镜治学广博,不专一家,凡历算、方舆、典礼、声韵、训诂等,靡不洞究,各有撰述,成就甚广。成蓉镜的著作被收入《皇清经解续编》中的有《周易释爻例》一卷、《尚书历谱》二卷、《禹贡班义述》三卷、《春秋日南至谱》一卷;收入《南青书院丛书》的有《春秋氏族谱拾遗》一卷、《郑志考证》一卷、《释名补正》一卷、《三统术补衍》一卷、《宋州郡志校刊记》一卷等。收入《清人文集别录》中的文集为《心巢文录》二卷。

宝应乡学,上承先辈王懋竑、朱泽云的治学遗续,经刘宝树、刘宝楠、刘恭冕之发展,到成蓉镜为集大成,张舜徽先生评价为"成蓉镜继诸家而起,取得的成绩更大,可算是宝应学派中的殿军"。而其学生冯煦的评价更为洽切:

---

①张舜徽:《清人文集别录》,中华书局,1980年版,第610页。
②同上,第50页。

　　宝应自朱止泉、王予中两先生以正学倡,其乡学者渐之,彬彬向儒术,达才成德,先后相望。吾师成先生晚出,犹大且醇。①

宝应之学自刘台拱开始,历经七世一百多年,到成蓉镜止,以宗族传承为主导,附之以师业传授,构成了清代汉学扬州流派的主流。张舜徽先生对于宝应刘氏学术有此下的总结:

　　宝应之学,自刘台拱融合汉宋,而得其会通。宝楠、恭冕父子继之,益张其绪。而成蓉镜集其大成,于学实事求是,无主奴门户之见,研穷训诂,而于伦常日用义理之间必求所以治身治心之道。性理即明,而于典章、制度、名物,讲贯尤精。盖兼综汉、宋,而确有躬行心得之益者。②

宝应刘氏家族所代表的这种家族传播方式,能够非常完整地保留其文化内涵和思想追求,能够避免因外在的社会、政治和经济等种种影响不使其中断,一部《论语正义》可以由父子相继方式完成,治学方法、学术风格可以在族内成员、同门师友之间进行内化濡染。

(二)仪征刘氏

　　仪征刘氏宗族是清代学术"扬州二刘"的另外一个重要家族,是构成扬州学派的重要代表。仪征刘氏与宝应刘氏互相辉映,学术切劘,互相砥砺。刘文淇与刘宝树、刘宝楠等共同为道光年间同年省试生,并由此相约每个人各治一经,刘宝楠分治《论语正义》、刘文淇分治《春秋左传》,这与现代学术研究中采用的同一研究方向,而后分担不同课题的学术团队十分相似。其后是刘宝楠之子刘恭冕、刘文淇之子刘毓松还共在金陵书局校书,学问切磋,相得益彰。"扬州二刘"成为清代同道年间学术佳话。

　　刘文淇(1789—1854),嘉庆二十四年优贡生,少时家贫,从其舅氏凌曙先生学。年未及壮,即以淹通经史知名江淮间。年甫十八,即开门授徒,且教且学,以至于大成。刘文淇之长孙刘寿曾在《传雅堂文

────────────

①张舜徽:《清代扬州学记》,华中师范大学出版社,2005年版,第51页。
②张舜徽:《清人文集别录》,中华书局,1980年版,第610页。

集》卷一有如下记载：

> 先大父早受经于江都凌氏，又从文达问故，与宝应刘先生宝
> 楠切磨至深，淮东有二刘之目……先征君承大父之学，师于刘先
> 生。博综四部，宏通淹雅，宗旨视文达尤为近。①

刘文淇一生，以授业糊口之外，还替人校刊书籍，据张舜徽先生的考
证，1841、1842 年间，曾替阮元校刊《镇江府志》，替岑建功校《旧唐
书》、《舆地纪胜》，六十岁时增定了朱彬的《礼记训纂》，与人共注《南
北史》。一生校书留下了《旧唐书校刊记》六十六卷、《舆地纪胜校刊
记》五十二卷。著述有《左传旧疏考证》八卷、《左传旧注疏证》、《扬州
水道记四卷图》、《仪征县志》五十卷、《艺兰记》等。收入《清人文集别
录》中的是《青溪旧屋文集》十卷，由刘文淇之诸孙裒辑遗文而成，光
绪九年刻本。

　　刘毓松(1818—1867)，道光二十年优贡生。刘毓松自幼随父刘文
淇客游四方。《清史稿》记载"从父受经，长益致力于学。以文淇故，
治左氏缵述先业，成春秋左氏传大义二卷"②。在父亲的指教下，也擅
长校书，并帮助父亲校刊书籍。毓松居曾国藩、李鸿章幕中最久。曾
任事金陵书局，校刊《王船山遗书》，替杜文澜编辑《古谚谣》一百卷。
刘毓松留下的著述有《周易旧疏考证》、《尚书旧疏考证》，收入阮元的
《皇清经解续编》。此外还有《王船山年谱》二卷（光绪丙戌江南书局
本），《克服金陵记》、《梦窗词》、《草窗词》等收入"曼陀罗华阁丛书"。
收入《清人文集别录》中的是《通义堂文集》十六卷，光绪十四年有刻
本，由刘氏宗族后人刘承干所刊刻，其本最为完全。

　　刘寿曾，刘毓松长子，同治三年、光绪二年两中副榜。自幼随父履
食在外，尝帮助杜文澜纂辑古谣谚及词学诸书，每日捡书盈尺，朱墨杂
进，由是泛滥群集，而所学益博。据张舜徽先生的考证，"毓松晚主金
陵书局，为名公卿所礼重。毓松卒，复召寿曾入局，凡所刊善本，多出
其手校。始其大父文淇，治左氏春秋，辑为长篇数十巨册，晚年欲编之
成疏，甫得一卷，而文淇没，毓松思卒其业，未果，寿曾乃发愤以继志述

---

①张舜徽：《清代扬州学记》，华中师范大学出版社，2005 年版，第 162 页。
②《清史稿》43 册，中华书局，2003 年版，第 13275 页。

事为任,严立课程,属稿至襄公,而寿曾又卒,年仅四十有五,论者惜之"①。自刘文淇守同里学人之约治《春秋左传》,道光十八年把《左传旧疏考证》刊行,而《左传旧注疏证》一书,篇幅浩大,到刘寿曾已是第三代,仍未完成。孙诒让在《刘恭甫墓表》慨叹到:

> 草创四十年,《长编》衰然,《疏证》则仅写定一卷,而先生遽卒。其子伯山先生继其业,亦未究而卒。伯山先生长子恭甫知县,绍明家学,志尚闳远。念三世治学,未有成书,创立程限,锐志研纂。属稿至襄公四年,而恭甫又卒。千秋大业,亏于一篑,斯尤学人所为累唏而不释者也。②

梁启超曾高度评价刘氏父子三代治左传一事,"这部书始终未成,真是学界一件憾事。孟瞻(刘文淇字)、伯山(刘毓松字)父子之学,我们读青溪旧屋、同义堂两集可以想见一斑","孟瞻未及写定而卒,伯山继之,时值乱离,年仅五十卒,至襄公而绝笔。三世一经,赍志踵没,可哀矣"③!张舜徽先生也对仪征刘氏三代治学评价甚高,"余则以为徽学必待扬州诸儒而后能大,由专精以趋于通核。阔然有以建学术之公,斯又王、汪、焦、阮诸家不同于江、戴之趣也。仪征刘氏虽晚起,而能守其乡先正遗风,故亦取径广而畜德多。观其祖孙父子,持论名通,而不泥一曲,夫岂偶然。寿曾文笔条达简净,无芜累之病"④。

刘寿曾留下的著述有《婚礼重别论对驳议》二卷,收入《皇清经解续编》,除此之外还有《积学斋丛书》、《临川答问》一卷、《南史校义集平》、《艺云杂记》、《文谱类释》等。收入《清人文集别录》中的是《传雅堂文集》四卷,由刘寿曾之孙刘葆儒在其没后五十多年后的 1934 年,裒辑遗文而成。

刘师培(1884—1919),光绪二十八年举人。刘毓松有四个儿子,刘寿曾、刘贵曾、刘富曾、刘显曾,刘师培是刘贵曾的儿子。由于刘文淇、刘毓松、刘寿曾祖孙三代传经,有声名于道、咸、同、光四朝,而刘师培其父刘贵曾也治经学,但成就不如刘寿曾及其祖先。因此,刘师培

①张舜徽:《清人文集别录》,中华书局,1980 年版,第 515 页。
②张舜徽:《清代扬州学记》,华中师范大学出版社,2005 年版,第 171 页。
③梁启超:《中国近三百年学术史》,上海三联书店,2006 年版,第 182 页。
④张舜徽:《清人文集别录》,中华书局,1980 年版,第 516 页。

一出生,就受到家学的影响,少承先业,笃志力学,十九岁就领乡试荐,少年科第,颇付才名。据张舜徽先生的考证,刘师培"游学四方,年少气盛,思有以自见。始至上海,主警钟报,针砭时弊,倡导革命。旋遭禁锢。走日本,交章炳麟,学益进。始有二叔之目,缘章炳麟初字枚叔也。归国后,辗转入川,主国学院讲席。……辛亥后,袁世凯盗国,师培为杨度等勾引加入筹安会,附和帝制……最后任北京大学教授"[①]。

后人对于刘师培短暂一生行事,评论不一,但对其治学却一致肯定。尹炎武在《刘师培外传》中这样写道:

> 扬州学派,盛于乾隆中业。任、顾、贾、汪、王、刘开之;焦、阮、钟、李、王、黄继之。凌曙、刘文淇后起,而刘出于凌。师培晚出,习三世传经之业,门风之盛,与吴中三惠、九钱相望,而渊宗广博,是有吴、皖两派之长。著述之盛,并世所罕见也。综其术业,说经则渊源家学,务证古说。文淇考南北朝诸儒遗说,成《左传旧疏考》以证孔冲远《左传正义》所自出,师培则广征两汉经师之遗说,成《礼经旧说考》以校马、郑之异同。其校正群书,则演高邮成法,由声音以明文字之通假,按词例以定文句之衍夺。而又广搜群藉,遍发类书,以审其同异,而归于至当。其为文章,则宗阮文达文笔对之说,考型六代,而断至初唐。雅好蔡中郎,兼嗜洪适《隶释》、《隶续》所录汉人碑板之文,以笃厚古雅为主。生平手不释卷,而无书不览。内典《道藏》,旁及东西洋哲学,咸有造述。其为学报,好以古书证新义,如六朝人所谓格义之流,内典与六艺九流相配拟也。[②]

徐复教授对刘师培治学也有四点总结:

> 一曰秉承家学,兼收并蓄。刘氏家学,源于孟瞻舅氏凌曙(晓楼)。晓楼学有自得,遵守汉学,调和宋学,重视《公羊春秋》及诸子著述。孟瞻幼从晓楼学,以皖学起家,及壮,与包世臣游,得皖学精髓。刘氏家学不拘门户,兼采众长,贯通四部,学行并重,惟

①张舜徽:《清人文集别录》,中华书局,1980年版,第676页。
②张舜徽:《清代扬州学记》,华中师范大学出版社,2005年版,第181页。

实事求是是务。申叔(刘师培)治学,以古文家法为根柢,治古文不废今文;以家学传统为渊源,守家法不唯家法。一生以治《春秋左氏传》为志,《周礼古注集疏》亦蔚然成帖,家法传统比比皆是。而沟通三传、贯穿群经,倡为《群经大义相通论》,则其卓见特识也。

二曰以经为主,并治子史。以子治经,故刘氏家学之范畴也。申叔于子部涉历广博,《周书》并管、晏、老、庄、墨、荀、韩、贾、扬,并有著述。申叔故为寒儒,所藏善本甚鲜。其校书也,以理校为主,寻绎师承关系,贯通各家之说,非以版本胜人,乃学者之校矣。入端方幕后,多见善本,而成就更大。其用工最勤者,单数《晏子春秋》。申叔八岁治《晏子》,数十年不辍,著有《晏子春秋校补》、《晏子春秋校补定本》、《晏子春秋补释》;其治《白虎通义》者,有《白虎通义校补》、《白虎通义定本》、《白虎通义源流考》、《白虎通德论补释》,皆可专成一书,以垂久远。

三曰扩土拓疆,别开生面。申叔之治学,所包甚广,其所涉历之传统学术范围者,有文字学、声韵学、校勘学、训诂学,有经学、子学、地理学、文学(如《中国中古文学史讲义》、《中国文学教科书》)、历法等。其于政治学、哲学、社会学、伦理学、逻辑学诸方面,亦能贯穿中西,得其环中,而能最具特色者,乃以新说解释中国文字……。

四曰中西结合,经世致用。西学东渐后,申叔生当其时,以经论政,而固不得为闭户之经生矣。其早期著书,多引达尔文、卢梭、斯宾塞诸西儒新论,解说汉字,探询中国古代社会制度,证明人类进化之迹。……其中期著述,宣传无政府主义与社会主义学说,关注民生疾苦,以代民立言为己任。其晚期著述以六经为宗,奉《说文》为圭臬。①

由于刘师培生逢清代风雨飘摇的晚期,时代巨变,生平事端非个人所能左右,因此褒贬不一,尚无定论。但对刘师培治学上承家学规矩,经史兼顾,涉略广博人们均一致认同,为仪征刘氏家学的集大成者,"著述之盛,世所罕见",名副其实。刘师培留下了大量的著述,

①万仕国:《刘师培年谱》,广陵书社,2003年版,第3页。

1937年刘师培好友南桂馨为其校刊遗书时统计，共有74种。其中论经及小学者22种，论学术及文辞者13种，校刊经籍24种，诗文集4种，读书记5种，学校教科书6种。刘师培年仅三十六岁而卒，短暂一生所取得的学术成就，在清末引起巨大反响。刘师培可以说是"扬州二刘"所代表的扬州学派在清代三百年学术史结束时最重的音符。

七、高邮王氏家族

高邮，清代属江苏省扬州府，因滨临高邮湖而得名。诞生在高邮的王氏家族，即王念孙、王引之父子，专治小学，与业师戴震、同门段玉裁一起，共同构成清代汉学的杰出代表。

王念孙家族，先世居苏州，明初迁扬州，入籍高邮。江藩《国朝汉学师承记》对其祖孙行状记载甚详：

> 曾祖式耜，中康熙戊午榜贡生，学通五经，不求仕进。祖曾禄，诸生。父安国，雍正甲辰进士，吏部尚书，谥文肃。文肃三娶，生子皆殇。祖年七十余没，遗命名孙念孙，及先生生，遂以名之。[1]

王念孙（1744—1832），乾隆四十年进士，官至直隶永定河道。据戴震年谱记载，雍正二十一年（1756），戴震"馆于大宗伯高邮王文肃公第，公子念孙从学"，由此可知，王念孙十二岁从戴震学，因于文字、声韵、训诂之学，尽得其传。而训诂造诣尤深。因其时邵晋涵为《尔雅正义》、段玉裁为《说文解字注》，因退而专意著述，撰写《广雅疏证》。日以三字为程，阅十年书而成。江藩对王念孙之学评价甚高：

> 先生之学，出于休宁，而精采过之。金坛段先生序其书，称先生"能互求古今形、音、义三者分合，能以古音得经义"。推为天下第一人，非过誉也。壮岁里居，与李君惇、贾君田祖、汪君中、刘君台拱、任君大椿、程君瑶田论学讲书，所业日进。官御史时，撰《广雅疏证》，日释三字，寒暑罔间，十年而成。罢官后，就养宅邸，键户著述，年齿耄耋，神明不衰，目览手记，孜孜忘倦。尝笑而言曰：

---

①江藩：《汉学师承记笺释》，上海古籍出版社，2006年版，第906页。

"人生各有所乐兮,余独著书以为常"①。

王念孙除撰述《广雅疏证》外,还校订《战国策》、《史记》、《管子》、《晏子春秋》、《荀子》、《逸周书》、《墨子》、《汉书》等群籍,撰述《汉书拾遗》、《读书杂志》八十二卷,《志余》二卷。收入《清人文集别录》中的是《王石臞先生遗文》四卷,《补编》一卷。

　　王引之(1766—1834),嘉庆四年进士,官至工部尚书,一生治学,以父为师。江藩在《国朝汉学师承记》记载了王引之以父为师的事迹:

　　　　母吴孕八月而公生,幼小弱,五岁从师受书,师不忍督责也。师偶他适,公默识书,义未通者,归一一请析,师大奇之。十七,补州博士。省父京师,肄业太学,应京兆试不第,归而事母。家居四年,取尔雅、方言、说文诸书,研求声音训诂之学。复至都,以所业质父,父大喜曰:是可传吾学矣。②

王引之治学一本庭训,故亦邃于名物训诂之学,撰述《经义述闻》三十二卷、《经传释词》十卷等重要代表作品,其间虽多引父说,但亦自述己见。此外还有:《太岁考》二卷、《春秋名字解诂》二卷、《字典考证》十二卷,为王念孙编撰的《王文简公文集》四卷、《王伯申先生文集补编》二卷、《石臞府君行状》一卷等著述。

　　王念孙父子之学得到当时的汉学名家,同为扬州藉学人如焦循、汪中、阮元等人的高度评价,连道光年间力排汉学的桐城派健将方东树也赞叹不已。阮元云:

　　　　高邮王氏乔梓,贯通经训,兼及词气……今二十年,伯申侍郎始刻成《释词》十卷,元读之,恨不能起毛、孔、郑诸儒而共证此快论也。
　　　　高邮王氏一家之学,海内无匹。

方东树云:

①江藩:《汉学师承记笺释》,上海古籍出版社,2006年版,第908页。
②同上,第914页。

> 高邮王氏《经义述闻》，实足令郑朱俯首，汉唐以来，未有
> 其比。①

可见，王念孙父子之学已经达到清代学术的最高境界，得到当时学人的一致评价。父子相传、互相切劘、砥砺，除了能够把治学方法、思想追求完整传承之外，还能几代人专心致志，父志子继，使一门学业至专至精，达到一个相当的学术高度。如《广雅疏证》、《读书杂志》、《经义述闻》、《经传释词》是王念孙、王引之父子的代表作品，基本可以说这四部著作是父子二人共同完成的学术成果。书中，对某一结论经常可见到父子相互引证，在王念孙著作中，经常提到"儿子引之"，而王引之的著作中凡引王念孙之语，都用"家大人曰"发端。在王引之的儿子王寿昌所撰《伯申府君行状》中有这样记载：

> 先大父所著《广雅疏证》，末卷即命府君为疏。《读书杂志》
> 十种，亦多引府君之说。而府君《经义述闻》及《经传释词》，亦证
> 载大父说。②

王念孙父子治学取得巨大成就的案例，对重新评估宗族对学术研究、对文化传承所发挥的影响和价值，对于重新认识人文社会科学特殊的内在演进逻辑，具有深刻的启发意义。对于任何一个学术课题，尤其是需要耗费大量时间、大量人力去攻克的难题，往往需要几代人的努力，也非一个人的智慧所能完成。现代学术研究的团队模式、集体攻关方式解决了个人智慧与群体智慧之间的矛盾，但没有解决时间延续代际传承的矛盾，因为群体之间没有有机的纵向联系，代际更迭之间往往因外在的社会历史变迁时时对学术研究产生巨大的冲击而导致研究进程的断裂。我国当代人文社会科学领域、科技领域有许多课题多次重复立项，尤其是一些基础性研究课题具有重大历史价值和长远社会意义，但受制于许多现实因素而多年没有重大进展，可以说，研究团体的学术梯队问题没有得到根本的保证是其主要原因之一，而中国传统父子相继的宗族化方式对解决当代学术研究纵向传承问题具有

---

①张舜徽：《清代扬州学记》，华中师范大学出版社，2005年版，第54—55页。
②同上，第57页。

一定借鉴意义。

八、甘泉焦氏父子

甘泉,清代属江苏省扬州府,与仪征相距不足 10 公里,今天扬州市郊。在这样一个文化积累丰厚的地区,除扬州二刘等那样大的世家大族之外,还有一大批平民学者,同样以父业子承的方式传承学术。焦氏文子就是一例。焦循家族,世居江都黄钰桥,雍正九年分县为甘泉人。

焦循(1763—1820),嘉庆六年举人,应礼部不试,即奉母家居,于湖滨构雕菰楼,读书著述其中。焦循之曾祖焦源,精于周易之学,然后其父亦习易学,焦循也"承祖父之学,幼年好易",易学为焦氏之家学。《清史稿》记载:"曾祖源、祖镜、父葱,世传易学。"[1]焦循本人在《上王述庵第一书》中说:

> 循,贱士也。家寒微,僻居下里。惟以先祖父之训,不敢为世俗之学。

据张舜徽先生的考证,焦循出生时,父亲四十一岁,家道中落。焦循二十三岁时,父母相继去世,丧葬费用既重,恰逢灾年,负债甚多,只得卖田度日。《雕菰楼集》十六卷《修葺通志堂经解后续》记载了焦循自己的一段经历:

> 乾隆丙午,连岁大饥,余叠造凶丧,负债日迫于门,有良田数十亩,为乡滑所勒买,得价银仅数十金。时米乏,食山薯者二日,持此银泣不忍去。时书贾以此书至,问售,需值三十金。所有银未及半,谋诸妇,妇乃脱金簪易银,得十二金,和为二十七金。问书贾,贾曰"可矣。"盖欠岁寡购书者,而弃书之家,急于得值也。余以田去而获书,虽受欺于滑,而尚有以对祖父,且喜妇贤能成余之志,是夕餐麦屑粥,相对殊自怿也。[2]

---

①《清史稿》43 册,中华书局,2003 年版,第 13256 页。
②张舜徽:《清代扬州学记》,华中师范大学出版社,2005 年版,第 109 页。

焦循一生精力所注,在于周易,所著《易章句》十二卷、《易图略》八卷、《易通释》二十卷,称为"易学三书",突破两千年传注重围,直从六十四卦参悟错综之际,而求得其通例,为自来言易者所不逮,论者尤难其融会勾稽,自创新法。王引之评价其书为凿破混沌,扫除云雾,一一推求,至精至实。阮元亲自为其写传,称焦循为"精深博大,名曰通儒"。

焦循著述甚多,其后人编入《焦氏丛书》,1929 年由上海书店出版。除"易学三书"外,其中还有《易话》、《易广记》等十八种五十一卷。已收入其他丛书的有《雕菰楼集》二十四卷、《忆书》六卷、《扬州足征录》二十七卷等十四种九十九卷,还有大量印本和稿本。收入在《清人文集别录》中就是《雕菰楼集》二十四卷,为焦循亲自手定,道光四年刊于岭南。

焦廷琥,焦循之子,父子自相师授,焦循著述时,焦廷琥帮助寻找资料。尤其是焦循晚年为《孟子正义》,廷琥助之纂录众说。惜焦廷琥早逝于道光元年,年仅四十。对于焦廷琥之学,张舜徽先生评价为"邃于名物训诂之学","循于说经之余,不废吟咏,廷琥亦于学问之外,兼擅诗词","典丽深厚,华彩艳绝"。焦廷琥著述也很多,除《焦氏丛书》载的《先府君史略》外,还有《春秋三传经文事例》等十五种三十卷。《清人文集别录》中收入《蜜梅花馆文录》一卷,为道光四年《雕菰楼集》附刻本。

九、江都汪氏父子

江都,与甘泉一样,今天同样属扬州地区。

汪中(1744—1794),乾隆四十二年拔贡生。汪中生于贫困之家,拔起孤寒。江藩对汪中行状考证甚详:

> 先世居歙之古唐里,曾祖镐京,始迁扬州,遂为江都人。父一元,邑增生,君生七岁而孤,家奇贫,母邹,绩屦以继饔飧。冬夜藉薪而卧,日供爨给,以养亲。力不能就外傅读,母氏授以小学、四书。及长,鬻书于市,于书贾处得借阅经史百家,于是博综典籍,诣究儒墨,经耳无遗,触目成诵,遂为通人焉。[1]

-----
[1]江藩:《汉学师承记笺释》,上海古籍出版社,2006 年版,第 710 页。

汪中克力于学,始擅词章,为《哀盐船文》,杭世骏为之序,以为惊心动魄,一字千斤,由是得大名。汪中之学,与其他扬州学者一样,推六经之旨已合于世用,为考古之学,惟实事求是不尚墨守。其代表作为《六儒颂》,此外还有《述学内篇》三卷、《外篇》一卷、《补遗》一卷、《别录》一卷、《遗诗》五卷、《广陵通典》十卷,均收入《汪氏丛书》家刻本。此外尚有五种收入其他丛书。收入《清人文集别录》中的《述学》内、外篇由汪中亲自手定,补遗和别录由其子汪喜孙编刊。

汪喜孙,汪中之子,嘉庆十二年举人,官至河南淮庆府知府。汪喜孙亦九岁而孤,两世零丁,奋发自立。喜孙学问虽不逮其父之精博,然自少能读父书,陈奂《师友渊源记》记载了汪喜孙幼年学业之例:

> 容甫先生中即世,孟慈才九龄耳。朱太恭人亲口教读,以至于成人。既长,乐与父执诸老游,故先人之绪言,得闻最多。先人之遗墨残简,虽片纸只字,必珍而藏之,又汇而录之,复博求名公巨卿铭咏,以表扬其先德之美。故当年父执诸老,有"幸哉有子"为容甫庆也。①

汪喜孙曾搜其父之遗篇残简,百计以永其传,为汪中撰就《汪氏学行记》六卷,又将自己平日阐扬先人文字编成《孤儿篇》三卷,平日其他考证文字汇集《从政录》一书。收入在《清人文集别录》中的为《孤儿篇》和《从政录》,均为后人汇集进《汪氏丛书》。

焦循父子、汪中父子事例具有一定的代表性。在本书的第三章第一节,曾分析了清代科举状元中有8%的比例属于拔起孤寒的平民学子,通过科举一途进入上流社会。许多学者也从中国传统社会上下交流中必不可缺少的管道作用,分析评价科举的作用。对于中国传统学术历史发展传承而言,科举制固然为学人提供了政治地位和一定经济保障,但宗族、家族却一直是中国学术的传承基础。许多学人依托宗族力量,几代人专心治学、共治一经、共写一籍,从学术研究一途获得社会承认。通过汪中父子治学一例,给我们展示了清代许多没有政治、经济背景支撑的学人希冀通过学术研究获得不朽之功名的心路

---

① 张舜徽:《清代扬州学记》,华中师范大学出版社,2005 年版,第 95 页。

历程。

《清史稿》记载了焦循以学术成名后的一件事例颇耐人寻味:"循壮年即名重海内,钱大昕、王鸣盛、程瑶田等皆推敬之。始入都,谒座主英和,和曰:吾知子之字曰里堂,江南老名士,屈久矣!"①以焦循之社会地位,与钱大昕等高官无法相比,更不会被皇帝所看重,然推重如此,即是学术之成就所致。汪中之穷困,可谓平民知识分子的典型代表,然因专心治学的突出成就,受到当地学政的重视,《清史稿》载:"乾隆二十四年拔贡生,提学使者谢墉,每试别置一榜,署名诸生前。尝曰:余之先容甫,爵也。若以学,当北面事之"。"五十一年,侍郎朱圭主试江南,谓人曰:吾此行必得汪中为选首。"②以学术之成就达到科举入仕同样的功名,甚至远甚之,在追求以立言不朽为人生目标的学人当中,不求富贵而能于困窘中治学,更使这个为学术而终其一生的群体具有一番别样的壮丽人生景致。汪氏、焦氏父子之例还意味着,在1860年之前的清代社会,代表着社会精英文化的学术研究与最普通的世人生活之间,存在着一种哺育与反哺的互动管道,即精英文化志趣有着丰厚的文化生活基础,二者是一种哺育与反哺的关系,它为反思今天社会精英文化与世俗文化之间的断裂,提供了深刻的反思视角。

在扬州府所辖约两百多平方公里范围内,大运河南北穿行期间,宝应、高邮就坐落在运河边上,仪征南临长江,甘泉、江都临近清代最繁华的城市扬州。温暖湿润的气候和便捷的运河交通,使扬州成为清代乾、嘉、道、咸、同、光等几朝经济、文化、信息中心。扬州籍学人凭借在宋、明时期积累的文化优势,经过清朝初期短暂的动荡,迅速崛起,扬州宝应刘氏、仪征刘氏、高邮王氏、江都汪氏父子,甘泉焦氏父子等扬州籍学人,大多濡染家学,父子传承,代代相继,间有师友交游,师业授受,同门切劘,也打造了一个学术高地,共同构成了清代学术历史上蔚为壮观的扬州流派。

本节例举了父子相传的九个事例,这些事例表明,清代人学术与思想的发展方式是以家族、宗族之间的父业子承、代代相继为主,附之

①《清史稿》43册,中华书局,2003年版,第13258页。
②同上,第13214页。

以师业授受、朋友交游。这既是一种学术发展的方式,同时更多的是一种思想传承方式。如黄宗羲、黄百家父子与万泰、万斯通、万斯大父子共同以精研明史立业;"嘉定九钱"以考证学、校刊、音律、历学、金石等清代汉学为宗;吴县惠氏父子三代共治一经;桐城姚氏家族六代近两百多年时间,一直以桐城文派特征立于清代学术历史;宝应刘氏家族以经学为主,仪征刘氏家族经学与义理并重,二者构成常州今文学派,在清代学术历史上活动了 168 年。由于以血缘、师缘为依托而传承、发展,因此思想方法、学术主旨、研究方向等等都得到了完整的留存。

清人学术活动的父业子承方式,并非是完全如今人所批判的,宗族传承就一定会阻碍思想创新的出现,阻碍学术水平的进一步提高,高邮王念孙、王引之父子、甘泉焦氏父子在小学、易学研究方面所达到的学术高度,可以说是前无古人,后无来者。事实说明,人文科学的创新必须建立在丰富的学术积累之上,站在该学科领域一定高度的学术视野基础之上才能有真正的创新。父子传承方式能够更好地继承学术积累,在已经取得的学术视野之上再进一步提高发展,这一点,倒是应该值得深刻反思。

余英时在《陈寅恪的史学三变》中写到:"今天研究科学史发展的人大概都承认一门科学的成长往往要靠同行社群(scientific community)的维系。功力相等、兴趣相投、论题相近的一群科学家在往复辩难、互相挑战、彼此补正的过程中,新知识的创新便会层出不穷。科学如此,人文亦然,甚至文学创作也莫不然。"①余英时所论及的"功力相等、兴趣相投、论题相近",不一定要排斥血缘父子,而"往复辩难、互相挑战、彼此补正"的学术砥砺也不一定是在非父子之间才能做得到,清人父子之间代代相传,创造了一个个学术高峰,都明确表明中国学术在以自己的特殊方式发展、延续,而非像今人所批判的父业子传、宗法家族就一定没有创新和发展。

在以宗族为中心的第一空间里,尽管参与学术研究者在身份、血缘和在家庭中的位置各有不同,但上升到学术问题的讨论,可以说跨越了各自地位、身份的差别,在学术中实现了平等。正如王念孙父子

①余英时:《现代危机与思想人物》,生活·读书·新知三联书店,2005 年版,第465 页。

之间、惠氏祖父孙三代之间的学问砥砺、相互补充的关系一样。这种平等,如哈贝马斯所说的:"所谓平等,在当时人们的自我理解中即是指单纯作为人的平等,唯有在此基础上,论证权威才能要求和最终做到社会等级制度的权威。""虽说不是有了咖啡馆、沙龙和社交聚会,公众观念就一定会产生;但有了它们,公众观念才能称其为观念,进而成为客观要求,虽然尚未真正呈现,但已在酝酿之中。"①在为实现学术继承与创新的过程中,传统的宗法结构中是否存在着相对平等的文化生活空间? 正如平等的诞生不一定就是在咖啡馆里一样,民主、自由、平等的学术文化精神也并非与宗族生活无缘。对清人学术活动宗族化的考察还为今人展现了传统中国家族生活的另外一个新鲜层面,这也同样是一个极富有价值地话题,由于与本文主旨较远,故暂不深入。

第二节　兄弟相继的学术活动分析

一、永年申氏兄弟

永年,清代属直隶广平府,今河北省邯郸地区。申氏兄弟即申涵光、申涵盼。据张舜徽先生的考证,申涵光,"号聪山,性喜为诗,而不利于有司之试,履踬场屋,以布衣名噪坛坫,康熙十六年卒。涵光为诗,宗法杜甫"《清史稿》记载,"年十五,补诸生。文名籍籍,故不屑为举子业。日与诸同志论文立社,载酒豪游为乐","涵光为诗,吞吐众流,纳之炉冶。一以少陵为宗,而出入高、岑、王、孟诸家"②。著有《性习图》、《义利说》等书。收入《清人文集别录》中的是《聪山集三卷》。

申涵盼,字隤叔。顺治十八年进士,官检讨,少承其兄涵光教,亦以文学有名于时。涵盼喜涉猎宋儒语录,以检点身心。收入《清人文集别录》的是《忠裕堂集》一卷,作为其兄申涵光《聪山集》的附刻本。《聪山集》与附刻本《忠裕堂集》为康熙年间家刻本,即属于自刻文集。

①[德]哈贝马斯:《公共领域的结构转型》,学林出版社,1999年版,第41页。
②《清史稿》44册,中华书局,2003年版,第13322页。

二、宁都魏氏三兄弟

　　宁都,清代属江西省宁都府府治,梅江流经其间,附近有莲花山,临近福建。"魏氏三兄弟"为清代初期学术史上著名的"一门之内、自为师友"的佳话。长魏祥,次魏禧,幼魏礼,以学问文章相砥砺,三魏之名遍于海内外。

　　魏际瑞,原名祥,为魏禧、魏礼之长兄。《清史稿》记载,魏际瑞为"顺治十七年岁贡生"。三魏之父为魏兆凤,"有学行,明亡后,号哭不食,剪发为僧,隐居翠微峰,名所居为易堂。旋卒,际瑞率两弟禧、礼与南昌彭士望、林时益、同邑李腾蛟、丘维屏、彭任、曾璨等九人,为易学堂,皆躬耕自食,切劘读书","际瑞生平重信义,翠微峰诸隐士及族戚,以际瑞为安危者,三十余年"。① 魏际瑞深谙世情,喜为古文辞,收入《清人文集别录》中的是《魏伯子文集》十卷。

　　魏禧,据张舜徽先生的考证,魏禧"字冰叔,明末诸生。笃志力学,才名尤高。门前有池,颜其居曰勺庭,学者称勺庭先生。喜读史,尤好《左氏传》及苏洵文,其为文凌厉雄杰,年四十,及出游四方,友其士之贤者,归而益以实学倡导后进。康熙十七年,诏举博学泓词,禧以疾辞","禧与当世学人如朱彝尊、李清、顾祖禹、梅文鼎皆友善,故朱氏文集、李氏南北史合注、顾氏方舆纪要、梅氏历法通考诸书,禧皆为之序,以发明其著作之意"。② 收入在《清人文集别录》中的是《魏叔子文集》二十二卷。

　　魏礼,字和公,少鲁钝,受业于其兄魏禧。《清史稿》云"少鲁钝,受业于禧。禧尝笞詈之,礼弗憾,曰:兄故爱弟也"。③ 禧督责之严,而礼弗憾,益循谨力学,诗文斐然,继两兄而起。魏禧评价魏礼为"诗好魏汉,文好周秦诸子,及其成也,诗类韩退之,文则近柳子厚"。张舜徽先生评价魏礼曰"故濡染家学,志存远大,论学亦以制用为归,而不屑空谈心性,以伪学欺世"。收入《清人文集别录》中的为《魏季子文集》十六卷。

　　魏氏三兄弟的《魏伯子文集》、《魏叔子文集》、《魏季子文集》均为

①《清史稿》44 册,中华书局,2003 年版,第 13316 页。
②张舜徽:《清人文集别录》,中华书局,1980 年版,第 38 页。
③《清史稿》44 册,中华书局,2003 年版,第 13317 页。

后人整理刊刻,编刊为《宁都三魏全集》。

对于魏氏三兄弟及其同好,梁启超曾谓之为"易堂九子","他们当明末乱时,相约隐居于宁都之翠微山,其共同讨论学问之所,名曰易堂,因以得名。九子中以三魏为领袖,次则邱邦士、彭躬安,三魏之中又以冰叔为魁,世所称魏叔子也。他们的学风,以砥砺廉洁、讲求世务为主,人格都很高洁"①。魏氏三兄弟在清初所取得的成就,来源于家学及其兄弟之间的相互砥砺、传承,并由魏氏宗族主导,形成了宁都研究团队。

三、休宁戴氏兄弟

休宁,清代属安徽省徽州府所辖,今安徽省休宁县,与浙江为邻。休宁的戴氏家族因戴震、戴祖启而有名。

戴震,清代著名学者,幼时家贫无以自给,父亲是个小商贩,十八岁时,随父亲客居南丰县,设塾于邵武,课童蒙以糊口。一生应科场试,不甚顺利,处境益困。二十九岁才补县学生员,家人无以为炊,与面铺相约,日取麦屑为食,三十三岁入京都,按照段玉裁所撰《戴东原先生年谱》记载,"盖先生是年讼其族子豪者侵占祖坟,族豪以财结交县令,令欲治先生罪,乃脱身协策入都",只身寄居于歙县会馆,膳粥不继。曾与同县之人郑牧、歙人汪肇隆、方矩、程瑶田、汪梧凤、金榜等共同师从朴学大家江永。戴震后来得益于汪梧凤,他是新安商人,以富厚雄乡里,网罗师友至其家,饮食供具无吝色,又出千金买书,以供讲席其中,居留数载,业成乃去。后得到钱大昕的推荐,为秦惠田编撰《五礼通考》。雍正二十一年(1756)为当时吏部尚书王安国聘为家庭教师,授业其子王念孙,始有大名。乾隆二十七年举乡试,三十八年奉召充四库全书馆纂修官。他有《策算》、《六书论》、《考工图记》、《转语》、《尔雅文字考》、《屈原诗赋注》、《诗补传》等作品,成为清代乾嘉时期著名的理学大师,其后钱大昕、汪中、焦循、段玉裁、阮元等诸家言义理,皆承戴震之绪。《清史稿》云:"震卒后,其小学,高邮王念孙、金坛段玉裁传之;测算之学,则曲阜孔广森传之;典章制度之学,则兴化

---

① 梁启超:《中国近三百年学术史》,上海三联书店,2006 年版,第 156 页。

任大椿传之;皆其弟子也"。① 戴震之学,造就了一大批跻身于清代学术殿堂的顶级学者,如王念孙、王引之父子、段玉裁、汪中,同里洪榜、洪朴兄弟等。收入《清人文集别录》中的是《戴东原文集》二十卷,为光绪十年镇海张氏校刊本。

戴祖启,与戴震为同族兄弟,年齿相若,同举于乡,时有"二戴"之称。乾隆四十三年进士,毕沅官陕西时,聘其主关中书院,成就甚众。戴祖启治学与戴震取向不同,按张舜徽先生的考证,戴祖启与戴震经常书信往来,相与切劘。祖启治学,除经学之外,还兼黄老,著述有《春秋测义》、《尚书协异》《尚书涉传》、《史记协异》、《道德经解》诸种。收入《清人文集别录》中的是《师华山房文集》三卷,为乾隆年间刻本。

四、益都李氏兄弟

益都,清代属于山东省青州府府治,今天的山东青州市。出生于益都的李文藻、李文渊兄弟,均为乾隆年间生人。

李文藻,乾隆二十六年进士。据张舜徽先生的考证,曾历官广东恩平、新安、朝阳等县知县,广西桂林府同知。乾隆二十四年,钱大昕主山东乡试,李文藻以是科第二名举于乡,大昕赏重之,目为天下才。李文藻之学,以目录、金石为最长。在病危时,曾口授其外甥蒋器书遗命,自谓文章钞成清本者六七册,但没后遗稿散失过多,至潘祖荫始缉为《南涧文集》二卷,刊入《功顺堂丛书》。

李文渊,文藻之弟,年仅二十六岁而卒。李文藻哀其早逝,为其哀辑遗文十六篇,汇成《李静叔遗文》,罗有高校订。据张舜徽先生的考证,李文渊自少多病,尝愿天假之年,以庶几异于众人,庶几不与草木同腐。不完于德,当以功,不得于功,当以言,三者庶几其一。李文渊之观点,正是清代普通学人立言不朽人生观的再现,而李文藻在其死后为其哀辑遗文,正是以兄弟之情帮助其实现人生目的。

益都李氏兄弟的事例在清代中下层士人、学者之中十分普遍,它表明清代普通士人在学术、地位无法建立不朽之功业时,更多的则采用编撰文集刊刻行世的手段来实现其理想,而当自己不能于在世时结集刊刻传世,则由宗族后人、亲属为其实现。

---

① 《清史稿》43 册,中华书局,2003 年版,第 13200 页。

五、"嘉兴二钱"

嘉兴是清代著名的文化名城之一,钱仪吉、钱泰吉兄弟同样是清代学术史上嘉庆时期著名的兄弟互为师友、学问切劘的典型。他们濡染同里先学,在学术、思想上通过兄弟之间相互砥砺,取长补短,在短时间内取得了学术上的成就,同时也完成了一些重要史籍的编辑出版。

钱仪吉,嘉庆十三年进士,选庶吉士,改户部主事,累迁至工科给事中。罢官后,主讲学海堂,晚岁为大梁书院山长。据张舜徽先生的考察,钱仪吉为学,以义理植其基,亦不废考证,喜读史,尤熟悉魏晋南北朝。曾蒐得清代臣工士庶、文儒列女等一千六百八十多人碑、表、状、志之文,后之清史列传皆以其稿而成。收入在《清人文集别录》中得《衎石斋记事稿》十卷、《续稿》十卷,初刻于道光十四年,二十九年后又亲自手定续稿,咸丰四年刻之。后版毁于火,其子钱彝甫,重校付梓。

钱泰吉,钱仪吉之弟,廪贡生,官海宁训导三十多年,引退后,掌教安澜书院。时人谓为"钱氏二石"。一生以校刊古书为事。据《清史稿》记载"与仪吉以学行相磨,远近盛称嘉兴二石"。张舜徽先生考证,钱泰吉从兄仪吉学,"诗文学业,悉承指授,尝自道其迹曰:'余初读《汉书》,吾兄衎翁语余,可仿宋沈氏枢通鉴总类,编次事迹,以通鉴总类目录示余。'……可知泰吉校书之时,亦自有辍缉之志,第以才识不逮其兄之大,故终其身亦特以校书名"[1]。收入到《清人文集别录》中的《甘泉乡人稿》二十四卷,在咸丰初有刻本,后版毁,同治十一年,其门人陈锡麒寄助刻资,钱泰吉之子钱应溥重为校勘。

六、当涂夏氏兄弟

当涂,清代属安徽省太平府府治,即今天的马鞍山地区当涂县。当涂夏忻、夏炯、夏燮三兄弟均为道光时期人,并以理学、考证、史学致大名于当时。

---

[1]张舜徽:《清人文集别录》,中华书局,1980年版,第382页。

夏忻,道光五年举人,历官吴江婺源等县教谕。夏氏三兄弟之父夏銮,尝官徽州训导,与安徽学人程瑶田、汪龙、凌廷堪交最厚。夏忻自少从父游,得识当世通人,师事汪莱。依据张舜徽先生的考证,夏忻之学,自朱子入,而终身服膺不衰。收入到《清人文集别录》的《景紫堂文集》十四卷,以"景紫"名其堂,名其文集,即服膺朱熹之学之意。

夏炯,一生困于科场,以诸生终。夏炯与兄夏忻、弟夏燮一样,少从父游,三兄弟互为师友,少闻徽学名儒程瑶田、汪莱、凌廷堪等议论,后又获交俞正燮、江有诰等,夏忻、夏燮分治理学、史学,而夏炯长于考证之学,刻历笃实,所学亦广。收入《清人文集别录》中的有《夏仲子集六卷》为 1925 年刊本。

当涂夏氏兄弟的事例表明,学术活动毕竟是要有一定的文化、思想积累才能够有所发展。夏氏兄弟能够有大名于当时,并在清代学术历史上有一席之地,正因为其父亲借助在任徽州训导时给三兄弟结交了一大批徽学名流,给其学术思想以积累继承才取得的。该案例体现了子承父业、兄弟相继主导的社会交往模式下,是如何实现学术研究的不断创新的过程。

七、善化贺氏兄弟

善化,清代属于湖南省长沙府府治,即今天的湖南省长沙市。善化贺长龄、贺熙龄兄弟及其同里唐鉴均为嘉庆时人,尤其是唐鉴与贺长龄同为嘉庆十三年进士,该事例说明清人学术活动由兄弟相继交织着同里学人的相互砥砺,在宗族化交往空间中共同取得了一定的学术成就。

贺长龄,嘉庆十三年进士,官至云贵总督。依据张舜徽先生的考证,贺长龄与其弟贺熙龄,"以问学相砥砺,皆以义理悦心,敦饬躬行,论者并称二贺,谓为湘学正宗。长龄交游甚广,而友陶澍、唐鉴为最密,有切磋之意","所撰造有《孝经集注》、《劝学纂言》,又与魏源同缉《经世文编》"[1]。收入进《清人文集别录》中的有《耐庵文存》六卷,为咸丰十一年刻本。

贺熙龄,嘉庆十九年进士,与兄长贺长龄齐名。据张舜徽先生的

─────────────

[1]张舜徽:《清人文集别录》,中华书局,1980 年版,第 419 页。

考证,贺熙龄交唐鉴最密,"以宋儒义理之学相切劘,而践履笃实,为时所重"。贺熙龄晚年主讲湖南城南书院。收入在《清人文集别录》中的是《寒香馆文钞》八卷。

唐鉴,嘉庆十三年进士,与贺长龄为同榜进士,由翰林累官至太常寺卿。唐鉴对清代同光年间的湘籍后辈如曾国藩等提携最大。最著名的作品是《学案小识》、《朱子年谱考异》诸书,依据张舜徽先生的考证,《学案小识》为其一生心力所萃,受到清初陆陇其、陆世仪、张履祥等推崇。收入《清人文集别录》中的是《唐确慎公集十卷》,为光绪元年刻本。

八、乌程沈氏兄弟

乌程,清代属浙江省湖州府府治,今浙江湖州市区。活跃在清代道光年间的乌程沈氏家族,也是科举世家。其中,沈圭与沈登赢为同族兄弟,丁桂为沈登赢的外甥,他们也是学术、思想在兄弟亲属之间相互传承、互相砥砺从而取得成就的事例。

沈圭,道光十四年优贡生,少受学于施国祁,后入京师,住在当时学者徐松家,从事问学之余,为姚远之撰《道光九域志》、为沈淘修《畿辅金石录》、《辽金元石碑考》。据张舜徽先生的考证,"圭以精于地舆名于时",同时也"肆力经学,素具根底,而尤精于丧服",对道光时期文人儒士耽于学术考证之风极为不满①。沈圭没后,其文集由张穆裒辑,成《落帆文稿》四卷,后由贵池刘氏刻入《聚学轩丛书》,收入《清人文集别录》中的是《落帆楼文集》二十四卷《补遗》一卷。

沈登赢,湖州府学生,与沈圭为同族兄弟,据张舜徽先生的考证,两人十分"友善,情谊周挚,可以想见二人平昔切劘之益"②,收入《清人文集别录》中的《深柳堂文集》一卷,为其外甥丁桂编辑。

丁桂,县学生,少孤,从舅氏沈登赢。沈登赢喜欢藏书,丁桂得尽读之,又跟随孙燮、余锡桂学古文义法,故其为文意蕴深湛,于宗法、丧服素所讲求,治学途辙,与沈圭为近。收入《清人文集别录》中的《欧余山房文集》二卷,为《吴兴丛书》本。

---

①张舜徽:《清人文集别录》,中华书局,1980年版,第408页。
②同上,第410页。

九、"湘潭三胡"

在清代学术史上,湖南学人崛起于咸丰、光绪两朝,源于太平天国之变中湘军的崛起,一大批文人儒士随着湘人政治地位的提高也相应走向学术的殿堂。其中胡氏三兄弟就是一例。

湘潭胡元仪与弟弟胡元直同为光绪二十一年拔贡生,小弟胡元玉为诸生。其父胡锡燕,喜欢藏书,为番禺陈沣高弟,著有《古诗绎》。据张舜徽先生考证,"锡燕四子,伯元仪,季元玉,喜治经,仲元常,喜读史。叔即元直,喜为词章,同光之间,兄弟自为师友,读书有疑,相与讲论不已,一门之内,怡怡如也"[1]。三兄弟传承父亲家学,具以通经博学有名于当世。其中三兄弟又各有所侧重,胡元仪尤精三礼。张之洞督湖广时,设两湖书院,胡元仪讲授经学,成就甚多。著有《诗谱订》、《北海三考》,均刊入《南青书院绪经解》和《湖南从书》。张舜徽先生评价其为"清末湘中一大经师也"。收入《清人文集别录》中的《始诵经室文录》一卷为 1937 年吴县王大隆取以刊入《丁丑丛编》。

胡元直,光绪十一年拔贡生,主讲四川万县白岩书院,成就甚著,从游者广。胡元直喜好词章,但同时工书善画,雅擅众艺,又承蒙父兄之教,亦长于说经。其弟胡元玉曾为其刊刻《癸甲试赋》二十八篇,元直没后又曾哀辑遗文,得四十七篇,编成《端敏遗书》四卷,即收入《清人文集别录》之本,光绪二十年刻本。

胡元玉,少承家学,读书稽古,为许郑之学,至专且谨。据张舜徽先生考证,著有《春秋名字解诂》、《汉音钩沉》、《郑许字义异同评》、《雅学》诸书,合刻为《胡氏杂著》。收入《清人文集别录》中的《壁沼集》四卷,为光绪十五年精刻本。

本节例举了清代九例兄弟相继的学术活动事例,这些事例表现清代学术一个共同特征:即学术研究具有的"团地化"现象。所谓团地化,即指的是一个组团一个组团诞生,往往是一群人、一批人在一个共同的历史时期相继出现,学术探索为相同的方向,思想方法具有一致性,学术成就具有互补性。比如永年申氏兄弟有诗名于当世,宁都魏

---

[1] 张舜徽:《清人文集别录》,中华书局,1980 年版,第 616 页。

氏三兄弟诗文兼具,独创"三魏之学",嘉兴二钱长于史传碑文,当涂夏氏兄弟以史学、考证兼具,善化贺氏兄弟共倡导宋儒义理,乌程沈氏兄弟攻舆地与礼学,湘潭三胡以辞章名显于清末。由于兄弟之间,年龄相仿,经历一致,教育相同,共处于一个社会环境和时代背景之下,学术研究呈现大体一致的走向。

兄弟相继的学术活动表明,中国传统人文科学研究,走的是团队、方阵式的梯队道路,并取得了一定的学术成就。值得深思的是这种整齐划一的兄弟相继学术研究团队,并没有妨碍学术研究与思想创新的出现。它表明,一个具有划时代价值的理论、学说的出现,决不是某个人突发奇想所能完成的,它必须在一批思想相若、方向相同的研究探讨中才能产生。而今天许多人所批判的近亲繁殖,就一定导致学术创新水平滞后,断言只有向自然界那样,凭借基因的多样性才能够保证"物竞天择",使生物不断进化,进而简单以为,人文社会科学领域中思想、方法的多样性就一定能够产生不断创新的思想学术,显然缺乏内在的学术事实和理论依据。

第三节　同里乡邦的学术活动研究

一、常熟学友

常熟,清代属江苏省苏州府所辖,即今天的常熟市。常熟与苏州、嘉定、吴县相距不远,作为清代人才辈出的学术高地,在康熙、雍正年间,涌现一大批学人,其中陶真一、陈祖范、顾镇、王应奎等作为同里学人,学术切劘,相互砥砺,在清代学术史上均有不俗的表现。

陶真一,康熙年间进士,受官编修,因不乐仕进,乞归。雍正初年,被荐预修明史,稿具,复乞归。据张舜徽先生的考证,陶真一致力于史学校刊,收入《清人文集别录》中的《退庵文集》有同里学友王峻、严衍、陈祖范等诸家评语,由此可以想见当日同里友朋讲学之益,知其闻见博洽。

陈祖范,康熙年间举人,应雍正元年会试,未及殿试而归,遂不复出,历主紫阳、云龙、敬敷、安定诸书院讲席。乾隆十六年,荐举经学,得国子监司业衔。钱大昕称陈祖范之学务求心得,不喜驰骛之说,与古人争胜。张舜徽先生评价为，"今观祖范文辞，简净合厚，知其为人，言必准乎义理，而不坠宋儒头巾习气"①。收入《清人文集别录》中的《陈司业文集》四卷，由其门生顾镇编次，乾隆二十九年刊本。

顾镇，乾隆十九年进士，补国子监助教，迁宗人府主事，后以年老乞归，主讲金台、白鹿、钟山诸书院。顾镇少从陈祖范学游，尤深诗礼。据张舜徽先生的考证，"其诗礼之学，用力深邃，故剖析源流得失，至为明晰"②。收入《清人文集别录》中的《虞东先生文集》八卷为《小石山房丛书》本，编者不详。

二、青州学友

青州，清代属山东省青州府，所辖昌乐、潍县等地，今天山东省潍坊市所辖青州市、昌乐县。山东在清代学人不如江苏、浙江、安徽的数量多，取得的成就也不大，但也有一些同里学人相互切劘，取得了一定成就，阎循观、韩梦周、法坤弘就是一例。

出生于青州昌乐的阎循观，乾隆三十一年进士。授吏部考功司主事，旋告归不出。与同里法坤弘、韩梦周等友善，名气盛于法、韩二人。著述有《尚书读记》一卷、《春秋一得》一卷、《困勉斋私记》四卷，皆入《四库全书》。收入《清人文集别录》中的《西涧草堂文集》四卷为乾隆三十八年刻本。

出生于青州潍县的韩梦周，乾隆二十二年进士，官来安县知县，仅数载而罢，归里后，聚徒讲学程府山中。据张舜徽先生的考证，韩梦周为学"沉潜义理，确守程、朱"，"然其人不立岸崖，不立门户，与法坤弘、彭绍升、汪晋、罗有高友善"③。收入《清人文集别录》中的《理堂文集》十卷《外集》一卷，为道光三年刻本。

法坤弘出生于胶州，胶州清代属于山东莱州府所辖，与青州的潍县相距不远。法坤弘为乾隆六年举人，在韩梦周的《理堂文集》中有其传、墓志铭，撰述甚详，法坤弘"少时为学，既不肯事章句，读诸儒论学书，未厌也。既得阳明传习录，大喜，以为己意所欲出，行事必准古人，与人言，陈意至高"。收入《清人文集别录》中的《学古篇》四卷有《胶

①张舜徽：《清人文集别录》，中华书局，1980年版，第116页。
②同上，第117页。
③同上，第154页。

州同记》一文,张舜徽先生评价为"地理之严格,人事之迁易,叙述井然,简净有法"①。

三、海宁学友

海宁,清代属浙江省杭州府所辖,即今天的海宁市。浙江在清代作为学术重镇,先后诞生一大批学人,在清代学术历史上占据重要位置。海宁周广业、陈鳣、吴骞、钱馥是比较典型的同里学人学问相互切劘,出己之藏书互通有无,共同取得学术成就的事例,成为清代学术史上的佳话。

周广业,乾隆四十八年举人,与陈鳣、吴骞交最密。据张舜徽先生考证,吴骞撰写的《周耕厓孝廉传》,记述其事迹甚详,"广业老于场屋,年五十四,始登贤书,以授徒终其身,且教且学,淹贯群书,当时名流如卢文弨、王鸣盛皆与往复讨论,以著述相质证"②。周广业著述二十余种,其中以《经史避名汇考》四十六卷最为有名,为其三十余年心血结晶,可惜没有刊刻传世。收入《清人文集别录》中的《蓬庐文钞》八卷,为燕京大学图书馆铅印本。

吴骞,海宁诸生,与陈鳣、周广业、黄丕烈等友善。笃嗜典籍,遇善本,倾囊购置,与陈鳣等赏奇析疑,往还无虚日。陈鳣称吴骞筑拜经楼,聚书数十万卷,丹黄甲乙,排列几筵,又有图绘、碑铭、鼎彝、剑戟、弊布、圭璧、印章之属,丹漆、象犀、竹木之器,充润其中,皆辨其名物制度,稽其时代款识,著之谱录。当时海宁"道古楼"与"得树楼"藏书散出,吴骞具收之,并与苏州、杭州诸藏书家互相钞校。每遇善本,虽倾囊亦不惜,藏书不下五万卷。当时苏州黄丕烈藏书以"百宋一廛"称名于世,而浙江则有吴骞以"千元十架"相抗衡。吴骞子吴寿阳及孙吴之淳亦好书,能守祖业,故吴氏拜经楼藏书历时较久。吴骞侄吴醒园、吴昂驹、吴春熙亦为藏书家。吴骞所时尚虽广,但尽心于校书,为最精,与同里学人黄丕列、陈鳣等相近。收入《清人文集别录》中的《愚古文存》十四卷皆为吴骞亲自手定,由陈鳣于嘉庆十二年序,生前刊刻于世,《愚古文存续篇》由其子寿照寿阳所校刻,嘉庆十九年刻本。

---

① 张舜徽:《清人文集别录》,中华书局,1980 年版,第 150 页。
② 同上,第 154 页。

陈鱣，嘉庆三年举于乡，后入京师，与当时学人交游，晚年营果园于紫薇山麓，建构向山阁，藏书十万卷。是与吴骞同时的海宁大藏书家。陈鱣藏书十万卷以上，且多宋元刊本与清代已罕见之本。陈鱣将自己喜爱之书，钤以印章"得此书，费辛苦，后之人，其鉴我"。但陈鱣死后，其书散逸，大半归同邑马瀛，马瀛藏书处称"吟香仙馆"。据张舜徽先生考证，陈鱣"与吴骞所藏，互通有无，往复传抄，而所得益富"，"鱣之学原本经术，宗主郑氏，于论语注、孝经注、六艺论，皆采集遗文，并据本传，参以诸书，排次事实，为年纪，有功郑学为大"①。著述有《经籍跋文》十九篇，为其亲自手定。收入《清人文集别录》中的《简庄缀文》六卷为杭州抱经堂刻本，《续编》二卷为羊复礼刻本。

钱馥，乾隆中笃学之士，不治举业，以教读终其生，与陈鱣、颜元照为友。据张舜徽先生考证，钱馥"沉酣经籍，夜以继旦，校书数十种，研所疑义，多所举正，同时如段玉裁、卢文弨皆深服之"，"凡所著述，皆未成书，其门人邵书稼辑其遗文，及书头纸尾条记之语，汇存之，裒为是稿"，"是稿至光绪二十一年始有刻本，由其族曾孙保塘校刊于世，改名《小学庵遗书》"②。

四、震泽三张

震泽，清代属江苏省苏州府所辖，今天的江苏省平望地区。震泽三张为张士元、张履、张海珊，他们生同里闬，而皆以学问文章为事，当时有三张之目，为清人同里乡邦以学问相切劘取得成就的典型案例。

张士元，乾隆五十三年举人，七应礼部不试，归老湖滨。据张舜徽先生考证，"士元肆心力于古文辞，而孤介有守，为乡里所矜式，海珊与之书有曰：以先生之高文清节，然如子云之有侯笆，昌黎之有湜、藉，可望以付托文字者，度尚未有其人，如珊者不知可与其列否？盖士元于二张年辈为最长，二张固已严事之矣"③。收入《清人文集别录》中的《嘉树山房文集》二十卷、《外集》二卷、《续集》二卷，为嘉庆二十四年刻本。

张海珊，从汤今钊学，道光元年乡试第一，迨榜发，张海珊已经因

①张舜徽：《清人文集别录》，中华书局，1980 年版，第 275 页。
②同上，第 276 页。
③同上，第 405 页。

暴病卒,汤今钊痛惜之,为之撰《张解元别传》,称其博览群书,而深造有得,其学以程朱为归。据张舜徽先生考证,张海珊与张履相交最密,相与唱和于空山老屋之中。张履从张海珊考德问业,以师礼事之唯谨,所撰《张铁甫(张海珊之字)先生行状》,末属弟子张履谨状,于海珊学行,推服备至,张履与张海珊游处相好日久,闻见亲切,而所言如此①。收入《清人文集别录》中的《小安乐窝文集》四卷,为道光十一年刻本。

张履,嘉庆二十一年举人,官句容县训导。《清史稿》云:"履,海珊门人也。传海珊之学,尤精三礼。其仪礼之文,皆犁然有当,非徒训诂名物者"②。所著文集《积石文稿》十八卷,其中有汤尚纪所撰张履行状,称其著书,有《宗法通考》、《丧礼辨误》、《容山教事录》、《课经偶记》等诸种。平生致力,盖以治礼为最精。在学问研究方面,据张舜徽考证,"尝自言向时不知所以为学,后乃即以所欲著书为本,俾散见之说,有所归者,间为说经文,凡前人之说之同异乎我者,随时抄录,或注入文中,或附录于文后,以为之印证,其他非性所近,或系专门之业,必皆毕生之力而后精者,弗敢及也。"收入《清人文集别录》中的《积石文稿》十八卷为光绪二十年刻本③。

由上述记载可知,震泽三张中,张士元年纪最长,张海珊学问最强,其中张履与张海珊相交最密,并以师相称。张海珊为张士元撰述行状,张履为张海珊撰述行状。治学皆宗程、朱理学,而张履由理学之中专注丧礼之学,成就显著。

五、湘籍学人

湘学崛起于咸丰道光年间,一大批湖南藉学子从政为学,均有不凡的表现。其后所以倍受瞩目,部分源于该时期湘军在平定太平天国之乱中的卓越表现。但从清代学术史的角度评价,却是先有湘学,而后有湘军。其中最著名的当属曾国藩、周寿昌、刘镕、郭嵩焘、欧阳兆熊等学人。

曾国藩,道光十八年进士,由翰林五转至礼部侍郎,官至武英殿大

---

①张舜徽:《清人文集别录》,中华书局,1980 年版,第 406 页。
②《清史稿》44 册,中华书局,2003 年版,第 13404 页。
③张舜徽:《清人文集别录》,中华书局,1980 年版,第 407 页。

学士,两江总督。曾国藩在京城期间是默默无闻的,只有沿着同里乡邦的交往路径,如湘籍前辈唐鉴、邵懿臣等在理学方面的教诲,在曾国藩日记中均有明确记载:

> 饭后走……邵蕙西处,谈及理学,邵言刘戢山先生书,多看恐不免有流弊,不如看薛文清公(瑄)、陆清献公(陇其)、张文瑞公诸集,最为醇正。
>
> 又至唐镜海先生处,问检身之要、读书之法。先生言当以《朱子全集》为宗。时余新买此书,问及,因道此书最宜熟读,即以为课程,身体力行,不宜视为浏览之书。又言治经宜专一经,一经果能通,则诸经可旁及……听之,昭然若发蒙也。
>
> 吾乡善化唐先生,三十而志洛、闽之学,特立独行,诟讥而不悔。岁庚子,以方伯内召,为太常卿。吾党之士三数人者,日就而考德问业。虽以国藩之不才,亦且为义理所薰蒸,而确然知大闲之不可逾。①

据张舜徽先生对收入《清人文集别录》中的《曾文正公文集》(四卷)《书札》(三十二卷)的研究,曾国藩对于湘学的功勋在于对湖南藉学人的奖掖推举,“国藩于咸丰初,以在藉侍郎帮办湖南团练,与义军战,在兵中十三年,积功取侯封赏,若李鸿章、左宗棠之流,皆用曾国藩为擢,以藉通显,其他或从末弁及书生,赖曾国藩奖拔,资战守而取膴仕者,尤不可胜数”。曾国藩本人学业建树不多,张舜徽先生评价十分恰当,“曾国藩以服官戎之日久,于经史实学,率无专诣,其一生得力之处,终在文辞。虽尝自谓文章之事,由姚先生启之,然平日持论,并不规距于桐城矩矱”,“其幕僚若黎汝昌、张裕钊、吴汝伦、薛福成,皆相从以问文章为事”②。

周寿昌,道光二十五年进士,比曾国藩稍晚,由翰林官至内阁学士,兼礼部侍郎。据张舜徽先生考证,周寿昌“学精乙部,著有《汉书校注补》,《后汉书补正》,《三国志证遗》,《五代史纂误补续》诸书,甚精博,一生于班书诵习尤熟,手自丹黄,书眉行间,批注殆遍。每写一册,

---

① 转引自余英时:《士与中国文化》,上海人民出版社,2003 年版,第 585—584 页。
② 张舜徽:《清人文集别录》,中华书局,1980 年版,第 498—499 页。

改纂无遗纸,再写复然。异稿十有七次矣,而始成书,见者无不服其功力之勤"①。其后周寿昌之侄女婿王先谦,继承他的汉书之学,著有《汉书补注》、《后汉书集解》,皆是增益周寿昌之说而成者。收入《清人文集别录》中的《思忆堂集》十九卷为王先谦收集周寿昌的遗文裒辑而成,光绪十四年刻本。

刘镕,与曾国藩、罗泽南均为湘乡人,张舜徽先生论为其"生同里闬而友善,又交湘阴郭嵩焘,以学问相砥砺"②。刘镕以诸生从军,与太平军敌,官至陕西巡抚,事迹详嵩焘所撰墓志铭。收入《清人文集别录》中的《养晦堂文集》十卷为光绪三年思贤讲舍刻本。

郭嵩焘,湖南湘阴人,道光二十七年进士,比周寿昌、曾国藩稍晚入仕,官至兵部侍郎,尝出使英法,协助张之洞经营卢汉铁路。据张舜徽先生考证,郭嵩焘为学,以宋儒义理植其基,进而讲求经世致用,在清末以熟悉洋务名于时。收入《清人文集别录》中的《养知书屋文集》二十八卷,为光绪十八年刻本,集中文字,多与晚清内政外交大有关系,对于考论近百年内史实者,具有重要价值。

欧阳兆熊,湖南湘潭人,与曾国藩、左宗棠、胡林翼、郭嵩焘论交,而与邹汉勋、吴敏树最密。在曾国藩文集中,收有《欧阳生文集序》,叙述欧阳兆熊学旨甚详。欧阳兆熊曾历经十年著述《兵要辑览》一百二十卷,被胡林翼索观,迨胡林翼卒后取归,散失过半。收入《清人文集别录》中的是《寥天一斋文稿》一卷,光绪二十三年刻本。

湖南藉学人,大体同时期取得功名,如曾国藩为道光十八年进士,周寿昌为道光二十五年进士,郭嵩焘为道光二十七年进士。而其中刘镕与曾国藩、罗泽南为同乡,"生同里闬而友善",欧阳兆熊更是与湘军统帅之一胡林翼以学问相交游。因此,湖南藉学人同里乡邦在政治上互相提携大于学问上的相互切劘。

六、黄岩学友

黄岩,清代属浙江省台州府所辖,即今天的台州黄岩区。浙江在明末清初曾经人才辈出,而黄岩王芬、王咏霓、张睿、王舟瑶、喻长霖等

---

① 张舜徽:《清人文集别录》,中华书局,1980年版,第449页。
② 同上,第500页。

黄岩学人同里切劘,在学术上取得不俗的成就,为浙江学人在清末添上浓墨重彩的一笔。

王芬,同治六年举人,历主清献、东山、九峰诸书院,以教学著述终其生,为著名的编辑家。王芬的外甥喻长霖,曾综记王芬一生所著《玩芳草堂丛书》,凡经类五部、史类十五部、子类四部、集类五部,共二十九部七百三十四卷,述造之富,罕可比伦。王芬还曾留意乡邦文献,尝衰辑台州先哲自晋以来文献约三百三十七人,成《台学统》一百卷。王芬与王舟瑶相交最密,曾有学术切劘。收入《清人文集别录》中的《柔桥文钞》十六卷,皆为王芬亲自手定,后由王舟瑶、喻长霖所选缉者,为1914 年铅印本。

王咏霓,光绪六年进士,与王芬齐名,世人并称"二王"。据张舜徽先生考证,王咏霓以才华胜,朴学非其所长。收入《清人文集别录》中的《函雅堂集》四十卷,有书跋序言,表明其早岁治学,具有根底。惜其后即登仕途,又复出使外洋,扰于人事,不克专精所学,故所造未能遂密耳。

张睿,光绪十一年优贡生,应朝考,以知县分发山东候补,后归主九峰书院讲席,从游者甚众,与王芬、王咏霓同负乡里盛望。收入《清人文集别录》中的《镕经室集》中有张睿弟子王舟瑶之序,称张睿"尤善说经,学有师法,好汲引后进,故其弟子视二王为尤盛"①。《镕经室集》为张睿之子衰辑,1916 年铅印本。

王舟瑶,光绪十五年举人。王舟瑶早岁游历四方,历主名公卿,助之校士,后乃襄办学务。张百熙为管学大臣,曾聘王舟瑶为京师大学堂经学教习,后任两广师范学堂监督,官至广东候补道。据张舜徽先生考证,舟瑶少时肆业诂经精舍,从俞樾游。学术甚醇,文笔亦雅饬畅达,非时流所及。其学独守宋学义理,然亦不废汉儒诂训,于郑君、朱子,同时倾服。收入《清人文集别录》中的《默庵集》十卷为1913 年铅印本。

喻长霖,光绪二十一年一甲二名进士,授翰林院编修。喻长霖为王芬之外甥,其经学出于王芬。然喻长霖处于清末变法之际,亦讲求新政,后出游日本,考察日本教育,归后襄办晚清学务多年。收入《清人文集别录》中的《惺謕宅初稿》十卷为宣统三年铅印本。

---

① 张舜徽:《清人文集别录》,中华书局,1980 年版,第 598 页。

本节共例举了同里乡邦之间学术切劘、互相奖掖提携的案例共6例23人,这些同里学人学术上各有专攻,生活历程不同,有的获取功名顺利入仕,有的以教职终身,有的游学京师后归故里,在多家书院主讲教席,但都是沿着同里乡邦的社会交往圈子进行学术活动,互相切劘,互相奖掖,共同取得学术创新。有的甚至互为师友,如常熟学友中的陈祖范、顾镇、王应奎三人,顾镇师从陈祖范,王应奎师从顾镇。有的学术方向一致,呈现一个学术梯队,如山东青州学友阎循观、韩梦周、法坤弘等共同以朴学为治学方向,其中阎循观治春秋,法坤弘长于青州地理,韩梦周朴学与宋儒义理兼收。有的学术研究在图书文献上互通有无,往复传抄,学业益富,如江苏海宁周广业、陈鳣、吴骞三人共为清代著名藏书家,钱馥为著名校勘学者,他们不私其所藏,而是互通有无,其在文献学上的贡献成为清代学术历史上的佳话。有的同里学人在政治上互相提携,如湖南学人曾国藩、周寿昌、刘镕、郭嵩焘、欧阳兆熊等,伴随着政治地位的崛起而在清代学术史上取得湘学的立足之地。有的同里学人热心乡邦文献的编辑而共同取得盛名,如浙江黄岩王芬编辑黄岩学人文献《台学统》一百卷,其外甥喻长霖继承其所学,经世致用,襄办晚清教务。王舟瑶师从王咏霓、张睿,专治朴学。他们作为浙江学人,共同活跃在清代末期的学术舞台上。

本章三节,分别举例分析了清人学术活动宗族化的三个主要特征,一是子承父业,二是兄弟相继,三是同里乡邦。其中三个大类中各有交叉,子承父业中含有兄弟相继的事例,兄弟相继中也是继承父祖之家学为源头,而同里乡邦的学术研究活动,主要以父子兄弟的宗族为圆心通过师业授受关系外延至同一居住地区的异姓邻里。子承父业一类考察了9例56人,涉及12个宗族及其亲属;兄弟相继一类考察了9例23人,同里乡邦考察了6例23人,范围遍及浙江、安徽、湖南、江苏、河北、山东等省份。从时间跨度上,扬州宝应刘氏宗族和仪征刘氏宗族,由刘台拱到刘师培,基本涵盖了清初至清末268年的学术变迁历程。对于上述三类中提到的学人,本书只是借助张舜徽先生《清人文集别录》的研究成果,列举了有文集存世的一小部分。而本人在查阅《清史稿》、《清史列传》、《清代七百名人传》中,还发现了大量的属于宗族化学术活动的事例。

可以断定,学术活动的宗族化是清代三百年学术演变发展的一个基本特征。由于学术研究是沿着子承父业、兄弟相继、同里乡邦的时间和空间范围展开的,因此,学术活动的标志——图书编撰、著述、刊刻等文化活动,就顺理成章体现宗族化性质。在上述三节中总共涉及到的清代学人有 102 人,具有一定的代表性,在学术活动沿着子承父业、兄弟相继、同里乡邦的时间和空间展开的过程中,图书著述、编撰、刊刻成为宗族成员的主要活动。整个有清一代学术活动中,父、子、孙几代人共治一经、共写一书,子为父、为先祖、侄为叔、外甥为舅父、女婿为岳父、弟为兄、兄为弟等编撰、整理、刊刻文集等文化出版活动可谓极为普遍;同里乡邦,为百年学人刊刻文集著述,传播学术理念、文化思想,甚至共守一个治学风格,在清代更为突出。

在清人学术活动宗族化的三个特征分析过程中,让人看到:传统中国的基本社会结构单元——宗族、家族是如何在文化活动中发挥组织作用的,它维系着学术思想、风格、流派传承、传播以及学术活动最重要的标志——图书的编辑、刊刻的实现。这是一股比政治、经济更为悠长的力量,对它的重新回顾,或者更为客观清晰的认识和把握,对现代中国的学术研究及其学术出版,具有多方面的启示意义。

第五章　清人学术著述出版、传播与学术活动宗族化

第一节　学术活动宗族化的再认识

本书第四章以大量的笔墨考察了清代学术活动的宗族化特征,并指出了这种特征与图书出版活动之间存在着互为因果、相互适应的文化生态关系。那么,学术研究的宗族化道路,给中国学术出版带来的影响是正向还是负向的? 如何认识和评估宗族化?

这的确是一个富有挑战性的课题,以本人的学识和积累确实不足以论述清楚,但这又是本书一个绕不开的话题,本书尝试着探讨之。

美国著名社会学家 R 柯林斯(Randall Collins)在《哲学的社会学——一种全球的学术变迁理论》一书中,以聚焦学术网络的方法,考察了中国、印度、日本、希腊、伊斯兰世界、中世纪基督教世界和现代欧洲世界的历代著名思想家,考察他们之间代代相传的观点之间的社会联系。对本书最有启发的是柯林斯的学术共同体概念,他认为,"在相当大的程度上说,哲学的历史就是群体的历史,这里说的不是任何抽象的东西——而是朋友群体、讨论小组、同仁圈,它们通常都具有社会活动的特征","还有一种创造模式就是代际间的网络,即优秀的老师与学生形成的链条",即朋友、师生、同仁和同时代的竞争对手,构成学术共同体。这种共同体以讲演、争论、论证的方式,或者依托超越情境的对话,连接过去和未来的文本。正是对这一共同活动的深层认识,把知识分子结合为一个仪式共同体。柯林斯甚至将这种互动仪式等同于涂尔干的宗教仪式。互动仪式有如下几个因素构成:

一是至少有两个人的群体自然而然地聚集在一起;二是他们关注相同的客体和行为,每一个都意识到有一个相同的关注焦点;三是他们有共同的心态或情感;四是共同的关注焦点和共同的心态渐渐强

化;五是每个参与者都觉得自己是群体中的一员,他们的关系被互动仪式期间关注的东西所象征化,象征符号被赋予了一定的社会意义;六是参与互动仪式的个体被赋予了情感能量,互动仪式像电池一样给个体以能量,即便是个体在群体之外,也能激发对于仪式所创造的符号目标的热情①。

仔细梳理柯林斯所例举的六个学术共同体特征,都是在论证学术共同体共同建构的基础,即相互之间具有共性的地方。与中国的宗族化学术研究相比,任何一点都无法与宗族成员之间所具有的交往、感情和密切联系程度相提并论。中国的宗族成员,以父系血缘为轴心外延至直系五服,建立在共同的政治、经济目标之上,自然会有共同的心态和情感。在以宗族为主体的私塾教育中成长起来的宗族成员自然在兴趣、个性与学术关注点上也大体一致。不仅血缘五服直系亲属如此,就是同一个姓氏所具有的情感力量、同一个地理居住空间的异姓邻里的认同,也早已超出柯林斯所例举的宗教仪式赋予每个个体的情感能量。也就是说,依托宗族有意识组建或者自然形成的学术团体,比柯林斯所阐述的建立在宗教仪式基础上的学术共同体具有更加坚固的基础。以宗族为单元建构社会的结构和秩序,这是中国传统社会和西方、印度、伊斯兰教世界最大的不同,只有从宗族、家族的视角去考察中国的政治、经济、文化,才能得到满意的结论。

那么,宗族化的学术研究,既然有如此坚固的一致性,在宗族共同体的内部,是如何解决学术思想的创新问题的? 这也正是本书要着力阐述的关键点。

柯林斯运用学术共同体的视角,发现德国唯心主义最重要的著作都出版于1781—1819年之间(1781年康德的《纯粹理性批判》出版,1819年叔本华的《世界作为意志和表象》出版),这38年时间,相当于一代人的时间跨度。同时还有一个社会核心群体,从费希特、谢林到黑格尔,后两位曾同住一室。他们都是图宾根大学的学生,费希特是领头人。后来费希特移居柏林,与施莱尔马赫、洪堡联合创立了一所新型的大学;黑格尔也来到柏林,创立了自己的学派,与叔本华一争高下。其中,费希特还与离群索居的康德保持着个人的联系。

①[美]柯林斯:《哲学的社会学——一种全球的学术变迁理论》,新华出版社,2004年版,第5—9页。

柯林斯还引用了中国学术的例子证明学术共同体既有内在的运动结构，又处于深层的社会因果关系中。宋代理学活跃在公元1040—1100年间，其中著名的是程颢和程颐兄弟，他们的老师周敦颐，表叔张载，邻居邵雍，二程是宋代学术共同体的核心，到了第四代朱熹和陆九渊才给予宋代理学以经典化阐述①。

我们发现，柯林斯力图找出代际学者之间的联系，从而阐明这样一个观点：知识分子的创造不是随意的，而是建立在代际链条之上的。这一点，中国学术研究的队伍中具有许多史事可资证明，思想的创新必须建立在前人的学术积累之上，积累是思想创新的第一步，而宗族化的学术研究团队，可以说就是按照最方便、最有益于积累的继承和掌握而设计的学术结构。

关键的是，宗族化学术研究团队，是如何解决创新领域和创新程度问题的。柯林斯认为，有一个基本的原则，那就是创造性的知识分子一般都是内向的，理论的创新不是在群体情景下作出的，而是需要独处的工作环境。创新取决于学术共同体之间的差异程度，基于共同体基础上的"这些冲突——立场之间的种种差异——无疑是知识分子最宝贵的财富"，"学术群体、师生链条、同时代的竞争对手，是他们共同构成了结构性的力场，学术创新就是在这里发生的。还有，从这些社会结构到个体心灵的内心经验存在着一条曲折的幽径。甚至当个体一人独处的时候，群体也会在意识中呈现：因为个体作为具有历史意义的思想创造者，只有当他或她一人独处的时候，这种学术共同体才是至关重要的。人的意识，特定个体的思维训练，都是由出于社会交往链条中的个人经历建构的"②。柯林斯将学术共同体的思想、观念的影响和认识内化为每个个体独处时的思想沉思，认为这样就能够产生学术思想的巨大创新，显然太过牵强。随后他又借用了心理学的研究成果，创造力和情感能量，来描述学术创新的出现。"有创造力的个人对于发表自己的意见有极其强烈的欲望"，"获得大量的文化资本，并以最快的速度将其转化，把他重新结合为新的文化思想和发现，这使得创新成为一个平凡的活动，成为运用文化资本的情感能量"。这里暗含着文化教育及其个体差异对学术思想创新的影响作用，这就

---

① ［美］柯林斯：《哲学的社会学——一种全球的学术变迁理论》，新华出版社，2004年版，第5—7页。
② 同上，第9页。

等于在学术共同体的结构之内,没有找到创新的支撑点,因此可以说,柯林斯的学术共同体是混杂着涂尔干的宗教仪式与若干心理学解释的混合体,它只能给人以思想的启迪,而无法对清人宗族化学术研究所以取得学术创新给予满意的解释。

本书认为,以清人学术研究活动的宗族化特征来看,宗族本身是这样一个以血缘联系构成的经济、政治共同体,而同时又呈现一个学术共同体的特征。它在思想的积累继承、文化教育方面,都满足柯林斯的宗教仪式互动的六个因素要求。甚至可以说,这种宗族学术共同体,是以学术思想的代代继承和完整传递为目标进行的结构设计,因此,它很好地解决了一代代文化思想、学术研究的纵向传递问题,中国传统文化之所以能够得以几千年延续不断,就因为它所依托的是以血缘绵延的宗族传承,只要宗族内的人还在,这种思想文化就能够得以留存。同时在这种继承的过程中,就孕育着学术创新。因此可以说,宗族化的学术团体创新即来源于结构之内的继承过程,继承为思想创新提供了最好的思想平台。

学术研究是以创新为生命的一种精神创造活动,没有创新就等于没有学术研究,思想活动是以寻求对以往思想的差异和对立为特征的,这种差异可能是进一步完善、进一步阐发,也可能是推倒重来,但一定是与已有思想的差异和不同,才能够产生新思想、新的学术成果。不管产生这种差异的对象是自己的父亲、祖父、兄弟,还是老师、同里乡亲,只有与之不同,才能使自己生存。"对于知识生命来说,没有特色就意味着不存在,要存在就得有区别,也就是说,占据特定的、与众不同的位置。求特色,这是知识事业的根本利益所在。"[1]特色与创新,这是学术的生存逻辑。对于学术研究来讲,不存在没有创新的继承,也不可能存在没有继承的创新,对于学术研究的这个结论,中外学者的意见是一致的。

从本书第四章一至三节清人学术活动的具体事例来看,12 个家族共 102 人,学术成就大小不一,但凡是取得一定学术影响的人有一个共同的特征就是继承的广泛性,它体现清人学术交游活动的频繁,学术交往圈子的大小,是决定学术创新程度的一个重要因素。

———————————

①徐贲:《布迪厄的科学知识分子和知识政治》,收于陶东风、金元浦、高丙中主编,《文化研究》第 4 辑,中央编译出版社,2003 年,第 32 页。

　　以戴震为例，如果不是在1755年躲避乡里豪族的陷害来到京城，就不能与当时的一流学者王鸣盛、钱大昕、纪晓岚、朱筠等交往，而这些人学者兼高官的身份无疑又使戴震在学术视野、社会声望等多方面得到提高。下面这段文字记载了戴震在京城学界崛起的过程："盖先生是年讼其族子豪者侵占祖坟，族豪倚财结交县令，令欲文治先生罪，乃脱身挟策入都，行李衣服无有也。羁旅于歙县会馆，饘粥或不继，而歌声出金石。是时纪太史昀、王太史鸣盛、钱太史大昕、王中翰昶、朱太史筠，俱甲戌进士，以学问名一时，耳先生名，往访之，扣其学，听其言，观其书，莫不击节叹赏，于是声重京师，名公卿争相交焉。金匮秦文恭公闻其善步算，即日命驾，延主其邸，朝夕讲论《五礼通考》……"①年谱中文字有一定的夸饰成分，戴震的学识不是一下子就达到相当高的水准，而是在来到京城后，受到一些学者的推荐，与一大批当时的顶尖学者进行学术沟通、思想碰撞，才取得了一系列学术突破。1757年由京城再到扬州客居，戴震结识了经学大师惠栋，二人交相推重，同时此时段玉裁、王念孙、孔广森、王引之等一些较有名气的学人都成为他的弟子。尤其是与当时安徽新安学者程瑶田、金榜、凌廷堪等的交往，"往来山间，卒以经世文章相滤互，号称极盛"。1773年，"上开四库馆，于文襄公以纪文达公、裘文达公之言，荐先生于上，上素知有戴震者，故以举人特召，旷典也。奉召充纂修官，仲秋至京师"。戴震主持《四库全书》的纂修后，更奠定了他的学术地位。总之，从休宁到京城再到扬州，三个不同圈子的学术交往，使戴震逐步成为一代大师。

　　此外，黄宗羲、黄百家父子兄弟的学术成就，也完全得益于黄氏家族内部与外部形成的浙东学术圈子，或者说以黄氏家族为核心，形成了一个不断扩大的浙东学术共同体。第四章第一节提到的黄宗羲、黄宗会、黄宗炎兄弟，幼年时都受到了其父的教诲，并时常得到东林党人的耳提面命，在宗族内部就有一个学术圈子。成年之后，在家族之外，还与万氏家族形成了学术交游的圈子，圈子成员今天可考的有三十人之多，主要以讲学、谈论诗文为主，按照全祖望的记载："乙巳之春，甬上诸子始执贽于姚江黄氏之门，时同行者陈夔献、张旦复汝翼、冯尽仲、陈非园紫芝、范国雯光阳、陈介眉锡嘏、董在中允瑶、董二嘉允珂、

---

①徽学研究资料缉刊：《清代徽人年谱合刊》，黄山书社，2006年版，第273页。

董巽子道全、陈小同自舜、董俟真允玮、郑禹梅梁、万公择斯选、万充宗斯大、董吴仲允磷、仇石涛云蛟、万贞一言、仇苍柱兆鳌、王文三之坪、万季野斯同、张天因士培、张心友士埙、张梅先九英、李锡衮开、张壁荐九林、陈和仲寅仲、钱汉臣鲁恭,凡二十七人。后又益以高揆采宇量、黄旦锡道晖……一时束修之彦皆萃矣"①。这些人,有的是黄宗羲的弟子,有的是其朋友,有的是老师,学术与诗文创作相辅相成,文学史上称之为"梨州诗派",但更多的是一个学术共同体,因此才使黄宗羲成就为王学的一大继承者和发扬光大者,清一代王学的后续学人,都视黄宗羲为开山之祖。

此外,嘉定九钱、吴氏三惠、桐城姚氏宗族、宝应刘氏宗族、仪征刘氏宗族,都存在着这样一个以宗族成员、亲属、同里师生、师友之间的学术共同体,这些成员之间的学术砥砺、切劘过程,就是学术创新过程,圈子的范围越大,学术砥砺、切劘的对象就越多,学术成就就越高。

顾炎武的经学造诣被后世所公认,钱穆、梁启超都把顾炎武作为清代学术历史的开山之人,尤其是梁启超,专门为顾炎武列了"亭林学友表",人数达 36 人,几乎涵盖了最著名的清初学者。"亭林既老寿,且足迹遍天下,虽不讲学,然一时贤士大夫,乐从之游。观其所学与交接者,而当时学者社会之面影略可睹焉。今钩辑本集,参以他书,造此表。其人无关学术者不录,弟子及后辈附见"②。亭林学友表简要叙述了顾炎武与这些学人的交往的出处,以及学术交往史事。他们分别是:归庄、万寿祺、路泽溥、潘柽樟、吴炎、贾必选、王潢、任唐臣、张尔歧、徐夜、马骕、刘孔怀、傅山、李因笃、王宏撰、李隅、申涵光、孙奇逢、朱彝尊、屈大均、颜光敏、张弨、王锡阐、吴志伊、阎若璩、杨瑀、钱澄之、戴廷栻、戴笠、黄宗羲、汤斌、朱鹤龄、陈芳绩、潘耒、徐乾学、徐远文等36 人。

再从单项学术研究成果来看,如清代学人对《尚书》的研究,更充分体现了学术成果的继承性,而这种继承首先从宗族血缘成员、师生授受和同里乡邦开始。惠栋对古文尚书的考证早于阎若璩,并在 1743年刊印《古文尚书考》,阎若璩在 1745 年刊印《古文尚书疏证》,影响大于惠栋。但惠栋的门生江声沿着《古文尚书考》未考察的问题,1773

---

① 张仲谋:《清代文化与浙派诗》,东方出版社,1997 年版,第 81 页。
② 梁启超:《中国近三百年学术史》,上海三联书店,2006 年版,第 60—63 页。

年刊印《尚书集注音疏》，力图恢复《尚书》本来的章节顺序。史学家王鸣盛运用西汉史料，接受郑玄经说，于1779年完成《尚书后案》，使东汉经学研究转向西汉经学研究。段玉裁从1788年开始，纠正江声、王鸣盛两人的一些结论，仔细考订发现《尚书》原有今古文两派，并于1791年刊刻《古文尚书撰异》。孙星衍在阎若璩、惠栋、江声、王鸣盛、段玉裁等人的基础上，从1794年开始，把十八世纪的《古文尚书》研究发展到一个新的高度，1815年刊刻《尚书今古文注疏》。此后学者陈寿祺又把对《尚书》的研究推回到西汉经学的起点上，他在1800年完成《尚书大传定本》，试图恢复今文注《尚书大传》的原貌，陈寿祺之子陈乔枞（1809—1869）在其父基础上著述完成《今文尚书遗书考》。1829年，刘逢禄完成《尚书今古文集注》，他在外祖父庄存与的指导下，开始强调今文尚书的可信性，以取代段玉裁、孙星衍墨守古文尚书的风气，使今文经学考证迈开阐发儒家经典的第一步。刘逢禄的门生魏源，在刘逢禄开创的学术路径上，在1855年完成《书古微》，进一步推动《尚书》真伪辨的研究，并开始对《公羊传》、《春秋繁露》等经典进行阐发。邵懿辰（1810—1861）也参与了这场讨论，他于1860年刊刻著述《尚书通义》，确定《古文尚书》的通行本非伪造，但由于伪造说已被阎若璩、惠东等人证实，结论缺乏说服力①。

　　从惠栋、阎若璩到魏源、邵懿辰，历经一百多年，尚书研究沿着继承、创新、再继承、再创新这样一个轨迹不断发展，而在继承与创新的过程中，父子相继、师生授受等宗族化交往空间起着重要的组织推动作用。

　　总之，清人宗族化的学术活动事例表明，人文社会科学领域的学术创新，是在对历史以往学术成果的继承过程中产生的，学术共同体的圈子越大，意味着对已有思想、成就吸收继承的愈多愈广泛，一个人取得的学术成就有可能越大，这一史事验证了柯林斯对创新的定义："那使某一文化资本胜出其他文化资本的东西是什么？在最起码的层面上，是对所在领域的基本词汇、它的概念、它过去的成功、它最有名的神圣客体的认识。""知识的创新来源于对以前学术成果的综合。论文中的参考书目便是他利用的文化资本的粗略提示。德里克·莱普

---

① 详见艾尔曼的《从理学到朴学——晚清中国思想面面观》，江苏人民出版社，1995年版，143—146页。

斯统计了当代自然科学中的引用模式,平均 12 种母文本(parent pa-pers)才能产生一种子文本(offspring paper)。"①

清人学术宗族化的子承父业、兄弟相继、同里乡邦三节中,例举了102 个学人的事例,清楚地证明了这样一个结论:创新是学术研究的生命逻辑,学术共同体的圈子愈大,创新出现的可能性就愈大;学术交往的成员愈多,学术成果的创新水平就愈高。学术成果只存在创新程度上的差异,不存在没有创新的学术成果。学术研究的过程,就是汲取前人学术成就的过程,继承的过程就孕育着创新。

在一个学术共同体内,个体之间有着差异,差异来源于教育水平、个体习性等不同,这也影响着学术、文化的承继水平,使学术成就大小不一。这方面,由于与本书主题较远,故不做探讨。

第二节   学术活动宗族化的图书文本价值

在学术交往过程中,学术思想的传播是一个重要方面。没有学术思想传播,就不成其为学术继承,就没有学术创新。而传播的载体就是学者的图书文本。中国传统学术研究在 1860 年之前,图书是学者传播思想的唯一载体,报纸杂志介入学术思想传播是在戊戌变法之后。因此,在相当长的历史时期,学术研究、思想交流是以依靠著述书写图书进行传播为主,而其中对以往思想的继承过程完全是依托图书文献进行的。因此图书在学术共同体交往中获得了久远的中心地位。甚至著述、编撰、刊刻图书文集等文化出版活动本身,就是一种学术研究活动。"书写是有关远方的重大象征,所谓远方不仅指扩张距离,而首先是指持续、未来和追求永恒的意志。说话和听话只发生在近处和现在,但通过文字则一个人可以向他从来没见过的人,甚至还没有生出来的人说话,一个人的声音在他死后数世纪还可以被人听到。"②因此,图书被赋予了不同寻常的意义和内涵,尤其是在宗族化的学术活动中,图书文本获得了一种标志、象征的地位,在某种程度上甚至被神化。

①[美]R·柯林斯:《哲学的社会学———种全球的学术变迁理论》,新华出版社,第 2004 年版,第 20 页。
②[德]斯宾格勒:《西方的没落》,黑龙江教育出版社,1988 年版,第 280 页。

R·柯林斯仔细分析了在学术共同体内,图书等文本传播在这个共同体的中心位置。他认为,学术共同体的出现是与公共写作体系的形成同步出现的,而且"文字能使一个人超越当下的在场;它是抽象和普遍化的开端,知识分子作为专一的热衷于写作的共同体——他们以生产和传播文本为生——只能随着文本传播结构而存在。他们理想的真理和智慧便是这一结构核心的神圣客体"。以中国几千年图书文化的发展历史看,图书文本确实是学术共同体的一个客观、外在的标志性客体,它是共同体成员理想与智慧的结晶,在共同体成员的心目中,它是有限人生的无限寄托,在此意义上,图书被神圣化,图书因此成为中国传统知识阶层"立言不朽"人生理念的实现基础。

柯林斯进一步应用涂尔干的宗教仪式概念,认为"当下的学术事件——讲演、争论、讨论——的发生总有过去的文本的明确背景作为参照,不论是以后者为基础还是对后者的批判。知识分子对他们的前辈有着特别的意识。而他们自己的学术生产是直接指向不可见的受众的。甚至当他们直接面对某一群体——可能是私人的学生、信徒或同仁——发表讲演时,其信息总潜在的构成为持续链条的一部分,它在将来将进一步被重复、讨论、论证","核心在于特殊的言说行动:超越情景的对话的进行,连接过去和未来的文本。正是对这一共同活动的深层意识,把知识分子结合为一个仪式共同体"①。柯林斯把讲演、争论、讨论等当下的活动作为宗教仪式中面对面的仪式,而写作、著述等文本作为宗教仪式中的圣物,一种能够引起尊崇力量的象征物,直接就把图书等文本活动神器化、神圣化,并得到学术共同体成员的礼拜。柯林斯直接照搬涂尔干的宗教仪式概念阐释学术研究,在某些方面显得牵强,但对理解立言不朽思想在中国传统知识阶层中的影响,尤其是以宗族化为特征的清人学术活动,确实非常富有启发性。

梁启超在《中国近三百年学术史》中,谈到无锡学者顾祖禹(1631—1692),"他平生著述,只有一部《读史方舆纪要》,从二十九岁做起,一日都不歇息,到五十岁做成。然而就这一部书已足令这个人永远不朽了。这书自序中述他父亲临终的话,说道:及余之身而四海陆沉,九州鼎沸……嗟乎! 园陵宫阙,城郭山河,俨然在望,而十五国

---

① [美]R·柯林斯:《哲学的社会学——一种全球变迁的学术理论》,新华出版社,2004年版,第14—15页。

之幅员,三百年之图籍,泯焉沦没,文献莫徵,能无悼叹乎? 余死,汝其
志之"①。顾祖禹用一生时间续承父命,完成这部一百三十卷,几百万
言的地理与军事、政治、经济相结合的大书,被魏禧评为"数千百年绝
无仅有之作"。一部书使顾祖禹父子两代青史留名,足以证明文本传
播超越时间空间的恒久力量。

对图书文本传播价值的认同,在本书第四章一至三节中所例举的
102 个清代学人中,十分普遍。黄氏三代续写《宋元学案》是一例,由
黄宗羲发凡,完成十七章,后黄百家续补完成,后又经全祖望修订刊刻
于世,历经半个世纪。又如《黄宗羲年谱》的撰写刊刻,在黄宗羲没后,
黄氏族人多次希望编撰《黄宗羲年谱》,如黄犀圭,为黄宗羲五世孙,因
故未能如愿,至黄宗羲七世孙黄直厚、黄炳垕兄弟,才开始着手。黄直
厚身染重病,黄炳垕成其志,抱着"先德之绵远,家学之渊源,恒以不能
记述为终身忧","况没且百余十年,未有年谱,后人之咎奚辞焉"②,历
经三十余年,在同治十二年(1873 年)定稿刊行,后又经黄炳垕之子黄
维翰的补充,在 1892 年再次补刊,一部年谱的写就,黄氏宗族用了七
代人的努力才得以实现。再如宝应刘氏二代续写《论语正义》,刘宝楠
(1791—1855),与其兄刘宝树一样,少受经于从叔刘台拱,精研群经,
于毛诗三礼皆有所述造,后应同里学者之邀,萃心力撰《论语正义》,但
只缮写完十四篇,自卫令公以下,由其子刘恭冕续成,一部图书撰写,
耗去父子二人大半生的时间。还如,仪征刘氏三代续写《左传旧著疏
证》未完,至今是清代学术界的一大遗憾。刘文淇"草创四十年,《长
编》衰然,《疏证》则仅写定一卷,而先生遽卒。其子伯山先生继其业,
亦未究而卒。伯山先生长子恭甫知县,绍明家学,志尚闳远。念三世
治学,未有成书,创立程限,锐志研纂。属稿至襄公四年,而恭甫又卒。
千秋大业,亏于一篑,斯尤学人所为累唏而不释者也"③。

大量事例表明,清人之所以能够以家族成员几代人之力去续写图
书,显示出图书在宗族化的学术团体中所具有的神圣地位,文本传播
所具有的超越时空的力量。同样,在本书中第二章关于自编文集与立
言不朽一节中,对于立言不朽这个人生观念对中国知识阶层的深刻影

---

①梁启超:《中国近三百年学术史》,上海三联书店,2006 年版,第 87 页。
②黄炳垕:《黄宗羲年谱》,中华书局,2006 年版,第 3 页。
③孙诒让:《刘恭甫墓志》,引自张舜徽《清氏扬州学记》,华中师范大学出版社,
  2005 年版,第 171 页。

响作了详细阐述,同样可以解释清人对图书文本的强烈追求的原因。

1860 年之后,随着第一台印刷机械的出现,催生了报纸、杂志,打破了图书做为思想传播唯一媒介的地位,在学术共同体中,逐步采用比图书更为快捷的报纸、杂志等传播手段,固化在图书文本上的情感因素、心理因素便慢慢发生着变化。从戊戌变法到辛亥革命,再到五四新文化运动过程中,大量学人都纷纷以报纸、杂志作为思想传播的工具,如最早是王韬创办《循环日报》、康有为、梁启超的《万国公报》、《时务报》、严复的《国闻报》等等,用图书来传播学术思想的频率在1860 年之后,与康熙、乾隆、嘉庆时期学人相比,则明显减少。由于报纸、杂志的大批量生产和大众传播的及时性、广泛性等特点,催生了专业化的编辑出版、专业化的市场销售机构,宗族化的学术出版传播逐步被职业化组织所取代。因此,1860 年之后,由印刷加工技术的变革,引发了整个中国传统文化生态的巨大变迁。

第三节　中国传统图书价值观的当代意义

涂尔干认为:"一个对象,不管是个体的还是集体的,只要它在我们心中的表现富有一种力,能够自动地引发或抑制我们的行为,而不计行为的任何利弊后果,那么我们就说它激发了尊崇……当我们感到这种内在的、不折不扣的精神压力作用于我们的生活,我们所体验的情感就是尊崇。"①图书文本在清人宗族化的学术共同体中,无论是在讲学、交游、讨论,还是在学术传播等过程中,都是唯一的中介和轴心,因之对于图书文本的著述、编刊、传播等文化活动,也成为清人学术研究活动中最基本的组成部分。图书文本被赋予了尊崇力量,尤其是以宗族化为特征的学术活动,使一个宗族举几代人之力,子承父业、兄弟相继,前赴后继地对图书文化活动进行追求。由图书文化活动所形成的心理积淀聚集在图书文本之上,并内化为每一个知识人的人生目标。图书文本负载着中国传统知识学人最深厚的感情。它是在几千年图书发展历史过程中形成的,并且独具特色。具体表现为:

---

① [法]爱弥尔·涂尔干:《宗教生活的基本形式》,上海世纪出版集团,2006 年版,第 200 页。

一、"著述行世，可以不朽"的图书创作观

《墨子》中的《尚贤下》中有这样的文字："古者圣王，既审尚贤，欲以为政，故书于竹帛，琢之盘盂，传以遗后世子孙，于先王之书《吕刑》之书然……"《明鬼下》中说的更清楚："又恐后世子孙不能知也，故书于竹帛，传遗后世子孙。咸恐腐蠹绝灭，后世子孙不得而记，故琢之槃盂，镂之金石以重之。又恐后世子孙不能敬若以取羊，故先王之书，圣人一尺一帛，一篇之书，语数鬼神之有也。"①自春秋战国时代开始，墨子描述的这一浓厚的历史意识，是中国图书生产者和消费者共同的心理情结。《典论·论文》中的"年寿有时而尽，荣乐止乎其身；二者必至之常期，未若文章之无穷"，"富贵愿足，则慕神仙；黄白之术既缈，文章之尚斯专；度人生之不析，久视弗若名传"的话语，把图书的著述、撰写、刊刻从各种现实的欲求中脱俗到人生的高度来认识，希冀文字将现世瞬间变为永恒的观念，深深扎根于中国文化历史的源头。图书的历史载体意识成为中国知识阶层一种普遍的价值追求，并因此成为中国图书编撰、生产和价值衡量的最高行业性标准，在思想精神层面上，它是中国知识阶层特有的一种人生道德追求。

在漫长的图书文化历史发展中，"富贵利达，朝荣夕萎；而著述行世，可以不朽"逐步成为中国知识阶层的人生理念，这种观念由于中国知识阶层同时又是官僚阶层的双重身份带来了巨大的示范效应，逐步放大形成全社会的普遍认可的道德规范。图书，成为一种重要的社会标志和文化权利象征，并因此推动着中国图书生产—消费—再生产—再消费的良性循环。中国的图书历史显示了这样一个图书生产的规律：即图书是一种个体的精神产品，它永远是以个体为生产单元，个性化的创作是图书生产的动力和源泉。众多的创作个体才能形成丰富多样的图书创作群体，这种精神产品生产又反过来促进图书消费，形成越滚越大的雪球。在越滚越大的雪球核心，永远是以内容的差异性、独创性为主要追求目标，以进入主流社会视野、拥有文化权力才能够广泛流传于世为前提。这一目标即是中国传统知识阶层孜孜追求的最高目标。我们看到古人经常是以十年、二十年、三十年甚至一生

①李零：《简帛古书与学术源流》，生活·读书·新知三联书店，2004年版，第41页。

的时间写就一段传世文字、一篇文章、一本著作，蕴藏其中的是"文章经国之大业，不朽之盛事"的人生理念。

司马迁在《史记》中写到："昔西伯拘羑里，演《周易》；仲尼厄陈蔡，而作《春秋》；屈原放逐，著《离骚》；左丘失明，厥有《国语》；孙子膑脚，而论兵法；不韦迁蜀，世传《吕览》；韩非囚秦，《说难》、《孤愤》；《诗》三百篇，大体贤圣发愤之所为作也"①，这段文字既是中国古代图书生产供给的最好说明，也是中国知识阶层在困厄中以著述为唯一精神寄托的最好写照。中国历史上有许多史学、文学著作产生于逆境之中，正是图书这种精神产品的生产特性，"文章憎命达"，成为中国知识阶层对精神产品生产规律的自觉认识，并内化在自己的人生实践之中。狱中著书、残而著书、落第著书、老而著书的事例在中国历史记载中层出不穷，著述成为中国知识阶层人生追求的最高目标，将自己有限生命无限延续的最佳途径。

除人所共知的司马迁外，后世还有大量的模仿者，如明代太监作家刘若愚，在狱中写就《酌中志》，留下了大量的宫殿规制、内府职掌、内臣服佩、饮食风尚、内版书数等历史资料，今传的《明宫志》五卷直接选自《酌中志》一书。残而著书的有西晋文学家、史学家、医学家皇甫谧(215—282 年)，少家贫，带经而农，人称"书淫"。博通百家之言，淡泊名利，屡召不致，刻意著述，史书称"轩冕未足为荣，贫贱不以为耻"。42 岁患风痹之症，半身不遂，卧床不起，仍然手不释卷，以顽强的毅力战胜病魔，编撰了中国历史上第一部针灸学专著《针灸甲乙传》，此外，还有《帝王世纪》、《年历》、《高士传》、《玄宴春秋》等著述留于后世。宋人曾巩(1019—1083 年)，著有《元丰类稿》，是在屡次落第之后写就的，直到嘉佑二年(1057 年)欧阳修主持科举考试，才金榜题名，名列"唐宋八大家"。明代散文家归有光(1507—1751 年)在本书第二章"昆山归氏家族"中有涉及。八次科举不第，坚持撰写四十卷的《震川文集》，终成唐宋朴素派诗文之大家。清代文学家蒲松龄(1640—1715 年)，每隔三年就要参加一次科举考试，次次名落孙山。他在《寄紫庭》中写到："三年复三年，所望尽虚悬。"考场失意使他用毕生精力完成了《聊斋志异》这部传世之作。在本书第三章七个科举家族、第四章列举的 102 个清代学人中，也大多具有这样的心理情怀。

---

① 司马迁：《史记》，中华书局，2005 年版，第 3300 页。

　　总之,立言不朽是学术研究、文化思想创新的原动力,已经成为最普遍认同的文化心理,至今对近当代学人还产生着深远的影响。因为印刷技术的革命而导致文化生态的巨大变迁,图书神圣价值消失,宗族化学术共同体瓦解,这种图书伦理渐渐退隐至近代学人的内心深处,代之而起的是更为现实的政治地位、经济利益追求,这使"著述行世、可以不朽"的图书创作观备显珍贵。

二、"富贵利达,朝荣夕萎"的图书价值观

　　在图书著述理念上,图书被看作自己有限生命的历史延续而备加珍惜,而财富官职所带来的显贵与荣华在图书面前均一钱不值。万般皆下品,唯有著述高的人生职业选择成为中国传统知识阶层的普遍共识,我们经常看到历朝历代的大部分进士、举人把入翰林、进史馆、擢编修,作为自己通过科举获得功名后的第一职业选择,其原因就在于此。同样于困厄之境,中国传统士人也能够安贫乐道,潜心著述,精益求精,这种独特的著述思想成为中国图书历史所独有的价值观念和职业操守,是值得当代学人提倡和继承的。

　　比如北宋名医唐慎微"治病百不失一",但他"为士人治病,不收一钱,但以名方秘录为请。以此士人多喜之。每于经史子集中得一药名,一方论,必录以告",积久集成《经史证类备急本草》一书。全书采自北宋以前经史典籍与医书,收药1746种,其中很多由士人提供。李时珍盛赞该书"使诸家本草及各药单方,垂之千古不致沦没者,皆其功也"。明万历二十一年,鲁敬王之妃张氏,患臌症重病,经太医院御医龚廷贤调治,半年终于痊愈。鲁王大喜,赐匾额一方,题曰"医林状元",并酬以千金。但龚不受,唯愿将多年所集医方加以刊刻,以利后世,鲁王佳其志意,出资赞助。于是龚氏将其自己医方和鲁府所藏秘方编在一起,刊刻出版,名之为《鲁府禁方》,流传之今。龚廷贤不以千金为贵,而以医书为重,其目的为功在万世。清代名医何梦瑶也曾为官,但他认为"富贵利达,朝荣夕萎,而著述行世,可以不朽",故辞官归乡,悬壶自给,甘贫乐道,室中除琴书药囊之外,绝无余物,终日以著书为乐,著有《医碥》等多部医著。明代名医吴鞠通,为使后世医家治疗温病有所遵循,"有志采辑历代名贤著述,去其驳杂,取其精微,间以己意,以及考验,合成一书,名曰《温病多辩》,然未敢轻易落笔"。时过六年,在友人敦促下,始将书稿整理编定,然而吴鞠通犹"未敢自信,恐

以救人之心，获欺人之罪……罪何自赎"，又将书稿收藏十五年之久。直至嘉庆十七年(1812年)，时疫流行，友人再次鼓励吴氏早日刊行，"使天下之民，咸登仁寿者，此天下后世之幸，亦吴子之幸也"，吴氏方将《温病多辩》刊行于世。清代朱彬评此书为"其为方也约以精，其为论也宏以肆，俾二千年之尘雾，豁然一开"，今已成为温病之经典著作①。

　　图书的编撰、著述、刊刻是一个环环相扣的生产、传播系统。其中的每个环节不乏以图书射利谋财者，尤其是在大规模的生产印刷技术尚未出现之前的漫长历史时期，由于镂刻、雕版、人工传抄的高昂成本，图书成为一个社会政治身份区隔的标志而具有巨大的潜在财富价值。但一个不容否认的事实是，坊刻从来没有占据几千年图书文化历史的主流地位，以弘道为己任的官刻和注重学术传承的家刻得到历史的高度认同。比如，中国私人刻书形成历史最稳定、质量最精良、学术价值最高的"家刻"传统，图书家藏成为版本最全、最精甚至国家收藏都无法媲美的私人藏书体系。家藏、家刻虽然在规模上可能次于官刻，但千年绵延不绝、并分散于千万个独立的学术与文化家族、科举家族之中，"家刻"、"家藏"，以血缘、宗族为传承纽带，成为中国图书几次浩劫之后文化复兴的母体和再生土壤。许多家族卖田鬻宅，毁家刻书，几代人精心维护，射财牟利从来不是中国私人刻书、藏书的目的，而"富贵利达，朝荣夕萎，著述行世，可以不朽"却成为代代相传的文化基因，这种图书历史传承价值的清晰追求，在中国图书历史上，留下了一个个个性鲜明人生轨迹。

　　清代著名的藏书家、刻书家叶德辉(1864—1927)的《书林清话》、《书林余话》，记载了宋、元、明等历代关于书籍印刷、出版、收藏、鉴赏等的种种史事，可说是中国古代出版研究的必读著作。他在"总论刻书之益"一章中列举了宋、明几位著名刻书家的事例，阐明"积金不如积书，积书不如积阴德"，"积书与积阴德皆兼之，而又与积金无异，刻书也"，"其书终古不废，则刻书之人终古不泯灭"的刻书动机。叶德辉本人，也同样是这种思想观念的实践者。他是湖南长沙人，清光绪十八年(1892)进士，一生致力于古书收藏、校勘和刊刻出版，"不以避兵为苦，而以还乡为乐"，"五十余年，未尝稍解"，终于取得了"所以绍

────────

① 转引自《中国医药报》，2004年12月6日。

往哲之书,开后学之派别"的成就,筚路蓝缕之功,使此后的中国目录版本学、印刷历史研究有了长足的发展。

《左传》云:"太上有立德,其次有立功,其次有立言,虽久不废,此之谓不朽。"可见古人把立言著书视为不朽之功业并作为人生理想来追求。立言不朽的图书历史价值观,直接影响了著述、刊刻与收藏,形成了中国独特的带有宗教心里特征的图书文化。中国历史上这种珍贵的图书著述观、图书价值观,是中国悠久的文化历史传统留给今人的宝贵思想遗产,是中国几千年读书、写书、刻书历史中所形成的,反思和回顾这种带有宗教心里特征的图书著述观和图书价值观,对当今中国图书出版业具有巨大的现实意义。

三、传统图书价值观的当代意义

(一)图书等精神产品的价值标准

今天的图书出版,不再具有远古社会生活中的唯一信息传播媒介的显赫地位,在面临电视、报纸杂志和网络等多样化竞争的媒体世界中,在网络、电视等全天候的声讯媒介包围中,在报纸、杂志等铺天盖地的大众传媒面前,图书出版应该如何找回自己的边界?

回顾中国近几千年图书文化历史,"立言不朽"思想深深影响了"书于竹帛,传遗后世子孙"的图书价值观念的形成,中国古人对图书的历史价值观,恐怕是今天图书出版界最值得继承的最珍贵的思想遗产。它来源于中国古代哲学中对现世与永恒的认识,"逝者如斯夫,不舍昼夜",而人生如想超越现世的短暂,成就不朽之名,永垂青史,必须通过建功、立业、立言的三大途径。

而建功、立业需要历史机遇和外部现实社会环境,对于个体而言是可遇而不可求的,立言则是能够通过主观努力实现的,因此借助于图书文字,建"立言"之功业,希冀超越短暂人生达到历史永恒,便成为中国知识阶层几千年永续不断的人生追求。这样一个对"传遗后世子孙"的内容思想的追求,使图书的著述、刊刻都精益求精,保证了图书思想的原创性并具有传世价值。

精神产品的价值就在于,以金钱无法来衡量人类思想历史的原创精品,我们的祖先将图书这种精神属性与人生不朽完美地结合在一起,并超越了财富金钱的现实欲求,成为知识阶层"士文化精神"中最重要的一部分。由立言不朽思想所形成的独具中国特色的图书文化,并由此体现的"敬惜字纸"、对图书文字的神圣感、崇高感，都成为中国传统文化中永恒的文化品质。在一切以金钱为衡量标尺的现代社会里，它是贡献给全世界的最宝贵的图书出版理念。

站在中国传统图书文化的立脚点来看，现代出版中的版权、著作权制度，在宗族化的学术共同体中，传统的图书生产、销售系统中没有相对应的基点。在现代出版制度中，以图书为产品的版权保护、著作权制度，其本质是建立在大规模生产的基础上，生产销售量越大、获利愈厚。其价值核心是以商业化的经济手段促进学术生产、思想文化创新，经济是基本的手段和工具。但在传统中国图书文化历史中，学术思想的创新、文化的进步从来没有完全依托商业化来保障。以图书生产为例，坊刻系统从来没有成为中国几千年图书生产的主流，倒是以宗族为依托的私人刻书系统是中国传统图书文化的中流砥柱。超越历史时空的立言不朽思想是中国传统知识阶层最直接的学术生产、文化创新的原动力，由此形成了独特的图书价值观、创作观。图书生产的数量也不是愈大愈多越好，而是以思想、学术的传播实现为基本目标。因此在图书思想传播的内在里路上，缺少学术成就与思想创新和金钱来交换的这一环节，中国传统图书文化中没有现代出版制度中文化追求与商业利益之间的紧张关系。

传统图书文化给予现代出版最富于价值的启示是：不论是在何种社会条件下，选择哪一种出版手段，一个基本的共识是，真正的人类思想精品是超越现世的永恒的，也应该是人类共享的精神财富。鼓励更多的最普通的现代知识群体，扩大和提高学术思想创新水平，结合现代媒介技术手段，延续几千年历史累积的历史文化传统，是现代出版制度设计的核心。

更为重要的是，对于现代化社会中的职业知识群体，还应该有对人生道德等永恒性的价值追寻的大力提倡，延续几千年士人济世救俗的人文传统，才能安顿这个群体的人生心灵免受商业烈火的烧烤；从伦理、道德评价上恢复和重塑图书等精神产品的人生价值、伦理价值将有助于高质量、高水平的文化创新、思想创新的杰作出现，这同样具有不可忽视的意义。

（二）传统图书价值观的当代意义

在传统中国迈向现代化的进程中，传统士人、知识阶层所赖以生存的传统政治、经济基础和科举教育都彻底消失了，作为学术思想、文化传承的母体——宗族也由于现代社会的多重挤压而日渐瓦解,代之而起的是大规模学校教育的普及和分层次专业化的知识机构。从某种意义上说,现代教育制度必然会产生与之相对应的学术生产制度,而这必然是与传统的宗族化学术共同体完全异质的。

本书通过大量史事探讨,得出一个基本结论:宗族化的学术活动特征是:这是一种相对自由的民间制度,它在几千年的历史中完整的保存传统学术思想、文化创新的成果,在思想的纵向传递上较好地解决了学术创新的前提——对前人学术成果的继承问题。因此如何吸收传统宗族化的学术共同体的优点,设计更为合理的中国当代学术生产制度,是本书反思学术活动宗族化的目的之一。

对传统图书著述观、价值观的提倡,有利于克服当今图书出版界严重的“惟利是图”倾向。图书等精神产品,既具有精神与思想的公共性,又具有一定的商业性,在当下经济社会里,商业性之特征更凸显无遗。但公共性是“本”,商业性是“末”,不能本末倒置,舍本逐末。中国几千年的图书历史表明,凡是追求商业利益大于公共价值的时代,也是图书出版原创精品最少的历史时期。什么是精神产品的生存价值?几千年的图书历史证明,思想的原创性增加历史厚重感,历史厚重才能使图书具有传世之功用。人类思想的原创性价值,以金钱是无法衡量的。金钱永远是当下的、现世的,而思想与精神是超世的、恒久的,在特定的历史时期,这种思想与精神的原创和金钱的表现为同步因而带来巨大的财富,然而在大部分历史时期是互相错位的,甚至是背离的。正因为如此,我们祖先将图书这种精神属性与人生不朽完美地结合在一起,跨越了财富金钱、政治利达的现实欲求,形成了中国独特的图书历史价值观念。

对于传统图书著述观、价值观的提倡,有利于净化图书产品供给的源头,在今天已经十分庞大的图书供给队伍,在教育界、科研界、学术界,大力提倡思想、精神的原创精品,有利于抵制学术垃圾,遏制抄袭、剽窃之风的泛滥。近二十年来,思想与学术界的造假之风愈演愈烈,学术思想道德严重缺失,有人将之归罪为中国的学术评价机制乃至整个中国教育界出了问题,但一个不容忽视的问题是,只要和中国其他历史时期的知识学人比一比,从政治文化背景、学术与思想研究环境方面来说,今人无疑更为自由、更为从容;从思想传播技术和手段方面来说,今人无疑具有古人无法比拟的声音、文字、影像等多元选择。然而,在图书创作的理念上,今人与古人却有巨大差别。中国历史上的学人往往倾注毕生精力完成一部图书的创作，一段文字、一个思想的表达需要几十年反复斟酌，而今人有时半年写一本，有的甚至一个月，有的一周完成一本，"一天完成两万字，一年接近千万字"，两者之巨大差别的背后是图书著述观、价值观的严重背离。古人希冀通过图书文字超越时空，延续自己有限的生命，何其高洁而神圣；而今人视图书为获取职称、谋财射利的工具，何其短浅而卑琐。两者之差，何止十万八千里？

今天的图书出版，不再具有古代社会生活中的唯一信息传播媒介的显赫地位，在电视、报纸、杂志和网络等多样化的媒介世界中，图书不会也不能像古人一样被提高到人生的高度，而成为唯一精神寄托。但并不意味着今人可以借助现代声讯技术手段毫不费力地实现思想与精神产品的巨大创新，今人同样存在着有限生命要超越无限时空的矛盾，在短暂与永恒的问题面前，今古相通。面对同样的问题却具有如此巨大差别的原因，只有一个解释，那就是今人放弃了对人生永恒的追求，对于几千年图书文化历史中形成的传统图书道德观念，今人给予了彻底的背叛，从而导致了学术思想界道德伦理、价值判断的彻底沦丧！

巨大差别的背后，弥漫的是当下世界熊熊燃烧的商业烈火，它吞噬了一切，包括传统知识阶层的良知、道德操守、价值判断。今天的思想界不仅失去了"为天地立心、为生民立命、为往圣继绝学、为万世开太平"的境界，而且迷失了自己的人生目标和基本价值判断。

是否存在着知识阶层主体精神的沦丧？确实是一个沉重而巨大的话题。学界见解不一，本书亦无意探讨。一个基本的判断是，今天的思想知识界，在职业、身份和思想的表达手段等诸方面，有着比之传统知识阶层更多的选择和自由，广泛的选择和多样的自由，决不是丧失传统道德的必然原因。相反，倒是应该在更为宏阔的视野下，在近百年西学的引进和吸收中，在更加丰富的精神萃取中复兴传统、滋养道德。借助杜牧"盘之走丸"比喻，"丸之走盘，横斜圆直，计于临时，不可尽知。其必知者，是知丸不能出于盘也"①。中国几千年的图书文化历史表明，中国有自己的文化基因，基因无法断裂，丸也是断然不能脱出盘的。只要在合适的历史环境下，传统的文化基因能够时时复

①转引自余英时：《士与中国社会》，上海人民出版社，2003年版，第5页。

制和衍生自己,传统就在今人的身边。

在一切以金钱为衡量标尺的消费时代里,在获得商业利益与精神价值的追寻之中,金钱决不是衡量出版物的唯一标尺,我们的祖先早在几千年前就成功地超越了这个界限,给出了十分明确的答案,它是贡献给全世界的最宝贵的图书出版理念。在商业化浪潮席卷全世界的大背景下,中国传统的著述观、价值观,或许是一阵阵雷声,能够让我们驻足思索一下前进的方向。

第六章　宗族的象征

——族谱的编撰、传播与清人文集
出版活动的比较分析

清人文集编辑出版的宗族化特征，科举家族的著述传统，以及清人学术宗族化活动中的学术著述出版考察，都离不开对中国宗族结构、历史演变、发展等方面的探讨，其中最重要的是对中国宗族最基本的文化活动——谱牒文化的研究考察，通过考察，我们才能更深刻分析出著述与宗族之间的联系程度。

第一节　宗族的象征——族谱的
编撰及其历史特征简析

对于中国宗族的历史结构、类型和分期研究，社会学界有不同的观点，但每一种观点都注意到了宗族的文化活动。冯尔康在《清代宗族、村落与自治问题》一文中写道："族谱是宗族活动的记录，各个宗族都以定期兴修宗谱为职责。修谱要筹措经费，人心要齐，要有编写人才，还要联系外迁族人，是家族凝聚力和组织管理能力的体现。"①在族谱编撰、出版、传播等方面，不同的历史时期表现为不同的特征，但族谱的编写理念、族谱内容以及功能价值却具一定的恒久稳定性，由此形成的对社会情感、文化心理的表达，可以说大大影响着传统图书出版活动。

对于宗族的基本文化活动——族谱、谱牒的编撰、刊刻、保存、传播等特点的研究，国内学界过去关注得不多，直到近一段时期，专门研

①《明清史》，人大复印资料，2006 年第 3 期。

究的论著才逐渐多起来,但大部分仍然停留在对一些族谱、族学、族规的介绍,其中穿插着一些零散的著述、编刊活动的介绍。本书借助有限的资料,尝试着对族谱、谱牒的文化活动特征及其发展的历史给予简要归纳。

一、中国族谱的起源

族谱起源于西周时期,其依据是司马迁《史记》中的记载,"五帝三代之记,尚矣。自殷以前诸侯不可得而谱,周以来乃颇可著","余读牒记,黄帝以来皆有年数。稽其历牒谱终始五德之传,古文咸不同,乖异。夫子之弗论次其年月,岂虚哉!于是以五帝系牒、尚书集世纪黄帝以来讫共和为世表","太史公读春秋历谱谍至周厉王,未尝不废书而叹也。……历人取其年月,数家隆于神运,谱谍独记世谥,欲一观诸要难,于是谱十二诸侯"①。这表明,西周时谱牒已经出现。另一个有力证据是西周时期的《周礼》、《礼记》,对谱牒有零星的论述,如指出西周谱牒的内容是记录族众的讳、忌,族众生子,要记某年、某月、某日生,族人有谥者要记其谥。此外,在《离骚序》中,亦有"三闾之职,掌王族三姓,曰昭、屈、景,序其谱属,率其贤良,以厉国士"。

可见,西周至春秋战国时期的谱牒主要记载帝王诸侯世系,由专门史官录序,与此时的贵族宗族结构相一致,家国一体,自然族谱与史志一体,甚至谱史不分。从传播对象来看,基于贵族世家每个成员,但同时兼及天下。

二、秦汉时期的族谱

秦汉时期,见载于《史记》注疏中的有众多牒谱,如《路氏谱》、《崔氏系谱》、《周氏系谱》、《苏氏谱》等,可以推论秦时族谱仍以贵族世家为主。关于汉代的族谱、谱牒,贾载明在《谱牒的产生及发展演变》一文中认为:

汉代的谱牒,现在可以看到的文本有《帝王诸侯世谱》二十

①《史记》,中华书局,2005 年版,第 487—511 页。

卷、《邓氏官谱》、《扬雄家牒》、颖川太守聊氏所作的《万姓谱》等。此外，还有一些碑刻"谱牒"，如东汉时立的《孙叔敖碑》等。此碑背面记载了春秋时楚相孙叔敖十余世孙。再如有关赵宽的碑记。赵宽是西汉名将赵充国之后，历代显贵，碑文完整地记录了赵宽家族数百年的家世。这些碑文已具有谱牒的性质。①

本书以为，汉代的宗族结构与商周、春秋战国有很大的不同。汉代属于士族宗族的历史形成时期，这个士族宗族是以地方察举、公府征辟等入仕渠道形成的新型宗族，与西周时期的国家贵族世家完全不同。族谱、谱牒的记载对象除国家贵族世家之外，还多了新型宗族。媒介载体沿袭了西周、春秋时期的金石铭文的习惯。但汉代石刻比较普遍，石刻文字比竹简、帛等保存更为久远，对于重大历史史实、庄严瞬间的记录，希冀能够通过文字而传世不朽。比如汉人用石碑、石刻等记录田地的交易、买卖契约，使石刻具有商业交易的档案性质。汉代出土碑石"汉侍廷里父老僤买田约束石券"，记载了汉章帝建初二年（77年），于、周、单等八姓同里合邑之人的田地交易情况（《文物》1982年12期）。再如对于汉代倡导的儒家经典文字，东汉熹平四年（175年），官府在洛阳城南太学立了46块石碑，上刻著名学者、书法家蔡邕书写的"六经"，即著名的"熹平石经"，"及碑始立，其观视及摹写者，车乘日千余量，填塞街陌"（《后汉书·蔡邕传》）。

上述都说明，汉代的族谱在广义上应该包含记载生卒、官职、世系的碑文。以石刻为主要媒介附之以其他帛、绢载体，是汉代族谱的一大特色。秦汉族谱与西周、春秋时期一样，都是官修族谱为主体，附之以个别贵族世家私修族谱，但私修族谱局限在少数高官豪门的大家当中。秦汉族谱之传播与西周一样，基于本族成员，但由于载体的特性，同时也向整个社会广泛传播。秦汉族谱功能与西周、春秋时相同，兼具历史记载的史志作用与当下社会的区别标志功能。

三、魏晋时期的族谱

魏晋南北朝至五代十国时期，是中国族谱发展的高峰时期。从西

---

① 贾载明：《谱牒的产生及其发展演变》，转引自 www.ourhappy.land.net。

汉末年开始,由实行地方察举和公府征辟的选官制度,逐步过渡到魏晋时期的门阀制度,以记载门第、世系、尊卑为内容是谱牒学兴起,门阀取士制度是族谱、谱牒等"谱学"兴盛的政治基础,谱牒成为这一时期宗族维护其政治、经济特权的工具。

据李卿在《秦汉魏晋南北朝时期家族、宗族关系研究》一书的统计,目前见于史书(及其注疏)的牒谱主要有:

> 地名谱:八种八百零六卷;
> 地方诸姓谱:七种五十一卷;
> 帝王诸侯谱:十三种一百零三卷;
> 集若干姓的众家谱:十五种三百六十一卷;
> 姓氏谱:三十二种四十八卷。

谱牒在这一历史时期的主要功能是选官和通婚。郑樵在《通志》卷二十五《氏族略》中云:

> 自隋唐而上,官有薄状,家有谱系,官之选举必由于薄状,家之婚姻必由于谱系。历代并有图谱局,置郎、令史以掌之,仍用博古通今之儒知撰谱事。凡百官族姓之有家状者则上之,官为考订详实,藏于秘阁,副在左户。若私书有滥,则究之以官籍;官籍不及,则稽之以私书。此近古之定制,以绳天下,使贵有常尊,贱有等威者也。所以人尚谱系之学,家藏谱系之书。自五季以来,取士不问家世,婚姻不问阀阅,故其书散佚而其学不传。①

谱牒的社会功用是"家之婚姻"和"官之选举",而且宗族谱系是有国家和宗族双方保存,各有副本,互相印证。因此谱学成为士族维护其政治特权的重要工具而备受官府、士族两方面的重视。官府选择能够"详练谱牒,雅鉴人伦"之士任职官吏,士族中也出现了一大批谱学名家。

《晋书》卷五十一《挚虞传》记载,其为京兆大族,父挚模曾任曹魏太仆卿,"虞以汉末丧乱,谱传多亡失,虽其子孙不能言其先祖,撰《族

---

① 郑樵:《通志略》,中华书局,2003 年版。

姓昭穆》十卷,上疏进之,以为足以备物致用,广多闻之意"①。

东晋贾弼之,为员外散骑侍郎,南渡大族,山西平阳人。他第一个广泛搜集各氏族的谱牒,所及地域,包括18州、116郡,汇总共有七百一十二卷。卷帙如此庞大,容纳广泛,其中既有士族,又有庶族。又其子、孙三世专治谱学,为著名的谱学世家。其子贾匪之(宋国太学博士、骠骑参军)、其孙贾渊(齐国中郎参军。唐人避讳称其字希镜,并改名为贾泉),其后代梁有贾执编修《姓氏英贤谱》一百卷;隋有贾冠,编修《国亲皇太子亲传》四卷,绵延近二百年。从贾弼之对谱学研究的广度、深度和系统性看,前无古人。《南齐书》卷五二《文学传·贾渊传》云:

> 先世谱学未有名家,渊祖弼之,广集百世谱集,专心治业。晋太元中,朝廷给弼之令史书吏,撰定缮写,藏密阁及左民曹。渊父及渊三世传学,凡《十八州士族谱》,合百帙七百余卷,该究精悉,当世莫比。永明中,卫军王俭抄次《百家谱》,与渊参怀撰定。建武初,渊迁长水校尉。荒伧人王泰宝买袭琅邪谱,尚书令王晏以启高宗,渊坐被收,当极法,子栖长谢罪,稽颡流血,朝廷哀之,免渊罪。②

结合魏晋时期大量刊印佛经佛像的雕版技术,与纸张使用日趋普遍化的状况,本书认为,魏晋时期的谱牒有两个特点:一是由于纸张的出现,雕版技术普遍采用,谱牒可以大量印行,"单姓族谱"才能做到一家一部,"薄状谱牒"才能通行。族谱载体中已经见不到石碑、石刻的记载,相反,石刻用于大量的佛经造像,今天出土的碑文中多是关于佛教造像的文字记载。二是由于牒谱特殊的政治取士价值,官府绝对不容许谱牒出错或混乱,因此魏晋谱牒与西周、秦汉一样,以官修族谱为主。而世家大族私人编修的谱牒必须经官府(吏部)鉴定后方可行用。谱牒延续了秦汉时期石碑文字长久传世的历史功能,还赋予了当世巨大的政治价值。从族谱的传播范围来看,族谱使用对象分为族内成员与官府吏部,传播范围小众化,局限在官府和族内成员之间,前两个历

---

①《晋书》,中华书局,1999年版,第944页。
②《南齐书》,中华书局,1999年版,第617页。

史时期公开向全社会广泛传播的功能减弱。但由于族谱成为政治权力的标志和门第身份的证明,客观上社会区隔的作用更强大。

四、唐时期的谱牒

隋唐时期大规模修谱有三次。第一次是"贞观中,太宗命吏部尚书高士廉、御史大夫韦挺、中书侍郎岑文本、礼部侍郎令狐德棻等及四方士大夫谙练门阀者修氏族志,勒成百卷,生降去取,时称允当,颁下诸州,藏为永世"①,于贞观十二年(638年)完成《氏族志》一百三十卷,意图是贬抑旧世族,抬高新贵,尤其是政治集团中的新贵。

第二次是显庆四年(公元659年),武则天当政,中书令许敬宗以贞观《氏族志》未列武氏为望族为理由,吏部尚书李义府也以《氏族志》中没有李氏的世系为借口,重修族谱。"义府耻其家代无名,乃奏该此书,专为礼部郎中孔志约、著作郎杨仁卿、太子洗马史玄道、太常丞吕才重修。志约等遂立格云:皇朝得五品官者,皆升士流。于是兵卒以军功致五品者,尽入书限,更名为姓氏录。由是缙绅大夫多耻为甄叙,皆号此书为勋格。义府仍奏收天下氏族志本焚之"②。

第三次是中宗复位之时。当时左散骑常侍柳冲认为,"贞观中太宗命博学者撰氏族志百卷,以甄别士庶,至是向百年,而诸姓至有兴替,冲乃上表该修氏族。中宗命柳冲与左仆射魏元忠及史官张锡、徐坚、刘宪等八人,依据《氏族志》,重加修撰","至先天初,冲始与侍中魏知古、中书侍郎陆象先及徐坚、刘子玄、吴兢等撰成姓族氏录二百卷奏上"③,这是唐代第三次官方修谱。

隋唐时期的谱牒,比之魏晋又有新的特点。谱牒在魏晋时期具有的取士功能逐渐被科举取士取代,世家大族在"别婚姻""论门第"等方面不如魏晋时期具有普遍性。因此,同样出于政治需要,唐代的官修谱牒,如高士廉等撰的《氏族志》、李义府推行的《姓氏录》、柳冲等撰《姓族系录》,象征意义大于实际价值,更多出于一种社会心理上的需要,比如史书记载的新兴权贵与旧有氏族的合谱现象就是如此。社会的横向传播比之魏晋更加小众化,族内子弟的纵向传播愈来愈强。

①《旧唐书》,中华书局,2002年版,第2768页。
②同上,第2769页。
③同上,第4972页。

见于史书的唐代谱学记载还有：唐初路敬淳撰《著姓略记》十卷；柳冲后人柳芳著的《氏族论》；韦述撰《开元谱》二十卷；王方庆著《王氏家牒》十五卷、《谱牒》二十卷；刘知几著《刘氏家史》十五卷及《谱考》等。

五、宋代的谱牒

宋代的牒谱编撰、刊刻、传播、保存，基于宋代宗族结构的变化而出现新的特点。魏晋是典型的门阀士族结构，谱牒的主要功能是界定族望身份以取得世袭特权，隋唐时期这个功能逐渐消失，仅在民间保留"别婚姻"等习俗，代之而起的是科举入仕制度。科举取士制度经隋唐发展，两宋时代高度成熟。隋唐以前的大家庭中的食客、奴婢等也记入家族人口，算作家庭成员，而宋以后排除了外人，即同居共财的大家庭的成员才是同一个祖宗的子孙，血缘关系成为唯一纽带。按照邢铁先生的研究结论：由于宋代实行了税役制和户等划分制度，与唐代均田制时代的租庸调完全不一样，资产多、人丁多的高等户，税役就多，这样就瓦解了唐代拥有百户千户人丁的大宗族，社会普遍出现了五口之家的"宋型家庭"①。因此，宋代宗族修谱更多目的是为了"敬宗收族"和伦理教化。

与前一段历史前期不同的是，两宋时期私家修谱十分繁盛，官修族谱则很少。"敬宗收族"成为科举士族宗族最基本的活动，因此两宋族谱多由大量儒士官宦之族编撰，其中有一大批文人学者参与期间，如朱熹、欧阳修、苏洵等，形成了具有一定系统的伦理教化、道德传承意义的族规族训理论。尤其是苏洵、欧阳修等亲身实践，编撰自家族谱，开创了族谱编写的"大小宗法"，它既是"宋型家庭"等新型宗族结构普遍化的社会需要，又是中国族谱文化活动与社会主流思想的合流，使族谱编撰实践在两宋时代具有了更广阔的思想文化价值。

综观宋代谱牒，进一步显现了族谱在中国整个历史时期所具备的史志功用，政治取士、别婚姻、论门第等世俗色彩逐步淡化。与隋唐时期之最大不同在于：一是族谱编撰方法的创新，"大宗法"与"小宗法"在族谱中的灵活使用，适应了两宋时期官吏豪族与普通士族等不同家

---

①邢铁：《宋代家庭研究》，上海人民出版社，2005年版，第35—40页。

庭的需要。如作于南宋绍兴十八年(1148)的锡山邹氏家乘《凡例》，第一条就是"谱立总图,仿史书授受之图;谱五世复迁,遵欧制也,十世者,变例也"①,明确规定后人延用欧阳修小宗法,仿照史志图例编写。二是"敬宗收族"成为族谱最直接的功用,族规、族训等本族文人学士和聘请当世著名学人序跋的伦理教化内容增多。还如上述南宋邹氏家乘《凡例》规定:"凡子孙有德行可尊、政事可法、言论可称、文章可式者,另立传,以载家乘外篇。"北宋望族钱氏为吴越王之后人,钱俶纳土归宋,钱俶之子钱惟演官居左丞相,于北宋天圣五年(1027)修钱氏族谱,并制定谱例,"宗族出仕者,当于名下添注:某人子,为某官,任某州县,使后世子孙有所考究,以慕羡之"②。宋人谱牒具有了更多的教化、遗训、伦理纲常之内容。三是活字、雕版等印刷技术的普遍采用,族谱等编撰刊刻的数量大、传播范围广,不再局限于高官贵族;四是修族谱成为宗族最基本的象征和标志性活动,以致于明确规定宋人家族修谱的时间,如上述南宋《锡山邹氏家乘》规定,"凡子孙有志能继述于谱者,或三年,或五年,会诸宗长以增续之";作于宋末元初的元至正二年(1342),宋朝忠良刘桨《毗陵新安刘氏宗谱》规定:"宗谱传世子孙,务要及时修辑,毋致散亡。"③宋人修谱时间一般为十年、三十年,散见在大量的宋代史料中。

六、明清时期的族谱

明清时期的族谱编撰活动,依然与此一历史时期的宗族结构相关。按照冯尔康观点,该段时期为明清绅衿宗族制和近现代家族变异的历史时期。常建华认为,明清宗族与宋人区别不大,基本属于科举士族宗族阶段,并且并称为宋元明清为科举制下的祠堂宗族制,通过祭祖及建祠堂、选族长、修族谱、设族田、建族学等使宗族制度化,其历史发展趋势是在民间社会普遍化、自治化。两种观点各有侧重,但从族谱的编撰、刊刻、传播、保存等文化活动来看,明清宗族确实有自己的特性,与宋人有着明显的区别。

特点之一是明清族谱的内容中家族文献倾向十分突出。明清多

①费成康:《中国的家法族规》,上海社会科学院出版社,1998年版,第259—260页。
②同上,第253页。
③同上,第263页。

称族谱为"家乘"。所谓"家乘",是指含有族谱在内的史实、哀挽、遗文、赠答、附录等内容的宗族文献,"乘"就是史乘,纪录历史的庞杂内容,家乘就是表示家族图谱具有家族史、志、传等内容。族谱在明清时期又进一步体现了史志的功能。这一点十分重要,它是宗族的族谱活动,又在一定程度上与为先人编撰佚文、刊刻文集等文化出版活动具有一致意义。

　　明清修谱宗族为了抬高和标榜家族,很多谱牒采用了"大宗之法",上溯远祖,延续百代,在一定程度上损失了真实性。按照贾载明的研究,"族谱记事范围几乎涉及到家族、宗族事务的各个方面。除要排列家族世系外,又增加了谱序、传记、著述、祠堂、家规、家训、恩荣录、世系图、世系谱、凡例、家法族规、字辈、谱论、科举、祠堂、祠产、墓图、墓志、五服图、家礼、寿文、贺文、祭文、名绩录、契约、艺文、遗像、赞词、仕宦、传记、行状、志录、年表、余庆录、领谱等二十多项,并增加了女子、婚嫁、岳家等人物记述,还对入谱人物也进行了限制性规定,行文重视修辞和文采"①。

　　事实确实如此。明代内阁大学士杨士奇(1366—1444),按照常建华对他的文集《东里文集》《东里续集》的统计,他为同远祖、婚姻、师生、同里、乡人、同朝官员、朋友等共64人撰写族谱序跋。同时他还亲自编撰《杨氏家乘》,"家乘"是与族谱、家谱有区别的。他认为:"诸父比岁之文,其子孙不知宝爱而亡遗者亦多,其仅存者皆辑而录之,若名贤赠答哀挽之作,及其他诗文有及吾先世者,亦皆录之,冠以谱牒事实,总名曰:杨氏家乘。其首族谱,尊本始也;次家谱,重所亲也;次事实,行之纪也;善行在人,既没不忘,则行诸咏叹,姑哀挽纪事实焉;次遗文,志之寓也;同志相求,则因文以达意,故赠答继遗文焉;名贤之文,非以杨氏作,而有及焉者,亦可以旁考行事与其交游,故列诸附录终焉。凡二十卷。"②家乘、族谱、家谱是具有不同外延的几个概念,一个族谱可以多达到二十卷,其记录宗族人、事、著作等内容,早已超过记录血缘世系图谱的范围,演变为沿着血缘谱系中心展开的宗族历史文献。

　　明清族谱的家乘文献化倾向,还表现在明清一些族谱的凡例、修

①贾载明:《牒谱的产生及其发展演变》,转引自 www.ourhappy land. net。
②转引自常建华:《明代宗族研究》,上海人民出版社,2005年版,第383页。

谱要约等祖训中。如东阳上璜王氏的《修谱条例》写于清光绪七年,其中明文规定:"印载文集、记传,每篇取钱百四十文;印载诗词、歌调,每首取钱二十四文;印载像赞,每幅取钱二十四文;印载契据、约议,每纸取钱七十文;印载祀产,每号取钱十四文;印载新坟图,每幅取钱三百五十文,又酒食一席。"①显然,只要王氏家族的成员愿意,并付一定的资金,族谱可刊载宗族成员的一切可以希望传承的内容,变为宗族的历史大事记。

特点二是族谱撰写直接仿照、照搬史志体例。宋代开创大宗法修谱的欧阳修本身就是一名史学家,史书记载他主持编纂的国史《新唐书》中设置了《宗室世系》、《宰相世系》,用以记录李姓皇族的世系和唐代 369 名宰相的世系,此后就用编撰历史之法编写欧氏宗族谱牒,本身就带有史志化倾向,发展到明朝时期,族谱的史志体例已经完全定型,形成明清族谱编撰的史志特征。

冯尔康根据清代学者全祖望文集《全祖望集汇校集注》中有关族谱序跋的文字,断定全氏族谱就是历经元、明、清三朝多次修撰,"厘为二十八卷,凡状、志、碑、传之类无不备在",表明全氏族谱就是汇聚了行状、碑传等多种体裁的传记文。"志"是纪传体史书和地方志研究必备的题材,用于记录专门制度、专类事物。族谱借用这种体裁,记述家训、祠堂、坟茔、艺文等。湖南安化人陶比铨为石井刘氏作谱序中表明,石井刘氏族谱就包含宗族世系总图、房派世系图、家族居址、家族祠堂、祖坟、祖宗画像和赞文、祖宗格言、祖宗功德传记、族规家训等内容,"援引省郡志例,增为十卷,告成于今。其用力勤矣,其树义精而垂范远矣"。《威武段氏族谱凡例》中有"家谱详世系而缺史实,殆不过户籍名册之类,犹作史者有表无传,于义岂当? 今于累世积功行义,乡达为之立传,依次汇编,创为传略一卷,俾世次为经,事实为纬,成一家之言,立百世之法焉",以史为标准,要求家谱汇集传记文。作于嘉庆六年(1801 年)的武进庄氏族谱凡例云:"家乘与国史不同,史家立传比加严核;家乘则祖父一行之善,实有可据,子孙必亦表扬垂后。旧谱所有各传,今仍一概收入。至于宗人爵高望重,有钜公撰述志铭,与国史相表里,宜亦载入,以备馆局征求年表附焉。"②庄氏是产生过庄存

①费成康:《中国的家法族规》,上海社会科学院出版社,1998 年版,第 322 页。
②冯尔康:《18 世纪以来中国家族的现代化转向》,上海人民出版社,2006 年版,第 178—179 页。

与、庄培因兄弟鼎甲的望族,开创了常州今文学派,庄氏族谱除宗族记事、铭传之外,还囊括了国史列传、一统志传、府县志传、家传等内容。可见明清世家望族的族谱与史志体例没有区别,相互融合趋势较为普遍。

明清宗族的形成确立,与两宋时期基本一致,多是由科举入仕的儒士宗族,对于保持文化教育、思想传承等方面的追求高于其他历史时期,因此大量的关于道德伦理教化的族规族训篇幅较多,宋明倾向于伦理道德、思想教化,清代甚至晚清时期,对读书教育的金钱、物质奖励等族规祖训内容越来愈多,时代特色十分明显。比如作于光绪十六年的安徽寿州龙氏家族,《家规》中有"凡我族人,期于克震家声,宜从诗书上苦心著力。天下惟读书人不可限量,云梯千里,风翮九霄,上为祖父增光,下为子孙创业,岂独一身荣显已哉!切莫浮慕无实,图侥幸以获功名,庶为有志之士"①,对读书而取得科举入仕的期望十分殷切。作于宣统二年的《岭南冼氏族谱》中有"在各等学堂毕业得有学位到祠谒祖者,分别学级,奖给花红银两。县学位比附生,奖二元。府中等学位比五贡,奖三元。省高等学位比举人,奖四元。京师大学堂比进士,奖六元;优等比翰林,奖八元。"②不论是宋人的伦理教化,还是清人的物质奖励,对文化优势的获得、保持显现了一致愿望。

第二节 族谱的编撰、传播与清人
文集编刊活动的对比分析

纵观整个中国族谱的发展演变历史,不管撰写内容、编撰体例、方法如何变化,作为宗族最重要的文化活动,有几个相对稳定的特点,表现出与清人文集编撰、著述等文化活动之间相似的特征。

一、祖先尊崇

中国历代族谱的编撰、传播是围绕着姓氏的血缘世系,在宗族成

---

①费成康著,《中国的家法族规》,上海社会科学院出版社,1998年版,第337页。
②同上,第639页。

员之间展开的,清人文集的编辑活动主要以为先人先师编刊活动为主体,血缘为主,师业授受次之,这一点十分相似。

西周、春秋时期由于贵族世家家国一体,一家姓氏族谱亦即是一部国史,秦汉时期此特征逐步弱化,魏晋门阀更是固定了族谱世系在一姓之内,决不容许其他外姓族人搀杂。魏晋族谱借助官府门阀取士制度"政治化了"宗谱的价值和功能。隋唐时期宗族结构是千百户的大宗族形态,族人包含奴婢、门客等外姓族人,但由于其核心仍然是姓氏血缘宗族,因此没有实质上的变化。宋元明清时期族谱的大小宗法是根据宗族的需要,以五服世系为圆心视时机扩大或缩小,姓氏血缘宗族是族谱必须载入的内容。

可以确定,姓氏血缘宗族是中国几千年族谱演变的轴心,而文集编撰活动,在社会学意义上讲,正是在这一血缘轴心意识上的延续。著名社会学家安东尼·吉登斯认为,"所有的宗教似乎都具有如下特征:宗教包含了一套能够激发尊敬感和敬畏感的象征符号,并与信奉者团体实施的仪式或庆典(譬如教堂礼拜)联系在一起","宗教信仰中,无论神是否存在,事实上总是存在激发敬畏感和惊奇感的人或物。比如,在一些宗教中,人们信仰一种有神性的力量,而不是人格化的神,在另一些宗教中还存在着非神的人"[1]。对于姓氏祖先崇拜的心理,不是完全意义上的宗教,但是有过历史功名、取得巨大成就的祖先的事迹、文章、诗词等著述文本的存在,能够引发宗族后人的尊崇感、自豪感,这是中国人普遍的心理状态。对于祖先事迹、诗文著述、思想文集等图书文本的刊刻活动,客观上也能够起到激发宗族后人沿着祖先之基业继续发展之意图。因此,族谱作为一种引发祖先尊崇感的象征物,具有更浓厚的神化色彩,而文集著述的编撰、刊刻活动,更具有普世化的倾向,是融祖先崇拜和文化活动于一体。这种祖先崇拜的心理融汇在各种各样现实社会生活之中,即是中国人宗教生活的世俗化特点。

族谱文本和祖先文集,在祖先尊崇的社会心理上,都具有一种宗教的"图腾"意义,在中国人的社会生活中,有着广泛的人格力量。正如图腾所起到的作用一样,"他完全独立于他所化身的力量,即先于该事物存在,又不会随之而消亡。个体灭亡,世代交替,但这种力量总是

---

[1] [美]安东尼·吉登斯:《社会学》,北京大学出版社,2006年版,第506页。

真实、鲜活、始终如一的。它把生命力赋予今天的一代，就如同他昨天把生命力赋予了上一代一样，而明天一仍如是。从宽泛的意义上讲，我们可以说是它是每种图腾所敬仰的那个神，但它是非人格的神，没有名字或历史，普遍存在于这个世界之上，散布在数不胜数的事物之中"①，祖先尊崇的力量就是如此广泛地活跃在世世代代中国人最普通的生活之中，文集编撰、刊刻作为精神文化生活的一种形态，充分体现了这种力量。

二、象征与标志

族谱作为宗族的象征和标志，物化为图书载体，受到了族人特殊的重视和保存，与其他图书相比具有一定的"神秘"色彩，在族人心目中具有"神器"价值，因此族谱编撰、保存、传播等都笼罩着一层神秘性质。比如对族谱的编撰、使用等时间、方式有明确的要求，"古人立谱之法：正月之吉，会族以修谱也；四时孟月，会族以读谱也；十二月之吉，会族以书其行为以为劝戒也，非至于饮酒叙情而已。其法诚善，第恐相见既旷，良法日坏。族长于每季孟月之旦，督率各家长率子侄谒祖，令年壮子弟宣《谕族文》一遍，并《宗范》各条。如有犯教令者，备书其过于副谱之上，然后量其犯之大小，而示罚焉"（万历丙子《余姚江南徐氏宗谱》）②。

对于族谱的保存、破损等更是赏罚详细，比一般图书文本更加严格和庄严，"品其庄严尊重，自应殊于他种书籍"。如完成于清光绪十二年（1886）的《慈禧方家堰方氏家规》中记载"各房宗谱各有谱箱，宜悬于高洁处。不得慢藏，不得出借，并不得藏于迁居外姓之房长。如有遗失等情，各房长须立追失主，自备资斧，的限两月，昭示备录。告成之日，并令其祭祖，邀各房长、柱首检视享馂，以示大众。不得徇情，以干不孝之律。宗谱宜二十年一修，庶不荒芜。前次两次修葺，并无斧资。以吾族谱简易，修之不过两月，可以告成。贤子孙宜思创造之难，不可推诿耳。如嫌谱末无抄录地步，可招定工增订，尤为便捷"

---

① [法]爱弥尔·涂尔干：《宗教生活的几种形式》，上海世纪出版集团，2006年版，第182页。
② 转引自费成康：《中国的家法族规》，上海社会科学院出版社，1998年版，第290页。

1917 年湖南常德何姓宗族族谱中有"谱成,编列字号,某字、某号、某人手领。每年阴历六七月间暴晒一次,以免霉坏。总谱同。"由于族谱的特殊性,重视族谱的编撰、传播、保存等习惯一直延续到今天。湖南郭氏家族于 1947 年修谱时依然有"崇谱牒"一章,"谱牒原限三十年后为续修期间。谱牒将竣时因国乱当头……忙碌忧虑,谱牒停止,延至迄今。叨世界清平,我宗人等发起续修。兹以后,应遵守三十年续修一次为常例。族谱是我族一脉,自始祖而下,继继承承之总记载。品其庄严尊重,自应殊于他种书籍。承领人须于每年六月暴晒一次,以免虫蠹。谱内人所看之各种(如规定公约、字派、茔山图等),均以刊发副本岁发,俾便浏览,以免多次翻谱。发生左列之各项:暗自涂改者罚;欠缺不完者罚;油污墨染者罚;茶水侵漫者罚;壳页发现撕扯破痕者罚;其他不如前完整之各状者罚"①。

　　族谱文本的神器性质,彰显这样一种普遍的社会心理:即我是谁?从哪里来? 到哪里去? 这样一个永恒的人生之问,今古相同。族谱的编撰、保存、传播都不断地显现着这个永恒的人生关切。它最基本的目地是证明一族一姓的社会存在与人生价值,只不过这种表达是通过家族共同体的方式集体呈现。族谱在本质上是一种存在的标志和证明。清人对文集编刊活动的强烈追求在某种程度上,是族谱意识的一种外延。清代士大夫阶层、以教授为业的学者、私塾先生均把著述看作人生的大事,并以人生在世,留下一部文集为人生追求的目标,即不能实现立功,便实现立德,不能立德,就一定立言,而立言的实现途径就是著述并刊刻一部图书留存于世。当自己在世不能实现时,就希望后人实现,当子孙无财力、无能力实现时就寄托门生故旧来实现。编刊文集,成为人生最重要的精神寄托。文集所被赋予的这种"神圣"性质,与族谱所具有的象征意义具有一致性。由此可以理解为什么收进《清人文集别录》中的文集,大量的是通过父子相继、兄弟相传、师门授受的活动过程来实现的这一历史现象。

　　清人对著述、刊刻这种宗教般的心理追求,从士大夫阶层、文士儒者、到乡里私塾先生,再到一些既无官吏背景、又无学术文化积累的平民知识分子,是完全一致的。姚鼐作《夏南芷编年诗选序》云,高邮人

①转引自费成康:《中国的家法族规》,上海社会科学院出版社,1998 年版,第428—429 页。

夏醴谷,入词馆,著有《半舫斋诗》;其子南芷,乾隆十五年(1750)举人,滋阳令,乾隆四十四年(1779)卒。南芷子已能文出名,收集乃父诗词,请人编辑;味堂子齐林,工楷书,精心为乃祖编年诗书写,以便技工坊刻。一家四代从学,经历三代人努力,卒使编年诗问世。姚鼐因而感慨:"世如君(指南芷)有嗣先启后之美者,复有几家?"(《惜抱轩全集》120页)。郑板桥撰《李约社诗集序》写到:康熙间兴化诗人李约社,作诗"呕心吐肺,抉胆搜髓,不尽不休"。乾隆二十一年(1756),忽然有个女奴,拿着李氏的集子找到郑板桥,说是李先生的儿媳请他作序,原来冯氏已守寡三十年,"食贫茹苦,抱遗书、旧砚、残毫、破卷,不敢废。仅又以心枯力竭之余,谋付剞劂,不其伟哉! 约社诗,一刻于南梁练氏(公子女),再刻于冯夫人(公之子媳),为李公者身后有人,亦不为不遇矣"①。这种对图书文本宗教般的不懈追求,不独清人如此,在中国各个历史时期的知识阶层中曾经广泛存在。对这种宗教情感的分析,涂尔干论述得十分清楚:"我们爱慕、畏惧、崇敬的是记号,我们觉得感激和快慰的是记号,我们为之献身的也是记号。士兵为他的旗帜而死,为他的国家而死;但事实上,在他的意识中,旗帜是第一位的,有时候甚至是旗帜决定了行动。单单一面旗子是不是在敌人手中,并不会决定国家的命运,而士兵为了夺回它却不惜生命。他不顾旗帜只是一个记号、本身没有价值,只是想到他所代表的实体,于是记号被当作实体本身那样对待了"②,中国传统知识阶层对文集的著述、刊刻活动的追求,就来源于图书文本寄托着深厚的对祖先的尊敬和情感,文本被赋予了上告慰祖先,下昭宣后世的人生理想。在此意义上,族谱与文集编刊一样,都是一种象征和标志。

三、神化与认同

　　族谱的传播方式,沿着官府(兼贵族世家)、姓氏宗族成员、五服血缘宗族世系族人等这样一个逐步窄化的渠道传播,导致族谱的"神化与认同"过程,由外在贵族世袭权力的国家赋予,递减到门阀士族的门

---

①转引自冯尔康:《清代人物传记史料研究》,天津教育出版社,2005年版,第300页。

②[法]爱弥尔·涂尔干:《宗教生活的几种形式》,上海世纪出版集团,2006年版,第210页。

第入仕,再到科举世家宗族的自我精神追求,是一个世俗权力逐步衰减,而神圣化、象征性、标志性等精神认同、心理文化含量逐步增强放大的过程。

布尔迪厄在论述制度化的大学仪式所具有的形塑力量时说:"社会魔力能够产生十分真实的效应。将一个人划定在一个本质卓越的群体里(贵族相对于贫民、男人相对于女人、有文化的人相对于没有文化的人,等等),就会在这个人身上引起一种主观变化,这种变化是有实际意义的,它有助于使这个人更接近人们给予他的定义。……他们不仅有了自信的举止和样子——这些都是作为高贵的人的显而易见的特征,而且还有了良好的自我感觉,而这种感觉能够将他们引向极大的野心和最有声望的事业,无论是在他们的生活中,还是在他们的使命里。"①作为一个具有特殊意义的文本,中国传统族谱在编撰、传播、使用过程中一直显现着某种社会魔力的特征,这种魔力并没有因为外在家国权力、门阀制度的消逝而彻底褪尽"神器"性质,相反唐宋之后,因科举入仕制度而取得成功的儒士家族中,对外强调社会群体的区隔,对内致力于血缘世系的历史事实激励,强调保持思想、教育等文化资本的垄断优势等等功能,成为族谱的一个基本效用。

族谱由过去政治权力象征过渡到文化资本的身份证明,使局限于宗族的文化活动过渡到整个社会的文化实践。在中国传统社会中,士大夫阶层在图书编撰、著述、刊刻等学术思想活动中表现的宗族化特征,就是族谱"神器"性质、族谱所具有的"社会区隔"象征等等功能在全社会文化活动中的自然延伸和蔓延。

宗族族谱的编撰刊刻,无论从刊载内容的深度、广度还是从整个社会文化价值等方面,都无法与某个历史时期所进行的大型史书编纂、学术著述等文化活动相提并论。但由于从事史书编纂、学术研究与著述的个体来源于每一个姓氏宗族,每一姓氏宗族又诞生于某一个地理区域,因此宗族最基本的文化活动中,对族谱文本的宗族象征作用、族谱的身份证明功能,自然延伸蔓延到先人先师、同里故旧的文集编撰、刊刻等文化活动中。可以说,清人图书编撰、著述活动的宗族化特征,即是族谱文化意识的放大,族谱文本象征作用的自然蔓延。族谱的作用在中国不同的历史时期起到的基本作用是"明世系、辨昭

---

①[法]布尔迪厄:《国家精英》,商务印书馆,2005年版,第194页。

穆",为先人先师编刊、同里故旧编刊突破了血缘世系而放大到师业授受关系、同里乡邦的地域关系,是一种更大范围的"明世系、辨昭穆"。

族谱作为一种象征文本,由宗族赋予的"神秘"性质,连带到对所有著述、编撰的图书文本都带有一定色彩的神化认同。韦伯曾经指出,"在中国,有文字记载的礼书、历史和史书可以上溯到史前时期。早在最古老的传说中,古文字就被说成为神奇的东西,识文断字的人被视为神奇的卡里斯玛的化身。而且,我们将看到,今天依然如故。但是,这些人之所以有威望,并非由于魔力的卡里斯玛,而是由于文字和文学知识本身"①。其实,中国传统知识学人对图书文字的"神化认同",并非由于莫明其妙的力量,而来源于族谱曾经具有的史书功能、官府取士功能、定婚姻、辨门第等等国家政治权力的赋予,当外在的世俗权力逐步衰减、消失之时,而伴随着神圣化、象征性等精神认同,心理文化含量却逐步增强放大,放大到所有图书著述、编撰等文化活动之中。

对图书文字的神圣化,最为明显的是惜字会和劝善书,它是士大夫、文人儒士阶层彻底走向文字宗教化的典型事例。明清时期在士大夫、文人儒士阶层,惜字会和劝善书曾十分流行。所谓惜字,就是尊重写有文字的纸屑,人们看到被丢弃的字纸,应谨慎地捡拾起来,如果是在污秽的地方捡起来,则要用清水洗净,用干净的布袋收起来,累计到一定数量,在炉中焚化,然后将纸灰用管子装好,带到河海处,谨慎地送入水中。清代惜字会的主要功能就是以募捐方式筹款,善款用来雇人定时收拾弃纸,或向人买弃纸,并建烧纸用的惜字炉。参与惜字会活动除社会底层知识分子之外,还有一些著名的儒士官吏,如明末大儒刘宗周、康熙时期著名大臣赵申乔(1644—1720)、苏州儒士彭定求(1645—1719)、吏部主事徐谦(1776—1864)等等。

日本学者酒井中夫对明清劝善书中的惜字行为研究很多,他认为,现存最早的阴骘文应该是15世纪中叶颜廷表(1454年进士)所编辑的《丹桂藉》,丹桂比喻及第,此书顾名思义是为了志在中举的士子而作,士子如果想高中,就得实行书中所载之各类善事以积阴德,除一般地济贫救危、修桥筑路外,其中较特别的是立社仓和敬惜字纸,这两项活动特别配合了文人仕宦职业的性质。从明清这类善书文字中,可

───────

① [德]马克斯·韦伯:《儒教与道教》,商务印书馆,2004年版,第160—161页。

看出劝人惜字的主要理由是:文字有一种神圣性及神秘性,如"自仓颉作书,阐天地之灵秘而文章流遍宇宙……为上天所珍惜,人君子不可不深加敬畏者也……固有志功名之士固当重点画,即无心利禄之子,亦以畏敬斯文"①。刘宗周也认为"夫字纸者,天地之精华,圣贤之性命",也就是说,创造字的是天地间的一股神秘力量,不是人所能了解的,因此凡人对字都应敬而畏之,尊敬字纸自然有宗教性的意义。惜字会的第二个理由是字乃社会运作的主要工具,尤其是在官吏治民方面,有不可或缺的实用功能。"世间若无文字,则官吏无以为治,政令无以为凭"(周梦颜),"上非此无以立治,下非此无以资生"(刘宗周),儒士官吏站在官宦的立场上,把字看作治理社会的首要工具。文字既是儒士的谋生工具,也是官宦的统治工具,惜字无疑象征了对文职的崇敬,惜字会增加了儒士职业的神圣性。

从神器性质的族谱、到文集编撰、刊刻活动的孜孜追求,再到清人学术著作出版刊刻的薪火相传,最后到极端化的宗教组织——惜字会,虽然表现形态不同,族谱是依托文字将血缘世系神圣化,文集编撰是将人生不朽用图书文字来寄托,学术著述是为了阐发先祖、先师的思想创新,惜字会就是直接对主管文人儒士的天上神灵——文昌帝君的崇拜,它们均来自一个共同的社会心理:就是图书文字神圣化、神器化的象征与对这种象征的广泛认同。

无论是祖先尊崇、象征与标志,还是对图书文本的神化认同,都是建立在宗族共同体的基础之上。宗族作为一个政治、经济活动的共同体,是文化思想活动的重要基础,清人文集的编辑出版、科举家族的著述传统保持、清人宗族化学术活动中的学术成果刊刻传承,无不是首先从宗族社会生活的第一空间展开的。从根本上讲,宗族关系是人类社会所有血缘群体中必然存在的关系,某一宗族集团或者共同体之所以形成,不管是以父系还是母系作为组织结构,都是在长期而复杂的历史中形成的历史结果。正如 M·佛德斯(Meyer Fortes)所指出的:亲族的世系关系是不可能还原为其他事项的独立事项,这是因为亲族关系的基础是对亲子关系的认识这一人类普遍的倾向本身,它不能还原为依附亲族关系的政治性、经济性等功能因素。因此世系关系独立

---

① 转引自梁其姿:《施善与教化——明清的慈善组织》,河北教育出版社,2001 年
　　版,第 177 页。

于政治、经济等社会生活功能要素之外,纯粹是与集团成员权的确定相关的一个原理。这个观点在列维－斯特劳斯(Levi－Sterauss)那里得到确认,亲族是一种独立的不能还原为政治、经济因素的事项,在列维－斯特劳斯的结构主义思想中,宗族关系被看作是一种不能替换的、具有独立结构的东西。在现实生活中,宗族关系当然不能孤立、抽象地存在,它一定会在一个宗族、家族的范围内,以某种政治、经济的具体权利与义务关系的中介表现出来①。因此,在宗族功能性的政治、经济关系中,著述、族谱等文化行为就成为一种标识,或者具有可识别性的宗族标志。因此,宗族化的文化活动又对宗族的政治、经济活动给予规范、指导,甚至是宗族遭受政治、经济的巨大变迁时的一种重要复原力量,这在本书第二、第三章科举家族、学术活动的分析考察中可以得到十分清楚的证明。

　　宗族是建立在血缘、姓氏基础之上的政治经济文化单元,血缘姓氏是与生俱来的,它的无法选择性带来了宗法伦理价值观念的超验性质,因此对图书文本的神化与在社会生活中的广泛认同,便成为一种超验观念。无论学术活动中学术著述的传承,还是科举家族为了保持科举优势而进行的著述追求,都或多或少体现着人生目标与价值实现的追求,这种追求在今天,在以经济交换为核心价值的现代社会看来,就更多显现为一种宗教性质。

---

①钱杭:《血缘与地缘之间——中国历史上的联宗与联宗组织》,上海社会科学院出版社,2001年版,第53—54页。

第七章　现代与传统之间

——清代图书出版史的基本判断

本书开篇,把中国现代化的起点放到 1860 年,对图书著述刊刻等文化活动,按照在传统与现代之间的接缝处这样一个大视角来考察,从清人文集著述的角度切入,落脚点放在清人宗族共同体。

对于中国传统社会的认识,中外理论界有一个一致的结论,那就是以宗族为中心的社会结构设计,由家族、宗族出发到区域共同体、再到国家和整个天下,宗法伦理精神贯穿于整个社会的政治、经济和文化之中。我们从著述、编撰、刊刻图书这一显性的文化活动中考察,同样发现了这种依次推演的逻辑。以宗族为中心的图书文化出版活动、以宗族为中心的学术共同体在向现代化转变的过程中,自身经历过一场至今仍然没有结束的痛苦蝉蜕过程。

布莱恩·特纳在《古典社会学及其遗产的进一步考察》中写道:"这一过程有几个重要而明显的特征,它包括封建等级制的解体。在这种等级制中,社会代理人之间的社会关系是由传统、习俗和律令来调控的,为统治阶级提供了各种形式的豁免权。这一体系被一个剥削体系取代了,市场成为决定性的力量,人们在市场中购买或为了换取工资而出卖劳动力。这个社会是一个日益建立在经济阶级和经济价值观之上的社会,这种阶级和价值观已不再那么注重传统的等级划分、权力的标志和个人的世系荣誉形式了。建立在现金交易关系基础之上的阶级体系的出现消除了传统文化和宗教价值观,引导了世俗化的总进程,在以城市生活、民族国家和通讯与技术的新系统起主导作用为特征的社会生活中听任新意识形态的出现。"①对于中国传统社

---

① [澳]布莱恩·特纳:《古典社会学及其遗产的进一步考察》,收于苏国勋、刘小枫主编,《社会理论的开端和终结》,上海三联书店,2005 年版,第 490 页。

会是否属于封建社会性质,中外学者有不同的认识,但这不妨碍得出这样的一个结论:传统中国社会以宗族为中心的社会结构设计而存在着的对姓氏祖先、世系血缘等一系列宗法道德、伦理、以及超验的文化情感,在政治、经济和文化活动中日益被货币交换为基础的经济价值观所侵蚀、融合甚至完全取代。这一点在著述、编撰等文化出版活动这一个最重要的文化结点上表现得尤其明显。它首先以印刷技术为突破口,以丰厚的资金实力和科学知识为背景的石印技术、铅印技术的引进和大批量输入,使中国传统几千年沿用的,以一家一户一族之力就能够进行图书文本加工的雕版生产技术一夜之间消失,代之而起的是大规模、专业化的现代生产车间,由此引发中国几千年来从未有过的一系列文化生态的巨大变化。

第一节　变革,从 1860 年开始

一、宗族出版受到职业、专业出版的侵袭、瓦解、直至彻底取代

(一)中国传统宗族出版体系——私人刻书的历史价值

在中国传统印刷史、图书文化史的研究领域,通行的观点是三大刻书系统:官刻、坊刻和家刻,家刻又称为私人刻书。从家刻的组织实施来看,私人刻书往往是举一族之力,甚至几代人的财力,前赴后继才能实现,家刻、私人刻书实质就是宗族化的编辑出版系统。

目前学界对私人刻书系统的评价和研究成果比较丰富。比如肖东发教授的《中国传统图书印刷史论》中,对私人刻书的特点、历史贡献都有高度评价,"他们以刻书为荣,有的刻书家宣扬祖德,以示门第之高贵;有的刊刻乡土文献,选辑佚文,以示地望之不凡;有的搜罗佚典秘本,校刻行世,以示学问之雅博;有的代官场刻书,抬高身价,也利名人举荐",也有的私人刻书是"为读书做学问而刻书","还有的是为扩大藏书而刻"。肖东发教授还总结了私人刻书的特点:选择优秀底本,精审校刊、请名家手写上版、请名工匠刻板印书等,[①]对于私人刻书系统的评价和贡献,研究界的观点基本一致。

---

① 肖东发:《中国图书出版印刷史论》,北京大学出版社,2001 年版,第 245 页。

以本书的观点来看,中国私人刻书是和宗族的科举教育、族谱编撰等文化活动,尤其是学术研究以宗族为主体面开展密切相关的,这个特点决定了私人刻书系统所具备的悠长历史,以及所创造的学术、思想等文化价值都是官刻、坊刻所无法比肩的。以往学界从学术研究、时代文化活动的视角去关注印刷、版本、文献甚至校勘的不多,更少见从社会学的视角去全方位考察。正如肖东发教授已经看到的,"私人刻书家的印刷出版活动,是与他们的学术研究结合在一起的。这一点官刻似乎少一些,坊刻就很少了。私人刻书家在搜集、整理、编辑、刻印古代典籍的过程中,同时开展了缉佚校勘、辨伪、考据、研究版本、编纂目录以及著述和编辑丛书等一系列学术活动,建立并丰富了这些治书之学"①。

中国私人刻书系统所取得的成就,其原因就在于许多私人刻书家都具有学术研究的背景,甚至是某一时代学术思想的代表人物。如我国第一个私人刻书家是五代时的和凝(898—955),《旧五代史·和凝传》有"平生为文章,长于短歌艳曲,尤好声誉,有集百卷,自篆于版,模印数百帙,分惠于人焉"②。曹之教授仔细考证了宋代大理学家朱熹,指出朱熹同时又是一位优秀的私人刻书家。同样,在本书第四章一至三节中考察的102位学人当中,戴震、段玉裁、王念孙、王引之、惠栋、汪中、汪喜孙、姚鼐、刘宝楠、刘文淇、刘师培、江藩、方宗诚等等一大批学人,既创造了清代学术的一个个高峰,同时又是著名的校勘、编撰大家,不仅为自己、为宗族成员编撰、刊刻文集,也为官府及士大夫校书、编书。阮元在《国史儒林传》云:"综而论之,圣人之道,譬若宫墙,文字训诂,其门径也。门径苟误,跬步皆岐,安能升堂入室乎。学人求道太高,卑视章句,譬如天际之翔,出于丰屋之上,高则高矣,户奥之间未实窥也。"③是否能够进行图书校勘、编撰,是衡量一个学人能否具有学术研究的基本功力和学识的标志,而坊刻从业人员是无法具有私人刻书系统所具备的高素质的。

正如布尔迪尔所说的,中国传统典籍校勘的文化能力在学术团体中具有的作用,"在某种意义上,我们可以说,看的能力即是知识或概念的功能,也就是词语的功能;即可以命名可见之物,就好像是感知的

①肖东发:《中国图书出版印刷史论》,北京大学出版社,2001年版,第251页。
②《旧五代史·和凝传》,中华书局,1999年版,第1165页。
③阮元:《揅经室集》(上),中华书局,2006年版,第37页。

编程。这样当一个人拥有了文化能力,以及拥有用以编码艺术品的代码,一件艺术品对他而言才具有意义和旨趣"①。因此,能够进入学术研究的前提是具备典籍文字的辨伪、校勘能力,这也是著书、编撰、刊刻等图书文化活动的基本素质要求,这种能力的培养必须经过较长时间的言传身教、大量实践学习才能掌握,只有具备这种文化积累的家族才能培养出优秀的校勘人才。藏书家多是校勘、辨伪、版本的高手,而校勘、版本等文献学又促进、丰富了藏书。在清代,仍然是只有在具备校勘能力和拥有一定图书典籍之后,才有条件进行学术研究,这和中国几千年图书发展的各个历史时期大同小异。

对于搜求缉佚,许多学人视为自己学术研究的一部分,这是中国一个悠久的学术传统。如明代万历年间胡震亨曾辑刻丛书《密册汇函》,但全书未刻书版就遭焚毁,后余版被常熟毛氏汲古阁所得,扩而增之,加刻而成《津逮秘书》。时至清代,毛氏同里常熟张海鹏,又在汲古阁本基础上,补充自购善本,增订而成《学津讨源》丛书。在黄廷鉴为张海鹏所写的《朝议大夫张君行状》中说:

> 君治经之暇,旁通子史百家言。尝慨古今载籍,几经厄劫,历观史志所载及藏庋库家所著录,存者百无一二。方今典籍大备,不有以聚而流传之,将日久散佚,此后生读书者之责也。昔吾邑隐湖毛君,以一诸生,力刊经史诸书,广布海内,迄今几二百年,经史旧版,尚可摩印。前世可师,遂矢愿以剞劂古书为己任。居恒尝与人语:"藏书不如读书,读书不如刻书,读书只为己,刻书可以泽人。上以寿作者之精神,下以惠来者之沾溉。视区区成就一己之学业者,其道不更广也?"其拳拳于流传古书,至老弥笃,素志然也。②

清代学者张海鹏正是以这种"存亡续决"为己任的私人刻书精神,保留了一大批罕见珍本。如《学津探源》为二十集,收书一百七十三种,一千四百一十卷;《墨海金湖》一百六十册,收书一百七十七种,七百余卷;《借阅山房汇钞》十六集,一百零二册,收书一百三十七种,专收明

---

①[法]皮埃尔·布迪厄:《〈区隔:趣味判断的社会批判〉引言》,收于陶东风主编,《文化研究》第4辑,中央编译出版社,2003年版,第9页。
②肖东发:《中国图书出版印刷史论》,北京大学出版社,2001年版,第252页。

清两代学者著述,其中有四库未收之书;他还刻印了《太平御览》一千卷,其中有三百余卷据宋小字本刻印。

中国传统图书文化中的这种悠久的刻书、藏书传统,保存了一大批优秀的文化典籍,而其中最主要的贡献来自于私人刻书系统,而大量的私人刻书又是一大批学者所推动,与学术研究紧密结合在一起,甚至校勘、搜集、订正古籍的版本、目录、文献学也被称之为"治书之学",成为学术研究的入门基础。

可以说,中国宗族出版系统,包含私人编撰、刻书、藏书等整个系统,是中国传统文化出版中最有价值的一个体系,它代表着时代最高的学术研究水准,也成为保存中国几千年文化传统最富有韧性的悠久力量,私人藏书、刻书系统在几个关键的历史时期都成为复兴时代文化的再生母体。隋、唐、宋、明、清历朝都有过大规模向民间收集藏书的行动,这些史事足以表明宗族文化体系所具有的文化水准和文化传承力量。

(二)私人出版系统——清代私人刻书的类型和数量

对于清代私人出版的研究,学界已经取得了丰硕的成果。钱存训先生总结清代学人刻书,有如下四种:一是在官府中任职的学者,有时以个人身份主持印书,而其资财或出于官方,或来自私力,因其地位显要,常能罗致硕学之士帮助编修;二是饱学之士,常以传播自己的学术成果作为刻书的主要目的;三是许多清代学者立意将重要的古籍整理考订,求得最佳版本,以毕生之力从事考据之学,他们在校勘古籍、辑佚证训、订正讹夺之后,尝将定本付诸梓印;四是爱书成癖,书痴之辈,耽于收藏版本,多多益善,甚或视所藏真本佳刻如瑰宝,编选梓印,以光流传①。在上述总结的四种情形中,有三种属于私人刻书系统,二、三种本身就属于学术研究的活动范围。

对私人出版系统的种类归纳,钱存训先生的结论是可靠的。一是学者以个体方式、家族之力出版自己的学术成果,二是以家族之财力、物力和人力校勘、收藏古籍版本。这两种属于典型的私人出版。本书第四章所收录的 102 个学人的著述出版、传播,都属于这两类。

值得提出的是,清代的私人出版系统,还有一种特殊情况,那就是

---

① 钱存训:《中国纸和印刷文化史》,广西师范大学出版社,2004 年版,第 164 页。

清代的一些高官、士大夫同时也是学者,他们以这种双重身份,资助、推动具有一定规模的编辑出版工程,仍然属于私人出版活动。如清代初期有顾炎武的外甥徐乾学、徐元文兄弟在借助为官方主持《大清一统志》和《明史》的修纂过程中结交的大批学界名流,组织编辑了《通志堂经解》,这是一部汇聚宋代理学家经学著述的大型文集,卷帙浩繁。其中大部分学者,如阎若璩、胡渭、顾祖禹、刘献廷等,都属于徐氏兄弟私人资助的学者,大部分在徐乾学幕府从事研究。清代中期有历任山东、浙江学政及两广总督的阮元,曾于1795年在杭州组织三十多位学者编辑出版《经籍籑诂》、《十三经注疏校勘记》等大型学术著作;在1817—1826年,任两广总督期间,聘请著名学者江藩主持《皇清经解》,收录经学著作一百八十八种,共计一千四百零八卷。《皇清经解续编》由王先谦在清末编刊。此外,还有朱筠、朱圭兄弟、毕沅等一系列清代士大夫把大批学者召入自己的幕府,从事著述、编纂、校勘等具有一定规模的学术研究、史籍整理出版工程。清代学术界在历史校勘、考证等方面取得的一系列成果,如《资治通鉴后编》、《续资治通鉴》、《史籍考》、《皇朝经世文编》等都是通过这种私人幕府方式取得的①。

　　钱存训先生对清代的印书数量也有过考察,他认为清代印刷主要有四种:首先是各省、州、府、县、村的行政官署出版的地方志,有的甚至有名山、关隘、河堤、桥梁、盐井、庙宇、书院、陵墓、园林等专志。在现存约七千种地方志中,80%以上是属于清代编印的。其次宗族家谱也是清代印刷的大宗,世界各地公共机构所藏中国人的家谱至少有四千种,经考察明确的一千五百五十种中,清代所纂修者即有一千二百一十四种。第三是个人文集的刊印数量极大。据估计在收录清代著述作品的五种全集中,记载了一万四千名清代的作者,他们大多有个人的诗文集被著录刊刻;最后一类是丛书的印刷,这是印本书籍包罗最广泛的一种。丛书的编辑,是取各种不同的学术著作收于一集,或初刊,或重刻,版式一律,编排有序。已知的收录有七万种不同著作的三千种丛书中,绝大部分在清代刊刻②。上述四类,其中两类属于私人刻书,如族谱、家谱、个人文集、著作总集不用说,就是由各省、州、

①尚小明:《学人游幕与清代学术》,中华书局,1994年版,第233—247页。
②钱存训:《中国纸和印刷文化史》,广西师范大学出版社,2004年版,第166—167页。

府、县等专业机构刊刻出版的七千种地方志,也有一大部分由知识学人主持从事,这在本书中前几章的一些事例足可证明。

可见,宗族私人出版系统,不仅是清代最有文化价值的出版形态之一,而且在出版总量上,也占据相当的份额,这是清代图书出版的一个基本特征。

(三)清代雕版印刷中心的变迁与宗族私人出版

前文提到,图书的生产加工技术,与图书出版及其学术共同体文化学术活动之间,二者是互为因果的文化生态关系,这一结论在1860年之前的清代图书出版活动中也得到了证明。清代的雕版印刷技术高度发达和广泛普及,使著述、刊印图书成为许多普通知识学人的一种精神生活选择,并为其能够进行学术研究铺平了道路。清代大量平民学者的存在,印刷技术的普及和印制成本的降低是其客观的外在原因。

以印书中心的变迁为例,清代的印刷中心大体经历了如下的变迁过程:清初"由于清代中央政府积极从事编修与印刷,北京自然成为印行书籍的中心。南京、苏州、杭州、扬州等地也有兴盛的印刷业。与这些地方的书业兴起同时,福建的重要性日渐衰落,其所印版本行销日促,大非昔比。四川省饱受兵燹,书业也江河日下。清朝二百余年间,江浙二省以其地处南北要冲,鱼米富庶,商业兴盛而一直为书籍收藏家集中之地。湖南湖北二省也日趋繁荣,而作为西方实力进入中国之主要门户的上海,于十九世纪末逐渐成为全国主要的印刷中心"[1]。

在本书前几章中按照子承父业、兄弟相继、同里乡邦的三个线索讨论的大部分学人中,地理范围基本属于北京、杭州、苏州、扬州、湖南等地,与印刷中心的地理范围基本吻合。图书印刷业的兴盛与否显示了学术研究活动的繁荣与衰落,甚至学术水准的高低。印刷活动看似与学术研究活动表面上不相关联,但由于中国传统图书是以手工生产的雕版为主要加工手段,这一生产的特性就决定了图书的形态、传播方式和图书数量。这是一个相互关联的文化生态。正如本书开篇的比喻,是用大桶盛水还是用茶杯盛水一样,图书的生产技术、传播方式及其由此形成的时代制度,对一个时代的文化和思想有着不可忽视的

①钱存训:《中国纸和印刷文化史》,广西师范大学出版社,2004年版,第161页。

影响。

　　钱存训先生通过比较中西印刷术对社会和文化产生的不同影响，总结出中国印刷技术的几个特点。他认为："在这两个不同的社会中，印刷术都使书籍的成本减低，产量增加，形式统一，并使书籍有更多的流传后世的机会。但在其他方面，印刷术却以不同的程序，向不同方向发展。在西方，印刷工具逐渐机械化和自动化，大规模生产和发行，形成一个强大的出版工业；在中国，自印刷术发明以来约有1000年的时间内，印刷没有发生重大的技术性变革，始终保持以一种传统的手工业方式进行……中国印刷术帮助了书写文字的连续性和普遍性，成为保持文化传统的重要工具。儒家典籍与科举考试用书的印刷，更可证明。所以，印刷术是中国文化和社会的相对稳定的重要因素之一……中国的印刷事业一般由政府机构或私人主持，重在传先哲精蕴，启后学困蒙，并不以盈利为目的……一直到19世纪末20世纪初，西方活字印刷术反哺中国，才带进了西方思想制度和科学技术，因此引起现代中国在政治、经济、社会、学术和文化各方面的改革和变动。"[1]这段文字表明，钱存训先生看到了印刷术对中国书写文字连续性的影响，同时也指出了十九世纪末二十世纪初中国社会政治、经济、学术和文化的巨大变革，始于西方活字印刷术的引进，这在文章发表的1962年，的确是一个崭新的视觉。

　　以本书对清代学人学术活动的宗族化特征的追寻过程来看，正是存在着这样一个内在的关联：以宗族为主体的文化出版活动，相对应着一个以雕版印刷技术为主流的手工业图书生产水平，二者互为因果，相互适应。高度成熟广泛普及的手工刻印技术，使大批普通知识学人能够拥有图书文献，进入学术研究领域，并及时把著述、研究的成果编撰、刊刻、传播，从而促进整体学术进步；一个宗族、家族的父子、兄弟、亲朋、师友构成学术活动圈子，相对有限的时间、空间，不可能对图书的刊刻印刷数量有大规模的需求。因此，学术成果的有限传播与手工业雕版印刷之间是相辅相成的、互为基础的文化生态关系。

二、职业化出版体系的逐渐形成、对宗族的瓦解直至最终取代

　　1860年可以看作是一个现代与传统之间的历史分水岭，中国社会

---

①钱存训：《中国纸和印刷文化史》，广西师范大学出版社，2004年版，第360页。

的一系列巨变都出现在这一历史时期,这是一个现代与传统的接缝处。随着皇权的政治影响逐渐式微,直到 1912 年退出历史舞台,各种政治势力组建的党派、团体纷纷出现。社会政治的巨大变革,需要政治宣传功能更强大、传播更快捷的媒介,而比图书传达信息更方便、更有时效的报纸、杂志逐步取代图书的主导地位,走到政治宣传的前台,成为最有力的武器。图书文本不再成为唯一选择,报纸杂志取代了图书的信息传播功能,图书逐渐回归深层次思想交流的载体。这个历史时期,各种职业组织、共同体都组建代表自己意志的文化机构,使大量的报社、杂志社、书刊社井喷式的出现。这种巨大变革使传统宗族、血缘世系和同里乡邦组织起来的学术、文化共同体受到大肆侵蚀,取而代之的是同一职业、相同思想、追求趋同的文化共同体大量出现,并以现代报刊杂志的传播为舞台进行学术、思想和文化活动。

这个变化是深刻的,划时代的。可以说,我们今天仍然处于这一深刻变化的历史过程之中。它在三个方面值得深入探讨:

第一,建立在对姓氏祖先、血缘世系崇拜基础上的传统文化生活,体现深厚的历史价值观,然而这种历史价值被以职业、行业形成的文化共同体所分解,历史价值开始远离现代中国人的文化生活;

第二,传统宗族不再承担学术共同体、文化思想创新活动的组织功能,其至被迫退出学术思想的创新过程,并让位于职业知识共同体,如教育机构、专业媒介、文化出版组织等,这使学术共同体的文化活动第一次失去了广泛的社会基础,而急速转向与政治、经济的合谋与联姻,思想学术真正成了"象牙塔"中之物,传统价值不知不觉地大大削弱。"即作为商品,它们一般都是可以理解的。它们不再继续是教会或宫廷公共领域代表功能的组成部分;这就是说它们失去了其神圣性,他们曾经拥有的神圣特征变得世俗化了"①。

第三,传播文本的变化对知识架构的影响,正如哈罗德·英尼斯所看到的:"传播媒介对知识在时间和空间中的传播产生重要影响,因此有必要研究传播的特征,目的是评估传播在文化背景中的影响。根据传播媒介的特征,某种媒介可能更适合知识在时间上的纵向传播,而不适合知识在空间中的横向传播,尤其是该媒介笨重而耐久,不适合运输的时候;它也可能更加适合知识在空间中的横向传播,而不是

---

① [德]哈贝马斯:《公共领域的结构转型》,学苑出版社,1999 年版,第 41 页。

适合知识在时间上的纵向传播,尤其是该媒介轻巧而便于运输的时候。所谓媒介或倚重空间或倚重时间,其涵义是:对于它所在的文化,它的重要性有这样或那样的偏向。"①报刊文本无疑是建立在空间结构之上的便于横向知识传播的媒介,那么,1860 年之后的一百多年里,当代中国文化如此抛弃传统的纵向历史观念,和图书与报刊文本传播力量的此消彼长有直接的关系,而更为重要的是,站在两种媒介身后的是两种文化生产力及其截然不同的价值观。

(一)1860 年之前的宗族化学术共同体

本书以 1860 年为分界线,考察由清代学者、士大夫阶层组成的前后两个团体的活动情况,来对比说明这种巨变的过程。前期以嘉庆、道光年间京师士人的修禊雅集活动为主线进行分析,后期以 1860—1905 年之间戊戌变法前后,康有为、梁启超等组建的强学会及其相关报纸、杂志背后的学术活动为例,对比前后两个历史时期学术共同体截然不同的变化。

修禊指的是农历三月三日,到水边洗濯、嬉戏以除不祥,后来成为士人雅集的主要形式,参加者赋诗酬唱,享受自然风光。清代士人的雅集修禊活动,按照罗检秋先生的考察,大约是从嘉庆初年开始,以士人长期居住的北京宣武门外宣南地区为基本活动范围,前期以宣南诗社、苏斋诗会为标志,时间约在嘉庆九年(1804)到道光三年(1823 年)之间;中期以"江亭"为中心的修禊聚会活动,时间在道光九年(1829年)至道光二十年(1840 年);后期以顾祠为中心的修禊活动,时间大约在道光二十三年(1843 年)之后。

参与前期诗社活动的成员,基本上以同门、同乡和亲友为主,如嘉庆九年(1804)"消寒会"有陶澍、顾莼、周之埼、钱仪吉、董国华、梁章钜等人,他们均为嘉庆七年同科进士。嘉庆十九年陶澍、贺长龄、贺熙龄、钱仪吉、董国华、吴嵩梁、胡承珙复举此会,始有"宣南诗社"之称,其中陶澍、贺长龄、贺熙龄、胡承珙不仅为同科进士,还是湘籍同乡,陶澍与贺长龄还是儿女亲家,贺长龄、贺熙龄为亲兄弟。宣南诗社先后二十多年的活动过程中,参加成员逐渐突破亲属、同门、同乡界限,先后有一些思想、政见趋同的士大夫加入,如鲍桂星、朱为弼、潘曾忻、徐

---

① [美]哈罗德·英尼斯:《传播的偏向》,中国人民大学出版社,2003 年版,第 5 页。

宝善、程恩泽、周肖濂、林则徐、汤茗孙、徐璈、魏源、蒋廷恩、张成孙、龚自珍、李彦章、李彦彬、谢阶树等一大批官员和文人学士,其主要目的是连接友谊、切磋学术、交流思想,并逐渐成为具有一定学术自觉和政治内涵的聚会。

中期修禊活动是以王羲之所记"兰亭修禊"为名义,发起人是前期宣南诗社成员徐宝善、黄爵滋,两人不仅是京城诗坛领袖,还是好友。参与此间活动的成员除了林则徐、陈用光、朱为弼等前期宣南诗社成员外,还有一些经常参与前期修禊活动的家族成员,如李彦彬、李彦章兄弟,大学士潘世恩之子潘曾绶、潘曾莹、潘曾忻三兄弟。"兰亭修禊"分别在道光九年、道光十年、道光十二年、道光十六年举行大型聚会活动,成员有翰林、内阁中书,后来扩大到来京应试的举人和一些布衣学者。如谭祖同、谭祖勋、汤鹏、汪喜孙、宋翔凤、包世臣、魏源、龚自珍等,人数最多的一次达到 48 人。

后期以"顾亭林祠"落成纪念为契机,发起人为湘籍京官何绍基,于道光二十四年二月、五月、八月举行三次祭祀活动,同仁多赋诗记事,此后每岁春秋和在顾炎武生日时均举行聚会。除汉学家何绍基之外,参加者有张穆、苗夔、徐松、陈庆镛、许瀚、魏源、何秋涛、王梓材、冯桂芬、郑复光、朱右曾、叶东翁、庄受祺、梅曾亮、朱埼、苏廷魁、王柏心、吴嘉宾、邵懿臣等。这些人有的是湖南籍学人,有的尊崇宋儒理学,但大多是汉学大家阮元、程恩泽的门生弟子①。

仔细分析上述成员活动可发现两个特点:一是自发的组织活动,潜在的发挥了学术共同体功能——思想交流、文化传播。如无论是诗社、诗会,还是兰亭修禊、顾祠修禊,这些活动有的不无政治背景,如林则徐、徐宝善、黄爵滋、张际亮等士大夫倡导的"禁烟"、"清议"等政治主张,首先得到诗社成员的响应,虽收效不大,但在学术上却起到了学术共同体的沟通交流作用。如对文学家欧阳修、苏轼、郑玄、顾炎武等一系列祭祀对象的变化,反映了清代士人学术取向的变化,尤其是汉学流派与宋儒理学的沟通、交流,对经世致用思想的传播,起到了重要的推动作用。其二,从 1804 年嘉庆初,到道光二十三年(1843)年,近四十年活动过程中,成员身份逐步由亲友、同乡、同门扩大到政治主

①罗检秋:《嘉庆以来汉学传统的衍变与传承》,中国人民大学出版社,2006 年版,第 165—171 页。

张、学术思想一致的成员也加入其中,由上层高官扩大到中下层官员,甚至一些布衣学子,这意味着学术共同体的组织标准,传统宗族伦理观念逐步淡化,但主体成员仍然以同乡、同门和亲友为最多,宗族化的大框架没有突破。其三,皇权、文化官吏及其儒士等基本的政治秩序依然存在,共同体的交流局限在学术思想交流的范围之内,政治欲求有限。

(二)1860 年之后的职业化共同体与传播媒介的更替

再看 1860 年之后的学术团体情况,就会发现,其与前期存在着极大的区别。

1860—1911 年,在清王朝风雨飘摇的最后五十多年时间里,以戊戌变法为标志,孕育发生了中国社会的一系列巨变。各种势力的思想要求、政治主张,需要更为及时的传播载体,因此报刊、杂志成为首选,图书第一次失去了包括学术活动在内的文化活动过程中的中心媒介地位。据戈公振《中国报学史》记载,在上海一地,由于印刷技术的迅猛发展,报刊大量出现,日报有三十一种,杂志四十六种;北京地区,日报有十九种,杂志有五种;天津有日报九种,杂志二种;广州有日报三十一种,杂志五种;潮州一种;苏州三种;无锡日报、杂志各一种;镇江报纸一种;扬州杂志报纸各一种;芜湖日报四种;安庆一种;南昌三种;九江一种;赣州一种;汉口十三种;武昌二种;长沙日报二种,杂志九种;重庆日报、杂志各二种;成都报刊各一种;济南日报二种,杂志一种;烟台日报四种;青岛一种;太原二种;奉天五种;吉林、长春、营口日报各一种;哈尔滨二种;伊犁日报一种;杭州报纸五种,杂志五种;宁波二种;厦门日报二种,杂志一种;汕头二种;贵州一种;桂林报纸一种,杂志一种;梧州一种。总数达到二百三十二种。① 如中国第一份具有现代意义的报纸是《察世俗每月统计表》(1815 年),代表的是西方传教会,此后最有影响的是《万国公报》;最早的中文日报是《中外新报》(1858 年),由伍廷芳提议组建,代表的是清末势力中较强的洋务势力;最早的民间报纸是《循环日报》(1874 年),最有影响的是《申报》,代表的是民间寻求变革的力量,此后有强学会的《中外纪闻》、《强学报》、《时务报》,表达的是康有为、梁启超等变法自强的维新意志;《新

---

① 戈公振:《中国报学史》,上海古籍出版社,2003 年版,第 143—148 页。

青年》（1917 年）表达的是最早的中国共产党人用马克思主义进行民族救亡图存的理想。五四运动前后，应全国风起云涌的文化思想革命需要，报刊更是出现了井喷似的增长，据统计，1917—1921 年四年间，全国新出版的报刊杂志超过一千种，是 1905 年的三十倍①。

　　1895—1897 年间，康有为依托"强学会"在北京创办《万国公报》、《中外纪闻》和在上海开办的《强学报》，广州《知新报》、湖南《湘报》、《湘学新报》等系列维新报刊，参与者有梁启超、徐勤、麦孟华、何树龄、欧榘甲、韩文举、陈继俨、罗孝高、王觉任、伍宪子、梁伯鸣、谭嗣同等一大批康有为的门生弟子，此外还有黄遵宪、江标、徐仁铸、唐才常、陈为镒、熊熙龄等维新派的学者，有的后来成为革命者。有意思的是，当时因为京城尚无铅印，《万国公报》最初是采用雕版印刷的。《湘报》也同样采用木刻连史纸印刷，后因为需要量猛增，不得不重新购置铅印设备，在长沙改为铅印。康有为转到上海开办《强学报》，除张之洞的政治支持外，印刷技术也是主要考虑因素。在上海的《强学报》、《时务报》周围，有一大批高层知识学人与江南士绅参与，如梁鼎芬、屠守仁、汪康年、张謇、黄体芳、黄绍箕、龙泽厚等人。除一大批知识学人之外，还有张之洞、邹凌翰、陆春江、经元善等洋务派官吏参与期间。《湘报》、《湘学新报》有湖南巡抚陈宝箴、陈三立、学政江标等支持。围绕《万国公报》、《中外纪闻》、《强学报》、《湘报》展开的争论非常繁杂，保守派、维新派、洋务派多方人物纷纷加入其间，如湖南籍叶德辉、王先谦等学者也曾参与《湘报》、《湘学新报》的争论。

　　类似强学会的组织还有很多，可以说如雨后春笋般纷纷出现，每个组织必有一刊物或报纸，如戈公振所记载的，"时四方新学士子喜康梁之议论新颖，群相呼应，起而组织学会讨论政治问题与社会问题。举其著者，如长沙之湘学会、时务学堂；衡州之任学会；苏州之苏学会；北京之经济学会；其他如算学会、农学会、天足会、禁烟会等，尤不可以记述，而每会必有一种出版物之发表意见。于是维新运动，顿成活跃之观，而杂志亦风起云涌，盛极一时"②。各种团体之多，报刊杂志增多，意味着文化沟通、思想交流的空间，突破了 1860 年之前那种士人雅集活动中，以传统姓氏宗族、血缘世系和同里乡邦为主体的单一组

---

①转引自周策纵：《五四运动——现代中国思想革命》，江苏人民出版社，2005 年版，第 182 页。

②戈公振：《中国报学史》，上海古籍出版社，2003 年版，第 157 页。

织界限,政治主张、思想追求或者职业、行业等多种组织原则并行不悖,因此各种政治、思想、学术共同体等大大增多,思想传播速度大大加快,人们社会文化的选择多样性也大大丰富。

就以学术思想的传播来看,一些最有影响的西方思想从引进发表到广泛出版传播,如果没有多种报纸、杂志的推波助澜,是无法想象能够在当时产生如此巨大的社会影响的。康有为、梁启超的维新变法、严复的《天演论》、谭嗣同的《仁学》、章太炎的“国学”论、陈独秀的“文学革命”论、邹容的《革命军》等等的传播,都证明新思想与媒介传播是互为因果的,甚至可以说,戊戌变法前后的报纸、杂志是伴随着思想的广泛传播而壮大的。

如1897年10月,福建人李志成在天津创办《国闻报》,但其背后的主办者是严复、夏曾佑、王修植、杭辛斋等学者,并由北洋水师学堂部分师生参与报纸编译工作。严复、王修植均在北洋水师学堂任总教习和会办,杭辛斋为浙江海宁人,曾任内阁中书;夏曾佑为杭州人,曾任礼部主事,两人均受邀参与办报。基本属于专业教育机构参与办报。《国闻报》为日报、铅印,它的出现具有标志性意义,与康有为、梁启超等师徒所创办的系列报纸有着本质区别。首先它是一份由专业教育机构所创办的报纸,其专业性、新闻内容的高度及其编、印、发的专业化运作都超过各种临时组织、临时团体的报纸。《国闻报》在“百日维新”中起到的关键作用就证明了这一点。其二,严复的《天演论》首先在《国闻报》的《国文汇编》上发表,成为广泛介绍西方的学术成果和政治经济思想的一块阵地,其中“物竞天择”等理论不仅成为当时维新运动的思想武器,也广泛影响中国近代社会的学术思想走向。

戊戌变法失败之后,晚清兴起“国学热潮”,梁启超在东京以《清议报》、《新民丛报》为阵地,在上海有邓实、黄节等组织的国粹学社(1904年),创办《政艺通讯》、《国粹学报》;有柳亚子、陈去病等人组建的南社(1909),创办《国学丛选》;有国学泰斗章太炎参与的《实学报》(1897年)、《译书工会报》(1897年)和章太炎的门生胡道南、董学琪、陈虬任等在杭州创办的《经世报》(1897年),这些报刊大量刊登阐发国学观点的文章、论文以及演说稿,对促使全国教育、文化界重新思考西方文化的引进,重新认识评估传统文化遗产,起到了积极的推动作用。章太炎的《儒道》、《儒兵》、《儒法》、《儒墨》等一系列国学观点,首先得到发表和广泛传播,逐步确立了其“国学界之泰斗”的学术地位。

　　创办于 1897 年的《农学报》,由罗振玉、蒋黻在上海发起的农学会主办,其中谭嗣同、梁启超均为会员,罗振玉、蒋黻为主编,大量译介西方农学知识、农学教材和西方经验、技术,长达十年,对中国现代农业科技具有一定启蒙作用。《算学报》也于 1897 年创办于温州,是中国最早的一份介绍数学知识的刊物,创办人为黄庆澄,自行创办,不受任何捐赠。《利济堂学报》,1897 年由利济医院的创办人陈虬在温州创办,它在温州设立二十二个销售点、浙江省二十六个、北京三个售报处,分工专业,从业人数多达五十人。《中国女报》为光绪二十八年,由《苏报》主人陈范之女陈撷芬在上海创办,提倡女权女学。其中还有一些报刊由专业革命组织创办,成为政治革命组织的机关报,如 1902年,蔡元培、黄宗仰、吴敬恒、蒋智由等在上海发起的中国教育会与《苏报》,孙中山、黄兴、宋教仁等组建同盟会,于 1905 年在东京创办《民报》,于右任在 1905—1911 年在上海创办的《神州日报》、《民呼日报》、《民吁日报》、《民立报》等等。这些都是对传统的一种极大突破。

　　总之,此时涌现一大批内容专业、读者定向的报刊杂志,标志着传统知识阶层的文化空间得到大大拓展,文化选择的多样性得到充分地展现。分析以康有为、梁启超等强学会为代表的知识团体的活动,可发现如下几个特点:

　　一是尽管各种团体组织是不成熟的,不稳定的,但它与 1860 年之前的嘉庆宣南诗社、诗会、以及文人雅集修禊活动相比,潜在的血缘、地缘关系组织原则消失了,或者说不再是主要的组织原则,政治思想、文化主张成为一个重要的组织标准;

　　其二,大部分组织、团体的活动围绕着报刊杂志等出版传播媒介为中心进行活动,康有为、梁启超的强学会就是明显一例,因此各种各样的专业化组织逐步成为各种现代专业文化结构的前身;

　　其三,政治与经济势力逐步取得了各种团体的主导控制权,传统的宗族化的思想目标、组织原则不再发挥作用,此段历史时期的大多数团体、组织都朝着两个方向发展:纯粹的政治团体和以盈利为目标的专业文化出版机构。

　　传统的著述传统,在现代媒介发生转变之后,尤其是背后的组织结构变为以思想、文化趣味为组织原则,并且逐步以经济利益为唯一追求目标的专业化机构,宗族共同体逐渐淡出图书出版、生产和销售等文化活动时,有关传统的一切,包括依附在之上的传统著述道德追求、传统图书价值观或者发生了位移,或者内化为个体的爱好、兴趣。

以宗族化为核心经过几千年漫长的历史时期建立起来的一系列文化传统,如传统的图书价值观、传统知识学人的学术理念和人生追求等等,都在此时这一剧烈的历史变革之中开始衰落,直至彻底沦丧。

三、一姓一族的手工图书印刷被现代机械化生产所取代

传统中国图书的生产加工,从隋唐代开始,逐步普及雕版技术,雕版技术一直到清代 1859 年前后,才开始退出图书加工的舞台。在近千年的时间里,刻、写、印一直以个体的一户、一家、一族的自然生态方式来生产运作。即使是皇家刻书机构、各级政府刻书,也是临时组织各地刻工写手,在一段时间内形成刻、写、刷印前后协调的临时性组织,生产力仍然建立在单个个体的手工制作基础之上。在对单个个体的生产力组织过程中,姓氏宗族、世系血缘、同里乡邦等传统宗法力量起着重要的组织协调作用,一姓一族一户的手工制作是中国传统图书生产加工的常态。

(一)宋、明至清初的历代图书刻工考

按照张秀民先生对宋代已存文献的考察,宋代可考的刻工大约有三千人,通过对这三千人的分析,发现共有一百六十一个姓氏,其中王姓刻工约八十人,陈、李、张、刘约六十人,其他各姓为十人左右。如叶中、叶田、叶用、叶定、叶柏五人刻《晦庵先生文集》。绍兴初在湖州刻《新唐书》之董明、董昕、董晖、董暄、董阳等五人,名字均从日旁,当为兄弟或堂兄弟。乾道五年(1169)蔡忠、蔡达、蔡恭、蔡昌、蔡革、蔡宁等六人,在泉州刻蔡状元的《浦阳居士蔡公文集》,高安、高定、高二礼、高安宁、高文定、高友成等六人,绍熙元年(1190)在江西刻邵浩编的《坡门酬唱》。其他同姓三四人与他人合刻一书者更多,也当为有一定姻亲关系的宗族成员。可见雕版刻字已成为一种时兴职业,故有不少家族加入①。

张秀民先生还考察了明代文献记载的最为有名的刻工,主要是来自安徽徽州的刻工,其中有三大姓:黄姓、汪姓和刘姓,尤其是徽派版画十之八九出于新安黄氏,此黄氏其实就是歙县虬村黄氏一族。虬村

---

①张秀民:《中国印刷史》,浙江古籍出版社,2006 年版,第 710 页。

或仇村,又作仇川,是歙县西的一个乡村。唐朝末年,黄氏始祖迁入虬村,聚族而居,族姓繁衍,明代多以镌刻为业。明代文献记载的黄氏宗族成员,有黄文敬、黄文善兄弟;黄钺、黄賸兄弟,黄钺为刻工黄珣之子;黄仕球、黄鐥父子;黄应济、黄应淳、黄应渭、黄应道兄弟;黄德新五父子等十几人史事。

清代黄氏刻书记载于文献的有,黄德新之孙黄利中(1652—1738),七岁而孤,家极贫,力田之暇,学会镌工,初刊童蒙书,边刻边卖,后来销路日广,凡经、史、古文、诗赋、试艺无所不包。黄利中之孙黄启梓,少时在浙学商,村故多剞劂氏,因亦习此为菽水计,卒年八十四,子国熙,孙鼎丰,皆能世其业。清代还有黄利中族人黄国达、黄国涤、黄鼎熙等十三人于嘉庆十六年刊述《西垂总统事略》地图,道光年间刊刻《歙县志》图①。总之。虬村黄氏一族自明代天顺成化年间,至清末刻书,约有五百年的刻书历史。

历代刻工均以男性为主,而到了清代,南北妇女参加雕版或印刷的比较普遍。据张秀民先生的考察,清代江西金谿县许湾、广东顺德马冈、湖南永州等地,均把书版作为财产,以书版多者为富,嫁女时常以书版为妆奁,而这些特别妆奁,一般是十几岁的小姑娘在出嫁以前自己动手刻成的。马冈的妇女儿童均能刻书,男子但以墨刻画线,当辅助工,刻字主要依靠女工。湖南永州,也有妇孺及牧童,一边放牛一边刻书。因出于妇女小孩之手,马冈、永州的错误率很高。此外,还有流动刻工,农忙时一般务农,农闲时挑着字担去外村或外县工作,类似欧洲十五世纪的流动印工。他们的工资在清末每月十元,有的按页计算,每页二元;又有所谓版价,以字盘计,每盘计算约九钱十二文;有的供应饭食,也有谱匠自起炉灶,有茶水、烟、火纸、油等供应②。

刻写最多的种类是家谱、族谱,它成为我国传统图书种类中最大宗,因其需求量巨大,所以在雕版、活字、石印等几种中,以木活字印制产品最多。这是中国自活字印刷发明之后,使用最多的一种产品。据日本多贺秋五郎的统计,全世界包含美国和日本各地图书馆收藏(不含国内图书馆)的中国人族谱约有一千二百二十八种,其中木活字的达到六百一十二种,接近50%。家谱同方志一样,接近于连续出版物,

---

① 张秀民:《中国印刷史》,浙江古籍出版社,2006 年版,第 676—678 页。
② 同上,第 675 页。

一般十五年一小修、三十年一大修，故一般三十年必修一次。修谱经费一般由祠堂公款支出，或由派下子孙自由捐助。重修族谱时把一族中死亡、出生人口做一次详细登记，登入新谱，新谱与老谱不同，标明重修、三修、四修等字样。新谱告成是一件大事，有时演戏庆祝。家谱印数自七八部至二三十部不等，也有多至五十部或一百部。每部编成号，由各房珍藏。多用洁白连史纸印，开本甚大，普通多为高三十厘米，宽二十厘米。清代木活字族谱分布在江、浙、皖、赣、湘、鄂、川、闽等地，尤以江浙两省最多，这些地区聚族而居，族权发达，几乎村村有祠堂，每姓有族谱。因此在绍兴一代专门有从事谱印的工人，俗称"谱匠"或"谱师"，仅浙江嵊县谱师就达一百多人，他们字担上的木字，多达两万多个，分大小号，梨木雕成，秋收后到乡镇做工。

清代刻书业的家族宗族经营特性，以福建四堡为最典型。据吴世灯先生的考察，四堡书业始于康熙年间，兴盛于乾嘉时期，以邹氏马氏两家为最早，邹马两家子承父业，代代相继。康雍时期，邹姓书坊六家、马姓八家，乾嘉时期，邹姓增加到五十三家，马姓二十家，不明业主十一家，雕版总量达到三十九万片以上，出书六百六十七种，销路北至山东曲阜，南至海南岛，西至重庆，主要在两广、两湖及闽浙赣地区，两大宗族控制着四堡书业近二百年长盛不衰。邹氏家族自明至清，有一百六十九人中秀才，两人中举，大多数人仕途无望，而以刻书售书为谋生之路，邹氏家族的崇德堂延续八世，在全国各地售书人数达到二百五十二人，一直经营到民国初年，长达一百五十年。马氏家族的经纶堂也后传八世，延续近二百年，子孙众多，在全国开设分号达五十七个。由于大量的销售业务，四堡率先开设全国性质的书市，并以宗族血缘为界限采取"岁一刷板"、"藏版所有"等版权保护业务。具体做法是兄弟之间分得的书版，可以互相租赁，"不通同刷印，亦不得出售"，"租赁之版十部抽取一部，对外人并亲朋俱不租印，各宜尊家规"，利用家谱族规训诫同族各坊之间的版权保护①。四堡刻书是典型的建立在雕版印刷技术基础之上、产供销一体的宗族化经营结构。

总之，从生产加工的角度考察，无论是专业雕版刻手、木活字族谱的个性化定制，还是以销带动产、供、销一体化的四堡刻书，以手工方式生产加工图书，以一户一族一姓一村的宗族化方式自发组织加工、

①详见郑士德：《中国图书发行史》，高等教育出版社，2000年版，第443—445页。

销售,可以说是传统中国图书文化活动的主流。姓氏宗族、世系血缘和同里乡邦等宗法道德、伦理情感及其文化价值观在其中起着重要的组织和协调作用。

(二)机械化图书印刷技术对手工印刷的彻底革命

清代自 1838 年之后,石印技术、铜活字、铅活字等印刷技术大量引进中国,经过一段相互并存的阶段,在到 1860 之后,后者逐步占上风,到 1900 年,短短四十年的时间里,雕版彻底退出图书主业。期间先后经历石印、铅印两次技术革新,近千年的手工方式雕版、刻字和印刷业态一夜之间消失殆尽,以宗族化伦理道德价值组织起来的图书生产、销售系统受到了巨大冲击,以经济交换价值、利润至上的专业化经济组织重新调整中国传统书业运行结构,进而对中国传统学术研究、思想文化产生了巨大而深刻的影响。

石印、铅印技术是西方传教士带来的,他们依托雄厚的教会资金背景,从大批量刷印圣经、布道福音书开始,然后是印刷图书、报纸、杂志、画报等。石印技术又称平板印刷或称化学新印刷法。据清黄式权《淞南梦影录》记载,"石印书籍,用西国石板,磨平如镜,以电镜影像之法,摄字迹于石上,然后敷以胶水,刷以油墨,千百万页之书不难竟日而就,细若牛毛,明如犀角",石印之术快速,蝇头小字笔划清楚,远胜过雕版。当时士大夫还是疑信参半,"信者喜其成书之速,且精美异常也,疑者虑其不能传久,纸、墨或易渝也"[1]。后来知道石印本纸、墨焕然,历岁如新,始知石印本之优越。石板翻印古书,不爽毫厘,又可随意缩小,以便场屋舟车携带。因此 1860 年之后,石印大批量普及,盛极一时。据张秀民先生考证,仅上海一地,就有点石斋、同文书局、拜石山房、扫叶山房等八十家书店先后开展石印业务。点石斋为英国人美查于 1874 年所办,他在上海既办《申报》,又开图书集成局、申昌书局,石印与铅印兼营。点石斋石印的《康熙字典》,不足半年销售十万部,开创中国之前图书史的最高记录。此外,还大量刊印《十三经》、《佩文韵府》、《骈字类编》等图书,获巨额利润。由于石印原料,如石版、油墨等都需要进口,中国普通人开始是无法接触到这些技术,因此无论石印、还是铅印,前期大部分都为西方人所垄断,十年之后,

---

①张秀民:《中国印刷史》,浙江古籍出版社,2006 年版,第 441 页。

直至1881年才有浙江人开设拜石山房、广东人开同文书局。

　　铅活字印刷也是一项需要大规模资金支持的图书印书技术。按照张秀民先生的考证,欧洲人自1814年开始研究拼合活字,1833年由传教士带进广州。几经改进,戴尔首创汉字钢模,统计汉字使用频率,后来由传教士发明电镀制模技术,更广泛的统计汉字使用频率,大大方便了检字、排字工作,它是中国汉字印刷史上的重要革新。活字技术由美国长老会在中国的印刷所"华英校书房"开始,经宁波圣经书房、上海墨海书馆、美华书馆及北京同文馆等大量使用,印刷宗教书籍和引进译著,直到最后才出现中国人自己开发的"商务字"出现,前后历经几代人的努力①。由于上海已经成为当时中国的印刷中心,因此只有上海的一些书店才能有技术和实力经营铅活字印刷。但铅活字印刷所需资金投入数倍于石印业务,因此只有二十多家涉足,并且石印与铅印兼营。在张秀民先生考察的二十多家名单中,除西洋人外,其中包含官营资本的江南制造局和民营资本雄厚的商务印书馆。伴随着铅活字印刷,此后一系列现代制板技术,如照相铜锌板技术为光绪三十四年商务印书馆首次采用,印制教科书,后又引进德国滚筒印刷机、折叠机等。

　　清代后期因为石印、铅活字印刷技术的逐步采用,印刷加工生产能力大大提高,并日益集中在少数三四家资金雄厚的专业机构之中,如点石斋、同文馆、扫叶山房、美华书馆、广智书局、商务印书馆等石印、铅印产品行销全国。到十九世纪九十年代,石印技术基本代替了传统的雕版技术,除上海外,北京、天津、广州、杭州、武昌、苏州、宁波等地均开设了石印书局。除印刷图书古籍之外,还大量刊印报章杂志,报纸是其中最大宗。辛亥革命前后的《时务报》《经世报》《实学报》《蒙学报》《农学报》《萃报》《格致新闻》《普通学报》《工商学报》《中外算报》等均为石印。光绪末年,随着科举考试的结束,石印古籍销路大减,而铅印活字技术与洋装书迅速发展,很快取代了石印技术。到1905年,国内新出译著大部分采用仿日本式洋装书,民国初期,几乎所新书都是仿日本式装帧②。铅字印刷技术取代石印技术,大约不到二十年时间。从1900年到1950年建国后,又经过五十

----

①张秀民:《中国印刷史》,浙江古籍出版社,2006年版,第460页。
②同上,第471页。

年时间,印刷厂的数量、设备由 1830 年广州的公理会印刷厂的五台大滚筒、二台小滚筒印刷机、三台平板机、六台手工印刷机,发展到 1950 年的全国胶印四百四十台、全张机五十架、对开机四百九十架,能够开展书报及黑白彩印等多种印刷业务。1950 年的图书加工册数是 2.7 亿册①,图书出版的种数为 13332 种,是 1911—1949 年近四十年间 3914 种的三倍多②。生产加工能力进一步集中,促使图书、报刊、杂志、画报等文化产品形态进一步专业化,市场利润来源进一步细分。有些产品彻底消失,有些经过调整适应一部分市场需要,有些则迅速得到发展壮大。技术创新与经济推动成为现代社会结构变革的两只重要力量。

中国传统的雕版加工技术,是经过几千年漫长历史时期形成的生产业态,在 1860 年前后,被现代化的石印、铅活字印刷技术所彻底取代,直到 1900 年基本退出图书印刷市场。千年相对于四十年,这是一场被大大低估的技术革命,对于中国传统文化来讲,是福是祸? 时至今天,我们还没有来得及认真清理和评估这场技术革命所带来的影响。

四、传统手工图书种类、销售业态的调整和衍变

从图书的销售角度来考察,我们发现,中国传统图书产品种类、销售形式与这种手工生产的方式相互适应,图书的销售形态也是前店后场式的产销一体,以销为主兼营刻书,生产加工作为销售的补充。与今天大规模的专业批发机构、专业编辑出版机构,这种编发分离的运作机制完全不同。

传统图书销售的业态,依然是姓氏宗族、世系血缘和同里乡邦等传统宗法伦理在起着组织协调作用。图书销售是以赢利为目的的,中国传统宗族化伦理价值观有些是与利益追求相互矛盾的,这就形成了两者既矛盾又存在一致的图书销售文化,它极富有中国文化特色,对其进行重新思考、探讨对现代图书专业批销运行机制富有启发。

---

① 中国出版科学研究所:《中华人民共和国出版史料》三,中国书籍书版社,2001 年,第 547 页。
② 邱崇丙:《民国时期出版调查》,第 173 页,收于叶再生主编《出版史研究》二辑,中国书籍出版社,1994 年。

(一)清代前期的传统图书产品、销售业态

清代的图书市场分为清代初期和后期两个阶段。清初的全国书业中心分为北京和苏州南北两个中心。北京最有名的是慈仁寺书市、厂甸灯市和琉璃厂书店街,在王士禛、朱彝尊、李文藻、翁方纲等著名学者、文人的诗作、文集中多有记载。著名的京城书店有五柳居、文粹堂、聚赢堂、鉴古堂等。根据郑士德先生《中国图书发行史》研究,五柳居主人陶正祥(1752—1817),苏州人,少时家贫,自青年起卖书为业,刻苦钻研,终成名家。言及各朝书版、版式、刻者,历历如数家珍,士大夫万不能及焉,"钜公宿学,欲购异书者,皆诣君,车辙满户外"。五柳居每年返回苏州购书,用船运来北京销售,低来低走,薄利多销,但最主要的利润是参与刻书业务,其刊行的《抱朴子》、《太玄经集注》等多种书籍,校勘精细,工料上乘,为世人所重。文粹堂与五柳居一样,也是苏州人经营,嘉庆年间刻有满蒙汉文对照的工具书《三合便览》、《校正买卖蒙古同文杂字》等书。鉴古堂主人韦氏,浙江湖州人,精通版本,善于促销,能够投其所好,得重值,而少减辄不肯售,人亦多恨之。韦氏亦自己刻书,《辑宋诗抄》等书,字体秀美,销售看好①。

清代南方书业中心苏州胜于北京。苏州家刻与坊刻二者难以区分,据考察,苏州、常熟、无锡三地经营者共一百一十八家,其中有五十多家属于私人刻书系列。最著名的有扫叶山房、书业堂、五柳居、士礼居等。他们大都是销售与刊刻一体,学者兼商人,有的就是以学术研究为主,刻书卖书为辅助。

滂喜园黄家书籍圃,就是著名学者黄丕烈(1764—1849)于道光五年(1825)在玄妙观西街所创办。黄丕烈为乾隆五十年举人,擢直隶知县不就,归家后终日杜门著述、校书,不惜重金购书、收藏。士礼居、百宋一廛均为其藏书斋号。开设书籍圃的主要目的是为了收、售旧古书籍,同时利用其丰富的藏书刻书出售。销售业务由其长孙黄习业主持。《书林清话》中有"士礼居专收毛、钱二家之零余……时收时卖……其时书肆中人,无不以士礼居为归宿",毛钱二家指的是毛晋、钱谦益,他们大量的藏书被后人陆续卖掉。经黄丕烈校勘的宋版书籍二十二种,定名为《士礼居丛书》,校勘精当,为学者所重,并在他开设

---

①详见郑士德:《中国图书发行史》,高等教育出版社,2000 年版,第 426—432 页。

的书圃中有《士礼居刊行书目》，其书价、册数均注明某书之下，并记付梓之岁，录之以备后有观览者。士礼居是典型的学术与商业并行或者以商养学的一种方式，在某些方面与现代学术出版机构十分类似。

扫叶山房是一家具有三百五十年历史的老字号，从明代万历年间直到 1954 年，一直经营。最初经营在松江市（今上海），后迁至苏州，取"校书如扫落叶"古训作店名，以示刻书精益求精。创办人席端攀，与其兄贩布起家，次子席启寓及其后裔继承扫叶山房书业，世代相传。席启寓曾购得毛晋汲古阁大量书版，用扫叶山房牌计印行。康熙南巡苏州，住跸其家东园，席启寓进献新刻《唐诗百名家全集》四套，康熙传谕嘉奖，赐兰花，从此声誉远扬。乾嘉时期该店主人席世臣，精选善本校刻《契丹国志》等 4 种史书，世称"四朝别史"，享誉史学界。在清代，该店刊行的经史子集以及小说笔记、通俗读本，约数百种，行销大江南北。太平天国战争爆发时，该店正在刊印《旧唐书》二百卷，战争中被毁。后在上海城内彩衣街设立扫叶山房分号，把出版重心移至沪南。不久又在棋盘街设立北号，以示区别于苏州的苏号和上海城内的南号。后北号俨然成总店，规模逐步扩大，汉口设立汉号，在松江设立松号。民国初年，国人提倡国货，该店登广告积极响应，声言："迩来爱国潮流，风发云涌，本号亦国民一分子，有提倡国货之天职，敢不敬随诸君子之后，稍尽国民之义务。此后新印各书，除选用纸墨等料，益加审慎外，诸凡书籍之附属用品，如书面书函等类，亦皆采用国货，以免权利外溢。"①当时农商部国货展览会发给一等奖，该店引以为荣。扫叶山房一直开设至 1954 年才关闭。

苏州五柳居，为北京五柳居陶正祥之子陶珠琳继承父业所开，并将书店迁回苏州吴门庙重新开张。陶珠琳曾供职于内廷三馆，精通版本之学，亦属学者型书商。

清代除苏州外，南方还有金陵书坊，也有一大批学者兼营书业。其中最为著名的是戏曲家李渔于康熙十八年（1679）创办的芥子园，经营业务由其女婿沈心友主持，刻有《三国志》、《水浒》等书，以精刻饾版五色套印《芥子园画传》最为著名。初印本不失原稿神韵，色调绚丽夺目，二百多年来成为初习国画传统技法的指导教材。在扬州书坊，还培育出一位售书成才的著名学者汪中，汪中的史事在本书第四章第

①郑逸梅：《书报话旧》，中华书局，2005 年版，第 85 页。

一节"汪氏父子"一节中已有介绍。同样的学者兼营书坊还有吴骞,他是一位大藏书家,同时又经营书业,他曾刊行《拜经楼藏书》三十种委托书坊代销。此外还有鲍廷博(1728—1814),以自家藏书为基础,刊刻"知不足斋丛书"三十集二百零七种,杭州学者陈春刊行《湖海楼丛书》十四种,湖南学政卢文弨归老田园后刊行《抱经堂丛书》十一种。

大批学者兼营刻书、销售,或者著述、校勘、选辑版本刊行之后交由书坊代销,是清代图书经营市场的一大特点,它提升了书业的整体水平,使图书内容更具有学术价值,代表了一个时代文化最有价值的精品。学者经营书业,提升了从业队伍的整体素质,与书业主人具有专业学术素养有着本质的区别。前者以学术为前提,不以商业利润为唯一追求,甚至是以商养学;后者以学促商,在追求商业利润时以学术素养为职业背景,两者形成了极富有中国传统文化特色的图书销售业态。

总之,宗族化的道德伦理价值观与商业利润追求结合于一体,形成有限度的理性利润追求观念,宗族学术共同体的学术理念也对图书利润的追求具有一定的制约,它与现代专业化的书业编辑出版与批销分离经营机制,导致追求经济交换价值的单一性,同时容易导致利润追求无限度,有着本质的不同。而正是从这一点,提出了对图书专业编辑出版、专业批销互不融合的分业经营体制进行重新思考、评估的必要。这部分的话题因为与本书主题较远,故不做展开讨论。

(二)1860 年之后,机械化印刷技术冲击下的图书产品衍变

以清代图书产品销售的大宗种类来看,市场需求的最大宗是蒙学在内的教学用书、历代古籍、工具书、文艺小说、鼓词、唱本、年画等。教学用书如"三、百、千、千",即《三字经》、《百家姓》、《千字文》、《千家诗》等蒙学读物,与此项衔接的还有《性理大全》、《性理精义》、《朱子大全》、《四书》、《大学衍义》等。这些教学用书由于需求量大,自然被现代的机械化加工力量所追逐。商务印书馆、中华书局、世界书局所开展的新式教科书大战就是一例,表面上是教科书编辑思想、理念等新式文化产品之间的竞争,实际上竞争的门槛提高到是否拥有现代化的图书生产加工能力。教科书始自 1897 年,当时只有国文、算学、舆地、史学、体育等五科,以商务印书馆的《初小国文第一册》、《最新之国文教科书》出版为代表,1905 出版首发超过十万册,而白话文的《共和国教科书》1912—1929 年先后印刷了 2654 版,累计销售七千余

万册,占商务印书馆总量的 60% 多。没有机械化的印刷生产能力是难
以想象的,而传统宗族化的手工生产方式无法满足这一巨大要求,因
之再也无缘教学用书的生产、销售,而恰恰这是图书系统中利润最丰
厚的一部分。

再如文艺小说,如《三国演义》和乾隆年间的《红楼梦》等。尤其
是《红楼梦》以手抄本形式在世间流传了三十多年,"当时好者每抄一
部,置庙市中,昂其价,得金数十,可谓不胫而走者矣",按乾隆年间的
米价折算,一部手抄本相当于两千斤米的价格。而在乾隆五十六年
(1791)年,程伟元用木活字刊印之后,该书价格低落,"至翻印日多,低
者不及二两",但仍相当于一百多斤米的价格。雕版与人工抄书之间
之价格比为 1/20。到了道光二十五年(1845 年),《红楼梦》、《水浒》、
《金瓶梅》、《西厢》等书仍为畅销书,被书商称作"致富奇书",类似今
天的畅销书排行,按照上述比例推算,加上印书技术的普及背景,价格
不会高于五十斤米的价格。生产技术的改进对图书产品的价值稀释,
起到革命性的作用。据郑士德的考证,光绪三十三年(1907),仅上海
一地出版小说就有一百二十余种,整个清代后期全国文艺类小说超过
一千种,其中《儿女英雄传》、《三侠五义》、《施公案》、《彭公案》、《官
场现形记》、《二十年目睹之怪现状》、《老残游记》、《孽海花》等都成为
畅销书。而这些品种,90% 以上采用铅印,大幅降低流通价格,保证其
畅销不衰。

在本章"历代刻工考"一节中提到的福建四堡宗族刻书业,是典型
的中国传统产、供、销一体宗族化经营结构。其开始于康熙年间,盛兴
于乾、嘉、道时期,宗族的经营结构使福建四堡书业长达二百多年,并
在全国各地开设大量的销售机构。如今天可确认的四堡书店就有大
光长汀书局、民生书局、潮州文兰书局、萃文书局,兴宁德文堂、以文
阁,梅县文经堂、翼经堂,贵县本立堂,百色启智书局,翁园西园书局,
上杭林兰仪记书局,漳州素位堂书局等。在福州著名的有万卷楼、宝
文堂、宏文阁、素位堂等,而且还进入到中小县城。四堡书业的主要经
营产品是《四书》、《一年杂字》、《三字经》、《千家诗》、《大增广》、《药
性赋》等日常用书。极为兴盛的四堡书业,在咸丰十年(1860),清军与
太平军石达开部在四堡乡一带展开一场激战,不少书坊被毁,元气大
伤,但最为致命的是石印、铅印技术对古老雕版书业的冲击。光绪三
十二年(1906),清廷废科举,兴学堂,使四堡书业的大宗产品——课艺
用书失去了市场,而且没有雄厚资本实力兴办铅印、石印印刷厂,直接

导致了四堡全国各地书店的相继倒闭。

除价格的剧烈冲击之外,还有一大批品种在现代印刷技术冲击下彻底消亡,京剧、戏曲、鼓词等民间需求旺盛的抄本就是一例。在1900年之前,它是清代南北传统市集庙会上销售的一个大宗品种。在北京有全国著名的张姓百本堂、李姓聚春堂、老聚春堂和宝姓别野堂,都是当时历史悠久的京剧、戏曲抄本世家。其中,抄售品种丰富、营业兴旺的是百本堂。主人姓张,原籍江南人,自称"百本张"。百本张经营历史悠久。据郑士德先生的研究,百本张从乾隆时期起,世传四代,在出售的抄本封面上,有墨印长方形图章,"别还价,百本张";有的盖有朱印木记,"诸公子莫怪,由乾隆年起至今,少钱不卖"。每月逢七、八日在护国寺东碑亭,逢九、十在隆福寺西角门祖师店摆摊出售。抄本种类包括二簧戏、子弟书、大鼓书、马头调等,按上述种类分别列有专题书目,标明价格,供读者选购。民国初年,受到石印、铅印戏本冲击,经营四代的"百本张"歇业。1929年,现代文学家刘半农曾在琉璃厂一书店发现"百本张"抄本戏曲八十余包,共一千一百二十四种。经刘半农建议,由北平的历史语言研究所购去。抗战爆发后,在运往西南的途中,不幸船沉江底,全部戏曲书籍毁灭了①。百本张等一大批手工抄书业态的消失,预示着从汉代开始的中国佣书业历经几千年,在现代机械印刷技术的四十多年的冲击下彻底绝迹,建立在手工业图书加工方式上的中国图书文化生态发生了一系列雪崩似的塌陷。

第二节　被大大低估的一场技术革命

这是被大大低估的一场技术革命,或者说这场不亚于巨大社会制度变革的文化革命,对中国几千年传统文化生态的影响还远没有得到认真的清理和评估,以至于中国文化出版至今还没有走出这场技术革命所带来的巨大阴影。

以印刷技术革命为导火索而引起的中国近代出版业的深刻变革,背后推动者是以金钱交换为核心的经济利益追逐,它把千百万个私人刻书、印刷系统赶出图书链条,代之而起的是专业化的编辑出版机构、

①郑士德:《中国图书发行史》,高等教育出版社,2000年版,第518页。

以追逐利益最大化为目标的市场销售体系,可以大规模生产、大规模销售,文化思想与日常消费品一样,被生生拽进大工业化生产加工的轨道之中。这种巨大的变革带来的是中国传统文化生态的整体改变。

首先是图书文本的唯一性被取代,在信息传播的速度、广度等方面让位于可以大批量生产、快速传播的报纸、杂志,此后的电视、广播、网络电子等媒介也是在这个轨道上彼此竞争。图书作为首要传播文本的地位受到挑战。在这一历史时期,刚刚诞生不久的杂志、报纸等传播媒介在社会政治、文化生活中的影响,第一次超过了具有几千年历史的图书。从总印刷量、发行量来看,按照本书的估算,在1899至1905年的七年时间里,不含台湾、香港、澳门等外刊,内地出版报纸种数分别为:16、25、34、46、53、71、84种,总数达到354种。具体如下表:

1899—1905年七年间国内报纸品种数量

1899	1900	1901	1902	1903	1904	1905
16种	25种	34种	46种	53种	71种	84种

对于上述表格中的单品印数,目前还没有找到详细证据,但根据文献记载,取每期发行量最大的《大公报》(约一万份)和最小的《中外纪闻》(约二千份)进行统计,平均总数已接近一百七十七万份,而此间最有影响的图书为邹容的《革命军》(1903年出版),在上海租界印刷二十多版,总发行量才超过一百一十万册,书价为十二银子一部①,成为中国几千年禁书历史上的最后一部禁书。

伴随图书文本唯一性地位的丧失,失去的还有文本的神圣性、尊崇感,图书由此失去了象征与标志的作用。在本书看来,这种重大心理价值的失落在今天看来是最可宝贵的,它意味着知识权利在最普通人世俗生活中的丧失,知识尊严要在以经济交换价值为核心的现代社会进行重新塑造,而这是需要一个漫长的历史过程才能实现的。时至一百多年后的今天,怎样塑造,如何塑造,仿佛还没有找到登堂入室的路径。

其二是宗族共同体彻底淡出学术、知识组织结构,代之而起的是政治、经济或者各种职业、行业共同体,学术、知识、文化与政治、经济合谋或联姻。这意味着学术、思想失去了最后一块自由选择的空间,精神选择的多样性被规范和同质化,连接这个最重要的文化结点上的

---

① 陈正宏等:《中国禁书简史》,学林出版社,2004年版,第269页。

经济、政治两个主线变得异常粗壮。1860年之后的许多知识分子，尽管有相当一部分诞生于传统家庭，受过传统宗族化教育的熏陶，但此后的路径大体沿着政治或经济方向发展，独立存在的知识学人少之又少，个别几个几乎成为一个特例。

其三是宗族共同体淡出学术、知识组织结构，还意味着学术、知识生产失去了平民化的社会基础。宗族是以自然血缘关系代际衍生的，只要人的生命不消失，依托这种血缘传承的思想、文化就不会断裂。对于某一思想、传统的历史继承来讲，宗族化传播是最伟大的发明，它是最平民化的一种人际传播方式，也最具有绵延不绝的历史传承力量。学术研究的平民化，是中国几千年学术发展历史长期追求所形成的文明成果，它造就了一大批平民学者，不仅打破了学在官府的垄断，还形成并延续着中国传统基因中的"士"文化精神。私学系统中最为典型的书院就是明显的代表。一大批平民学者热衷于知识的传播，拓宽了仅仅是为了"学而优则仕"的利禄之路。在《左氏百川学海》中记载了一位以教育为生涯的士人自述："余游湖海四五十年，教公卿士大夫之子孙屡矣，教寻常百姓屋类亦多矣，未尝以富贵贱、束侑多寡贰吾心。"[1]本书第三章曾经指出，书院属于私学系统高度发展到制度化的与官学相对应的一种形态，私学教育系统依存的生存空间是宗族社会结构。当宗族社会结构不再成为学术、教育的一种社会力量时，独立的学术精神和教育理念，如上文那位以教育为生涯的士人是否仍然能够保持在权利与富贵之前的不"贰心"？今天中国教育大量的功利化、工具化倾向，仿佛对这个问题的回答不再有悬念。因此，表面上看似印刷技术革命带来的一场图书出版业的变革，但其后果导致的是更为深层次社会结构变迁之后的无法挽回的文化精神失落。

最为主要的是当姓氏祖先、血缘亲属和同里乡邦的辉煌历史以及思想积累，这些离知识主体最近的思想文化遗产得不到当下的认同和承认时，宗族的下一代成员就失去了继续传承下去的动力。宗族淡出学术思想的继承与创新，也意味着社会文化精英与最广泛的成千上万个家庭之间哺育与反哺的互动管道彻底断裂，学术与思想的创新完全交由专业的教育与文化机构，思想与文化的创新失去了最广泛的供给，在今天看来，这同样是最为痛心的一种社会结构失落。

---

[1]陈谷嘉、邓洪波：《中国书院史料》，浙江教育出版社，1998年版，第6页。

结　语

　　本书从清人六百部文集的编辑方式入手分析,着重考察了清代状元著述情况,清人九个著名的科举宗族中文集著述、编刊、传播活动,梳理了著名清代学术世家一百零二个学人的学术研究著述轨迹,并与宗族的象征——族谱的编刊活动进行分析比较。尤其是通过清代后期,1860年之后的清代图书出版在著述编辑主体、图书加工主体、销售形式和图书品种的衍变等前后巨大变化来对比分析,对清代图书著述、编刊、出版、传播的基本特征作了一个大致判断。

　　中国传统图书的生产、编辑、出版与科举教育、学术研究基本是以宗族化的方式运行了上千年,它们是一种相互适应的文化生态关系。以雕版手工生产为基础的传统图书著述、编撰、刊刻和销售等诸个环节都或多或少带有一个目的,就是希冀通过图书文字实现"立言",从而达到人生不朽的理想。尤其是具有一定社会地位的士大夫阶层以及专业学者,在学术研究、文集著述、编撰者和传播过程中,本着实现"立言不朽"的人生价值,对图书有一种神圣感和宗教般的追求。这种道德提倡超越了现世的财富、金钱欲求,并与宗族的族谱编撰所形成的祖先尊崇心理、著述的象征标志作用、以及图书神化认同之间有着一脉相承的内在联系,它们构成了依据宗族共同体而存在的中国传统图书文化特征。

　　然而对图书这种传统的价值观、神圣感在1860年之后逐步丧失,并且个别内化为现代事业机构、文化精英等个人的兴趣、爱好和可有可无的追求。原因在于,手工雕版印刷技术被机械化印刷加工技术所取代,由此引发中国传统图书文化生态的巨大变革。伴随着宗族化共同体在图书生产、销售以及教育、文化、学术研究中的整体淡出,这种传统的价值观、神圣感也失去了生存的依托。

　　在现代西方社会学理论中,中国传统的宗族化社会被冠之以"社区"的概念来使用。无论是宗族还是社区,都表达的是以自然伦理、自然情感建构的社会生活空间,被大工业化社会以技术经济组织化之后,一些传统价值彻底失落。

最早注意到这个问题的是滕尼斯,他率先把"社区"与"社会"划分开来,指出"社区"是通过血缘、邻里和朋友关系建立起来的人群组合,它的基础是"本质意志",并与生命过程密不可分,后者则是靠"选择意志"这种理性权衡建立起来的人群组合,它不再是自然地结合,而是人为的强制。滕尼斯所说的"社区"就相当于传统中国的宗族化社会。在自然的状态下,传统(惯例、习俗、信仰、伦理道德准则)作为维系个人与社会的自发方式,与自然有着等值的关系,并与人的生命、生存息息相关;传统在生活中弥漫、散布、撒播、成长、沿袭、扩展或消亡,通过循环往复对个人发生侵润、熏染、濡化,在缄默中个人与群体融为一体,雕琢出质地相同的初民和他们的自然集合体①。

滕尼斯表达了对发自人的生命原则和真诚情感需要的共同体的极度眷恋,这种眷恋源自于漫长的历史传统一旦发生断裂时重新接续的艰难程度。"社会化,必须要从年老的传递到年轻的,习惯和观念必须在传统的承担者之间,像一个无缝的记忆之网般维系着,一代又一代……当文明传统的延续一旦破裂了,社群就遭受到威胁。除非破裂能加以补救,否则社群就会分裂成派系间的竞争。因为延续中断了,文化的遗产就无法被传递。新一代通过尝试和错误,去重新发现、再发明和再学习,来面对他们所需要知道的大多数东西……光靠一代人不可能做到这一步"②。

在传统与现代之间人们存在大量的忧虑、矛盾,正如涂尔干所阐述的人们对待经济交换价值的矛盾感情一样,"很早以前,人们还轻蔑地把经济功能划归在下等阶层的范围里,但现在我们却看到军事、宗教和管理等领域的功能已经越来越屈从于经济基础。只有科学还在与经济孤身奋战。即便是这样,科学除了应用于某些实际事物以外,在今天,已经不享受任何特权,在大多数情况下,它都在为与经济相关的职业努力"③。可以肯定,以印刷技术革命为标志,中国从 1860 年

---

① 郑杭生:《现代化过程中个人的创生与集体化》,《社会学》,人大复印资料,2006 年 6 期。
② [美]休斯敦·史密斯:《人的宗教》,海南出版社,2006 年版,第 181 页。
③ [法]爱弥尔·涂尔干:《〈社会分工论〉第二版序言》,收于刘小枫《社会理论的开端与终结》,上海三联书店,2000 年版,第 192 页。

开始的现代化历程,展现在今人面前的就是传统与现代之间种种矛盾冲突、协调再冲突再协调的相互博弈过程。

本书的大部分文字阐述,让我们认识到,在现代与传统之间,宗族的代际承传的悠久力量,并不意味着传统在现代冲击面前就只有招架之功,几千年漫长历史中形成的宗族伦理价值以及建立在此基础之上的历史观就彻底消失了,而是以另外一个方式出现。宗族的代际传承特性,正如 E·希尔斯在《论传统》一书中写道的:"家庭是联系过去、现在和未来,并使其成为一个社会结构的第一环节。这一环节在每个婴儿出世并存活下来之际得到进一步巩固。孩子作为生物有机体存活下来,同时也作为信念和范型的载体而成为家庭的一员;这些信念与范型始于过去,沿用至今,并且会持续到将来。形成世袭的一连串家庭式一种共时循环系列。孩子在每一个成长阶段都接受一般的或特殊的范型,并将这些范型带入他将来的生活。在学习过程中,许多特殊的范型都成为一种持久的、自行泛化的东西,例如词汇的学习便是如此。孩子从父母那里获得了对权威特征的认识以及一些相似的基本原则,然后将他获得的认识和原则运用到其他权威人物身上。他对权威的认识同时意味着,他获得了他们传递的信仰和行动范型。这些范型以各种组合形式得到了增添、推广、区分、修改,或者抛弃。"①希尔斯所谈到范型,就是中国传统宗族社会形成的伦理价值,它依托生命的自然传承,形成一股内在衍生力量,使其弥漫在新的政治、经济和文化结构之中。这也就意味着,在现代的政治、经济文化结构之中,还存在着另外一个心理认同结构,即以血缘世系、姓氏家族、同里乡邦、师生故旧为圆心的时空结构,只不过这种结构与以法律规章制度组建的现代政治、经济、文化社会中重叠存在,两者之间不完全是一种同构关系,同型不同质或者同质不同型。当代社会所发生的一切矛盾都是这两个结构之间的不同质、或不同型带来的。

具体到现代职业化的学术思想、文化研究共同体中,传统宗族伦理观往往内化在每个个体的生命历程之中,它体现一种个性化的思想风格、学术追求。学者李翔海在《儒家的安身立命之道与东亚价值》一文中描述的著述观普遍存在于现代知识阶层中间:

①[美]E·希尔斯:《论传统》,上海人民出版社,1991年版,第225页。

通过自我生命精神与先祖以及子孙之生命精神的契接,体认一己生命之永恒的意义。它把生命的本质看作是一种生生之德的绵延与体现,不仅将自我生命看作是对祖先生命的延续,而且子孙后代的生命也是一己生命之延续。一方面是作长辈的要以自己的德行生命为晚辈树立足以师法的榜样,另一方面则是作子女的对长辈要进孝。而最高的孝德,用《中庸》的话来说,就是"善继人之志,善述人之事",也就是说,只有真正继承了先辈的志业并将之发扬光大,才真正可以称得上是"光宗耀祖"。由此,生命在时间中的绵延同时也就成为一个长辈与晚辈之间的德惠生命流动不易的过程。这样,正是在自我生命精神与先祖以及子孙之生命精神不断契接的过程中,个人可以真切地感受到一己生命地源远流长与流衍无穷,从而体验"吾性自足"的生命价值。①

过去以一个家族对著述传统的追求,在现代内化为个体的兴趣、爱好,著述成为现代教育、科研、传媒等现代文化职业分工的一个附属产品。经过几千年来积累下来的著述传统,随着宗族观念的式微而逐渐褪去其超验的特色。传统意义上的家庭和宗族已经发生根本的变化,退出了思想、学术继承与创新过程,完全交由现代职业、行业组成的现代共同体所承担,如集体化教育中的师生授受关系就是一种替代形式。我们看到,在现代知识共同体中师生授业关系依然存在着传统伦理背影,这种背影仅仅是一种个人化的情感与志趣,如同著述传统内化为个人爱好一样,失去了传统社会刚性的制度支撑和伦理规范力量。

十分庆幸的是,正如存在几千年的雕版手工技术在不足五十年的时间里被机械印刷取代一样,1987年中国第一台计算机网络出现,标志着一场更大的革命到来。它依托计算机网络,对建立在机械印刷技术基础的纸介传媒给予彻底的颠覆,专业化的编辑出版、大工业化的市场、销售体系都将得到彻底变革,这是自有网络以来的一切发展所不断证明的。正如许多后现代主义这所预言的那样,"往昔的工业化秩序铸造了现代性的古典特征——社会锁定在明确的疆域中,个人则被铆钉在僵化的集体和组织结构中,系统结构的刚性状态使个人活力在很大程度上被封冻和凝结了;那么,信息、技术、知识、财富的流动赋

①李翔海:《中华读书报》,2006年6月28日。

予了现代性的现实特征——社会生活脱出了以往的固定状态,个人也更为异质多元、形貌万千、开放拓展,不断使自己呈现新的状态。可以说,我们时代的现代性正在越过滞涩和趑趄的阶段,变得自由、液化、轻盈和流转变移,日益趋向一种更流畅的形态"①,这种更为自由、个性、多样的现代性很大程度上就是依靠信息传播媒介的网络化所实现的。尤其是学术观点、思想创新不再完全依靠图书、报纸、杂志等专业组织机构为唯一传播媒介,而部分或主要依靠网络进行思想传播时,时代仿佛又回归传统化的"社区"时代,宗族、血缘、邻里等传统情感以及一系列价值观又将得到重新发现。在此意义上,确实应该庆幸我们还没有离传统太远。

①郑杭生:《现代化过程中个人的创生与集体化》,《社会学》,人大复印资料,2006年6期。

附　录　600 部清人文集名录

（内容来源：张舜徽，《清人文集别录》，中华书局，1980 年版）

1、牧斋初学集一百卷、有学集五十卷　常熟钱谦益撰

2、夏峰集十六卷　容城孙奇逢撰

3、舜水文集二十五卷　余姚朱之瑜撰

4、霜红龛集四十卷　阳曲傅山撰

5、愚庵小集十五卷、补遗二卷　吴江朱鹤龄撰

6、用六集十二卷　祁州刁包撰

7、梅村家藏稿五十八卷、补一卷　太仓吴伟业撰

8、南雷文定前集十一卷、后集四卷、三集三卷、四集四卷、余集（不分卷）　余姚黄宗羲撰

9、学箕初稿二卷　余姚黄百家撰

10、变雅堂文集四卷　黄冈杜濬撰

11、杨园先生全集五十四卷　桐乡张履祥撰

12、桴亭先生文集六卷、补遗一卷、论学酬答四卷　太仓陆世仪撰

13、蒿庵集三卷　济阳张尔歧撰

14、田间文集三十卷　桐城钱澄之撰

15、亭林文集六卷、余集一卷　昆山顾炎武撰

16、砥斋集十二卷　华阴王弘撰撰

17、默庵遗稿十卷　常熟冯舒撰

18、钝吟文稿一卷　常熟冯班撰

19、居易堂集二十卷　长洲徐枋撰

20、寒松堂集十卷　蔚州魏象枢撰。

21、西堂杂俎一、二、三集各八卷、艮斋倦稿文集十五卷　长洲尤侗撰。

22、水田居文集五卷　永新贺贻孙撰

23、学余文集二十八卷　宣城施闰章撰

24、安雅堂文集二卷、未刻稿八卷　莱阳宋琬撰

25、薑斋文集十卷、补遗二卷　衡阳王夫之撰

26、壮悔堂文集十卷、遗稿一卷　商丘侯方域撰

27、赖古堂集二十四卷　祥符周亮工撰

28、聪山集三卷　永年申涵光撰

29、忠裕堂文集一卷　永年申涵盼撰

30、魏伯子文集十卷　宁都魏际瑞撰

31、魏叔子文集二十二卷　宁都魏禧撰

32、魏季子文集十六卷　宁都魏礼撰

33、丘邦士文集十八卷　宁都丘维屏撰

34、学文堂文集十六卷　武进陈玉璂撰

35、溉堂文集五卷　三原孙枝蔚撰

36、西河文集一百一十九卷　萧山毛奇龄撰

37、安序堂文钞三十卷　遂安毛际可撰

38、尧峰文钞五十卷　长洲汪琬撰

39、湖海楼文集六卷　宜兴陈维崧撰

40、二曲全集二十六卷　盩厔李颙撰

41、潜庵先生遗稿五卷　睢州汤斌撰

42、湛园未定稿十卷、西溟文钞四卷、真意堂佚稿一卷、湛园藏稿四卷、
　　湛园题跋一卷　慈溪姜宸英撰

43、严太仆先生集十二卷　常熟严虞惇撰

44、曝书亭集八十卷　秀水朱彝尊撰

45、读书堂集四十六卷　河阳赵士麟撰

46、吕晚村先生文集八卷、附录一卷　石门吕留良撰

47、三鱼堂文集十二卷、外集六卷　平湖陆陇其撰

48、憺园集三十六卷　昆山徐乾学撰

49、聊斋文集二卷　淄川蒲松龄撰

50、西亭文钞十二卷　青浦王原撰

51、晓庵先生文集三卷　吴江王锡阐撰

52、绩学文钞六卷　宣城梅文鼎撰

53、受祺堂文集四卷、续刻四卷　富平李因笃撰

54、翁山文外十六卷、翁山文钞十卷、翁山佚文辑三卷、翁山佚文二辑
　　一卷　番禺屈大均撰

55、横山文集十六卷　慈溪裘琏撰

56、七颂堂文集二卷　颍川刘体仁撰

57、渔洋文集十四卷、蚕尾集文八卷、续文二十卷　新城王士禛撰

58、西陂类稿五十卷　商丘宋荦撰

59、改亭集十六卷　吴江计东撰

60、菉邨文集六卷　吴江计默撰

61、习斋记馀十卷　博野颜元撰

62、恕谷后集十三卷　蠡县李塨撰

63、青门簏稿十六卷、旅稿六卷、賸稿八卷　毗陵邵长蘅撰

64、白茅堂集四十六卷　蕲州顾景星撰

65、有怀堂文稿二十二卷　长洲韩菼撰

66、群书疑辨十二卷　鄞县万斯同撰

67、午亭文编五十卷　泽州陈廷敬撰

68、榕村全集四十卷　安溪李光地撰

69、二十七松堂文集十六卷　曲江廖燕撰

70、南畇文稿十二卷　长洲彭定求撰

71、遂初堂文集二十卷、别集四卷　吴江潘耒撰

72、思复堂文集十卷　余姚邵廷寀撰

73、居业堂文集二十卷　大兴王源撰

74、正谊堂文集四十卷　仪封张伯行撰

75、解春集文钞十二卷、补遗二卷　钱塘冯景撰

76、潜虚先生文集十四卷、补一卷　桐城戴名世撰

77、通志堂集二十卷　纳兰性德撰

78、朱杜溪先生文集七卷　宿松朱书撰

79、义门先生集十二卷　长洲何焯撰。

80、饴山文集十二卷、附录一卷　益都赵执信撰

81、朱文端公集四卷、补编四卷　高安朱轼撰

82、二希堂文集十一卷　漳浦蔡世远撰

83、存研楼文集十六卷　宜兴储大文撰

84、白田草堂存稿二十四卷　宝应王懋竑撰

85、朱止泉先生文集八卷　宝应朱泽澐撰

86、望溪先生文集十八卷、集外文十卷、集外文补遗二卷　桐城方苞撰

87、匪莪堂文集五卷　江浦刘岩撰

88、陈学士文集十五卷　文安陈仪撰

89、清芬楼遗稿四卷　宜兴任启运撰

90、澄怀园文存十五卷　桐城张廷玉撰

91、恒斋文集十二卷　长沙李文炤撰

92、穆堂初稿五十卷、别稿五十卷　临川李绂撰

93、羧甫集三十卷　钱塘桑调元撰

94、孟邻堂文钞十六卷　武进杨椿撰

95、退庵文集(不分卷)　常熟陶贞一撰

96、陈司业文集四卷　常熟陈祖范撰

97、虞东先生文录八卷　常熟顾镇撰

98、巳山先生文集十卷、别集四卷　金坛王步青撰。

99、万卷楼文稿十卷　无锡顾栋高撰

100、砚谿先生遗稿二卷　吴县惠周惕撰

101、鹿州初集二十卷　漳浦蓝鼎元撰

102、归愚文钞十二卷　长洲沈德潜撰

103、柳南文钞六卷　常熟王应奎撰

104、香树斋文集二十八卷、续钞五卷　嘉兴钱陈群撰

105、集虚斋学古文十二卷　淳安方楘如撰

106、不是集(不分卷)　金匮浦起龙撰

107、果堂集十二卷　吴江沈彤撰

108、雅雨堂文集四卷　德州卢见曾撰

109、青溪文集十二卷、续编八卷　新安程廷祚撰

110、健馀先生文集十卷　博野尹会一撰

111、双池文集十卷　婺源汪绂撰

112、樊榭山房文集八卷　钱塘厉鹗撰

113、孔堂初集二卷、文集一卷、私学二卷　长兴王豫撰

114、道古堂文集四十八卷、集外文一卷　仁和杭世骏撰

115、铜鼓书堂遗稿三十二卷　宛平查礼撰

116、宝纶堂文钞八卷　天台齐召南撰

117、石笥山房文集六卷、补遗一卷　山阴胡天游撰

118、松崖文钞二卷　元和惠栋撰

119、东皋草堂文集十卷　番禺韩海撰

120、经笥堂文钞二卷　宁化雷鈜撰

121、阴静夫先生遗文二卷　宁化阴承方撰

122、南庄类稿八卷　广昌黄永年撰

123、海峰先生文集十卷　桐城刘大櫆撰

124、学福斋文集二十卷　云间沈大成撰

125、学古编四卷　胶州法坤宏撰

126、西涧草堂文集四卷　昌乐阎循观撰

127、理堂文集十卷、外集一卷　潍县韩梦周撰

128、紫竹山房文集二十卷　钱塘陈兆崙撰

129、芝庭先生集十八卷　长洲彭启丰撰

130、援鹑堂文集六卷　桐城姚范撰

131、东庄遗集四卷　吴县陈黄中撰

132、鲒埼亭集三十八卷、外编五十卷　鄞县全祖望撰

133、樗庵存稿五卷　鄞县蒋学镛撰

134、春雨楼初删稿十卷　鄞县董秉纯撰

135、东潜文稿二卷　仁和赵一清撰

136、空山堂文集十二卷　滋阳牛运震撰

137、上湖分类文编(不分卷)　钱塘汪师韩撰

138、白鹤堂文稿(不分卷)　丹稜彭端淑撰

139、东里类稿八卷　新城涂瑞撰

140、莘民杂著(不分卷)　山阳王廷佐撰

141、祇平居士集三十卷　嘉兴王元启撰

142、梅崖居士文集三十卷、外集八卷　建宁朱仕琇撰

143、识小编二卷　乌程董丰垣撰

144、小苍山房文集二十四卷、续集十一卷、外集八卷　钱塘袁枚撰

145、编录堂文钞三卷　上元黄之纪撰

146、思诚堂文集六卷　吴县张镛撰

147、抱经堂文集三十四卷　杭州卢文弨撰

148、频罗庵遗集十六卷　钱塘梁同书撰

149、平园杂著内编十四卷　分宜林有席撰

150、勉行堂文集六卷　江都程晋芳撰

151、孟亭居士文稿五卷　桐城冯浩撰

152、愿学斋文钞十四卷　嘉兴李集撰

153、崇雅堂稿十卷　深泽王植撰

154、西庄始存稿三十卷　嘉定王鸣盛撰

155、切问斋集二十卷　吴江陆耀撰

156、纪文达公文集十六卷　献县纪昀撰

157、忠雅堂文集十二卷　铅山蒋士铨撰

158、松溪文集(不分卷)　新安汪梧凤撰

159、戴东原集十二卷　休宁戴震撰

160、师华山房文集三卷　上元戴祖启撰

161、初堂遗稿一卷　歙县洪榜撰

162、伯初文存一卷　歙县洪朴撰

163、通艺录四十二卷　歙县程瑶田撰

164、春融堂集六十八卷　青浦王昶撰

165、新城伯子文集八卷　歙县胡赓善撰

166、潜研堂文集五十卷　嘉定钱大昕撰

167、笥河文集十六卷　大兴朱筠撰

168、知足斋文集六卷　大兴朱珪撰

169、白华前稿六十卷、后稿四十卷　南汇吴省钦撰

170、南涧文集二卷、遗文二卷、补编一卷　益都李文藻撰

171、李静叔遗文（不分卷）　益都李文渊撰

172、惜报轩文集十六卷、后集十卷　桐城姚鼐撰

173、童山文集二十卷、补遗一卷　绵州李调元撰

174、井福堂文稿十卷　镇洋汪学金撰

175、柚堂文存四卷　秀水盛百二撰

176、恩余堂辑稿四卷　南昌彭元瑞撰

177、存悔斋集二十八卷、外集四卷　萍乡刘凤诰撰

178、蓬庐文钞八卷　海宁周广业撰

179、鲁山木先生文集十二卷、外集二卷　新城鲁九皋撰

180、复初斋文集三十五卷、集外文四卷　大兴翁方纲撰

181、愚谷文存十四卷、续编二卷　海宁吴骞撰

182、宝奎堂文集十二卷　上海陆锡熊撰

183、汪子文录十卷　吴县汪缙撰

184、尊闻居士集八卷　瑞金罗有高撰

185、二林居集二十四卷　长洲彭绍升撰

186、三松堂集四卷　吴县潘奕隽撰

187、溉亭述古录二卷　嘉定钱塘撰

188、清白士集二十八卷　钱塘梁玉绳撰

189、经韵楼集十二卷、补编二卷　金坛段玉裁撰

190、十经斋文集四卷、二集一卷　嘉兴沈涛撰

191、存吾文稿（不分卷）　长沙余廷灿撰

192、晚学集八卷　曲阜桂馥撰

193、申郑轩遗文一卷　仁和孙志祖撰

194、树经堂文集四卷　南康谢启昆撰

195、韫山堂文集八卷　武进管世铭撰

196、述古堂文集十二卷　南通州钱兆鹏撰

197、文史通义内外篇九卷、校雠通义外篇一卷、方志略例二卷、文集八卷、外集二卷、补遗一卷　会稽章学诚撰

198、无闻集四卷　大名崔述撰

199、红桐书屋杂体文稿七卷　曲阜孔继涵撰

200、鹤泉文钞二卷、续选八卷　太平戚学标撰

201、秋士先生遗集六卷　长洲彭绩撰

202、东井文钞二卷　四明黄定文撰

203、南江文钞十二卷　余姚邵晋涵撰

204、秋室学古录六卷　钱塘余集撰

205、赐书堂集钞六卷　海康陈昌齐撰

206、王石臞先生遗文四卷、补编一卷　高邮王念孙撰

207、王文简公文集四卷、补编二卷　高邮王引之撰

208、述学内篇三卷、外篇一卷、补遗一卷、别录一卷　江都汪中撰

209、孤儿篇三卷、从政录四卷　江都汪喜孙撰

210、小岘山人文集七卷、续集二卷、补遗一卷　无锡秦瀛撰

211、复斋文集二十一卷　泰顺曾镛撰

212、慕良杂著三卷、杂纂四卷　武进庄有可撰

213、珍艺宦文钞七卷　武进庄述祖撰

214、紫石泉山房文集十二卷　歙县吴定撰

215、授堂文钞十卷　偃师武亿撰

216、卷施阁文甲集十卷、乙集八卷、更生斋文甲集四卷、乙集四卷　阳湖洪亮吉撰

217、守雅堂稿辑存四卷　阶州邢澍撰

218、简松草堂文集十二卷　钱塘张云璈撰

219、亦有生斋文集二十卷　武进赵怀玉撰

220、澹静斋文钞六卷、外篇二卷　闽县龚景瀚撰

221、质疑删存三卷　甘泉张宗泰撰

222、刘端临先生文集一卷　宝应刘台拱撰

223、仪郑堂骈俪文三卷　曲阜孔广森撰

224、退思粗订稿二卷　歙县朱文翰撰

225、梅庵文钞六卷　　长白铁保撰

226、悔生文集八卷　　桐城王灼撰

227、琴土文钞六卷　　泾县赵绍祖撰

228、游道堂集四卷　　宝应朱彬撰

229、芳茂山人文集十二卷、外集五卷　　阳湖孙星衍撰

230、九水山房文存二卷　　文登毕亨撰

231、如不及斋文钞　　桐城章甫撰

232、简庄缀文六卷、续编二卷　　海宁陈鳣撰

233、小学庵遗稿四卷　　海宁钱馥撰

234、存素堂文集四卷、续集二卷　　蒙古法式善撰

235、知耻斋文集二卷　　湘乡谢振定撰

236、陶山文录十卷　　善化唐仲冕撰

237、听莺居文钞三十卷　　吴江翁广平撰

238、稻香吟馆诗文集七卷　　嘉定李庚芸撰

239、秋室集十卷　　归安杨凤苞撰

240、勘书巢未定稿一卷　　乌程温曰鉴撰

241、校礼堂文集三十卷　　歙县凌廷堪撰

242、补余堂文集二十四卷　　婺源戴大昌撰

243、吴学士文集四卷　　全椒吴鼐撰

244、惕甫未定稿十六卷、渊雅堂文续稿一卷、外集四卷　　长洲王芑
　　孙撰

245、晚闻居士遗集十卷　　萧山王宗炎撰

246、许郑学庐存稿九卷　　萧山王绍兰撰

247、独学庐初稿文三卷、二稿文三卷、三稿文五卷、四稿文五卷、五稿
　　文三卷、余稿一卷　　吴县石韫玉撰

248、桂门自订初稿十卷　　元和陈鹤撰

249、邃雅堂集十卷、续编一卷　　归安姚文田撰

250、大云山房文稿初集四卷、二集四卷、言事二卷、补编一卷　　阳湖恽
　　敬撰

251、晒书堂文集十二卷、外集二卷　　栖霞郝懿行撰

252、晒书堂闺中文存一卷　　福山王照圆撰

253、雪泥书屋遗文四卷、杂文一卷　　栖霞牟庭相撰

254、顽石庐文集(不分卷)　　德清徐养原撰

255、乐园文钞八卷　　溆浦严如熤撰

256、匪石先生文集二卷　吴县钮树玉撰

257、天真阁集五十四卷、外集六卷　昭文孙原湘撰

258、澹成居文钞四卷　常熟吴卓信撰

259、稽瑞楼文草一卷　海虞陈揆撰

260、第六弦溪文钞四卷　常熟黄廷鉴撰

261、茗柯文初编一卷、二编二卷、三编一卷、四编一卷、补编二卷、外编二卷　武进张惠言撰

262、宛邻文二卷　阳湖张琦撰

263、此君园文集三十卷　临津吴名凤撰

264、芗林草堂文钞四卷　安康王玉树撰

265、有竹居集十六卷　霞泽任兆麟撰

266、隶经文四卷、续隶经文一卷、炳烛室杂文一卷　甘泉江藩撰

267、铁桥漫稿十三卷　乌程严可均撰

268、雕菰楼集二十四卷、轶文一卷　甘泉焦循撰

269、蜜梅花馆文录一卷　甘泉焦廷琥撰

270、揅经室一集十四卷、二集八卷、三集五卷、四集十四卷、续集十一卷、再续集六卷　仪征阮元撰

271、实事求是斋遗稿四卷、续集一卷　山阳汪廷珍撰

272、洗桐轩文集八卷　甘泉李周南撰

273、贞定先生遗集四卷　独山莫与俦撰

274、迂存遗文二卷　望江倪模撰

275、甚德堂文集四卷　宁化吴贤湘撰

276、瞻衮堂文集十卷　鄞县袁钧著

277、筠轩文钞八卷　临海洪颐煊撰

278、校经廎文稿十八卷　嘉兴李富孙撰

279、求古录礼说十六卷、补遗一卷　临海金鹗撰

280、保甓斋文录二卷　仁和赵坦撰

281、拜经堂文集五卷　武进臧庸撰

282、染香庵文集二卷、外集一卷　吴县江沅撰

283、槐轩杂著四卷　双江刘沅撰

284、竹素斋古文遗稿三卷　归安姚学塽撰

285、初月楼文钞十卷、续钞八卷　宜兴吴德旋撰

286、衡斋文集三卷　歙县汪莱撰

287、鉴止水斋集二十卷　德清许宗彦撰

288、太乙舟文集八卷　新城陈用光撰
289、修本堂稿五卷　番禺林伯桐撰
290、小万卷斋文稿二十四卷　泾县朱珔撰
291、瞿木夫文集(不分卷)　嘉定瞿中溶撰
292、养一斋文集二十卷　武进李兆洛撰
293、梨云阁杂文二卷　阳湖王甗撰
294、丹棱文钞四卷　阳湖蒋彤撰
295、私艾斋文集六卷　吴江吴育撰
296、思适斋集十八卷、书跋四卷　元和顾千里撰
297、半树斋文十二卷　元和戈宙襄撰
298、思贤阁文集四卷　武进丁履恒撰
299、梦陔堂文集十卷　江都黄承吉撰
300、左海文集十卷、经辨二卷　闽县陈寿祺撰
301、何氏学四卷　闽县何治运撰
302、蕉声馆集八卷　平湖朱为弼撰
303、小云庐晚学文稿八卷　平湖朱壬林撰
304、崇百药斋文集二十卷、续集四卷、三集十二卷　阳湖陆继辂撰
305、齐物论斋文集五卷　武进董士锡撰
306、仪卫轩文集十二卷、考槃集文录十二卷　桐城方东树撰。
307、石云山人文集五卷　南海吴荣光撰
308、寸心知室存稿六卷　萧山汤金钊撰
309、悔庵学文八卷　归安严元照撰
310、东里生烬余集三卷　仁和汪家禧撰
311、补读书斋遗稿十卷、外稿一卷　嘉兴沈维鐈撰
312、癸巳类稿十五卷、癸巳存稿十五卷　黟县俞正燮撰
313、幼学堂文稿八卷　吴县沈钦韩撰
314、安吴四种三十六卷、小倦游阁文稿二卷　泾县包世臣撰
315、刘礼部集十二卷　武进刘逢禄撰
316、朴学斋文录四卷　长洲宋翔凤撰
317、求是堂文集六卷、骈体文二卷　泾县胡承珙撰
318、闻妙香室文集十九卷　山阳李宗昉撰
319、养素堂文集三十五卷　武威张澍撰
320、晚学斋文集十二卷、樗寮文续稿一卷　娄县姚椿撰
321、印心石屋文钞三十五卷　安化陶澍撰

322、绿野斋前后合集六卷　潍县刘鸿翔撰

323、因寄轩文初集十卷、二集六卷、补遗一卷　上元管同撰

324、介存斋文稿二卷　荆溪周济撰

325、徐星伯先生小集一卷　大兴徐松撰

326、孟塗文集十卷、骈文二卷　桐城刘开撰

327、研六室文钞十卷、补遗一卷　绩溪胡培翚撰

328、衍石斋记事稿十卷、续稿十卷　嘉兴钱仪吉撰

329、甘泉乡人稿二十四卷　嘉兴钱泰吉撰

330、程侍郎遗集十卷　歙县程恩泽撰

331、鲁严所学集十五卷、补遗一卷　鲁山张宗泰撰

332、磨甋斋文存一卷　番禺张杓撰

333、迈堂文略四卷　上高李祖陶撰

334、养一斋集二十五卷　山阳潘德舆撰

335、东溟文集六卷、外集四卷、后集十四集、文外集二卷、中復堂遗稿
　　五卷、续编二卷　桐城姚莹撰

336、三百堂文集二卷　长洲陈奂撰

337、柏枧山房文集十六卷、续集一卷　上元梅曾亮撰

338、古柕秋馆遗稿三卷、补遗一卷　金匮侯桢撰

339、景紫堂文集十四卷　当涂夏炘撰

340、夏仲子集六卷　当涂夏炯撰

341、邃怀堂文集四卷　宝山袁翼撰

342、青溪旧屋文集十卷　仪征刘文淇撰

343、娱景堂集三卷　宝应刘宝树撰

344、念楼集八卷、外集二卷　宝应刘宝楠撰

345、广英堂遗稿一卷　泾县包慎言撰

346、嵇庵文集二卷　江都梅植之撰

347、柽华馆文集六卷　盩厔路德撰

348、有獲斋文集十卷、附录一卷　安陆李道平撰

349、面城楼集钞四卷　南海曾钊撰

350、止斋文钞二卷　顺德马福安撰

351、嘉树山房集二十卷、外集二卷、续集二卷　雷泽张士元撰

352、小安乐窝文集四卷　雷泽张海珊撰

353、积石文稿十八卷　雷泽张履撰

354、落帆楼文集二十四卷、补遗一卷　乌程沈垚撰

355、深柳堂文集一卷　乌程沈登瀛撰

356、歐余山房文集二卷　歸安丁桂撰

357、冬青馆甲集六卷、乙集八卷　乌程张鉴撰

358、愈愚集六卷　乌程孙燮撰

359、叠翠居文集一卷　归安纪庆曾撰

360、石经阁文集八卷　嘉兴冯登府撰

361、双白燕堂文集二卷、外集八卷　武进陆耀遹撰

362、经史质疑录一卷　桐城张聪咸撰

363、南村草堂文钞二十卷　新化邓显鹤撰

364、三长物斋文略六卷　宁乡黄本骥撰

365、唐确慎公集十卷　善化唐鉴撰

366、耐庵文存六卷　善化贺长龄撰

367、寒香馆文钞八卷　善化贺熙龄撰

368、棣怀堂随笔六卷　长沙李象鹍撰

369、闿坛文稿三卷　常宁李德骞撰

370、传经室文集十卷　元和朱骏声撰

371、玉函山房文集五卷、续集五卷　历城马国翰撰

372、儆居集二十二卷　定海黄式三撰

373、万善花室文稿六卷　大兴方履籛撰

374、董方立文甲集二卷、乙集二卷　阳湖董佑诚撰

375、端虚勉一居文集三卷　武进张成孙撰

376、一经庐文钞（不分卷）　旌德姚配中撰

377、声远堂文钞四卷　仪征王翼凤撰。

378、休复居文集六卷　宝山毛岳生撰

379、味经斋文集六卷　嘉定葛其仁撰

380、六九斋馔述稿六卷　嘉定陈琭撰

381、袖海楼文钞六卷　嘉定黄汝成撰

382、躬耻斋文钞二十卷、后编六卷　会稽宗稷辰撰

383、芙村文钞二卷　萧山沈豫撰

384、定庵文集三卷、续集四卷、补文一卷、补编四卷　仁和龚自珍撰

385、古微堂内集三卷、外集七卷　邵阳魏源撰

386、籀书文集内篇二卷、外篇二卷、续篇四卷　仁和曹籀撰

387、蕴愫阁文集六卷、别集四卷　镇洋盛大士撰

388、颐志斋文集十二卷　山阳丁晏撰

389、睦州存稿八卷　山阳丁寿昌撰

390、籀经堂类稿二十四卷　晋江陈庆镛撰

391、无近名斋文钞四卷、二编二卷、外编一卷、附杂著二卷、二编一卷
　　　长洲彭翊撰

392、西云文钞二卷　福安李枝青撰

393、东洲草堂文钞二十卷　道州何绍基撰

394、小石渠阁文集六卷　侯官林昌彝撰

395、攀古小庐文一卷　日照许翰撰

396、悔过斋文集七卷、续集七卷、补遗一卷　平湖顾广誉撰

397、生斋文稿八卷　平湖方垌撰

398、张亨甫文集六卷　建宁张际亮撰

399、乐志堂文集十八卷、续集二卷　南海谭莹撰

400、汪梅村先生文集十二卷、外集一卷　江宁汪士铎撰

401、怡志堂文初编六卷　桂林朱琦撰

402、求自得之室文钞十二卷　南丰吴嘉宾撰

403、章圃文蜕八卷、附录一卷、文蜕二刻(不分卷)　南昌姜曾撰

404、绿漪草堂文集三十卷、外集二卷、别集二卷　湘潭罗汝怀撰

405、学艺斋文存八卷、外集一卷　新化邹汉勋撰

406、通甫类稿四卷、续编二卷　山阳鲁一同撰

407、漱六山房全集十一卷　清河吴昆田撰

408、心向往斋集二十卷　曲阜孔继镃撰

409、斘斋文集八卷　平定张穆撰

410、巢经巢文集六卷　遵义郑珍撰

411、朱九江先生集十卷　南海朱次琦撰

412、舒艺室杂著甲编二卷、乙编二卷、賸稿一卷、鼠坏馀蔬一卷　南汇
　　　张文虎撰

413、句溪杂著六卷　句容陈立撰

414、显志堂稿十二卷　吴县冯桂芬撰

415、小欧波馆文钞二卷　吴县潘曾莹撰

416、补学轩文集散体四卷、骈体二卷、续编散体四卷、骈体二卷、外编
　　　四卷　象州郑献甫撰

417、东熟集六卷、余集三卷、未刊遗文三册　番禺陈澧撰

418、劬书室遗集十六卷　番禺金锡龄撰

419、晋专宋瓦室类稿五卷　南海桂坫撰

420、未灰斋文集八卷、外集一卷　六合徐鼒撰

421、二知轩文存三十四卷　定远方濬颐撰

422、退一步斋文集四卷　定远方濬师撰

423、玉井山馆文略五卷、续二卷　上元许宗衡撰

424、双梧山馆文钞二十四卷　新化邓瑶撰

425、学诂斋文集二卷　江都薛寿撰

426、续东轩遗集三卷　秀水高均儒撰

427、敦艮吉斋文存四卷　合肥徐子苓撰

428、昨非集四卷　兴化刘熙载撰

429、典三腾稿十二卷　顺德周寅清撰

430、锲不舍斋文集四卷　江都李祖望撰

431、烟屿楼文集四十卷　鄞县徐时栋撰

432、逊学斋文钞十二卷、续钞五卷　瑞安孙衣言撰

433、退补斋文存十二卷、二编五卷　永康胡凤丹撰

434、半岩庐遗文一卷　仁和邵懿辰撰

435、邵亭遗文八卷　独山莫友芝撰

436、曾文正公文集四卷、书札三十二卷　湘乡曾国藩撰

437、思益堂集十九卷　长沙周寿昌撰

438、养晦堂文集十卷　湘乡刘蓉撰

439、养知书屋文集二十八卷　湘阴郭嵩焘撰

440、寥天一斋文稿一卷　湘潭欧阳兆熊撰

441、绿猗轩文钞二卷　溆浦舒焘撰

442、移芝室文集十三卷　武陵杨彝珍撰

443、㭎湖文集十二卷　巴陵吴敏树撰

444、经德堂内集四卷、外集二卷、别集二卷　临桂龙启瑞撰

445、龙壁山房文集五卷　马平王拯撰

446、百柱堂全集五十三卷　监利王柏心撰

447、虹桥老屋遗稿九卷　无锡秦湘业撰

448、竢实斋文稿二卷　无锡秦宝玑撰

449、尊小学斋文集六卷　无锡余治撰

450、味经山馆文钞四卷　桐城戴钧衡撰

451、心巢文录二卷　宝应成蓉镜撰

452、通义堂文集十六卷　仪征刘毓松撰

453、传雅堂文集四卷　仪征刘寿曾撰

454、柏堂集前编十四卷、次编十三卷、续编二十卷、后编二十二卷　桐城方宗诚撰

455、有恒心斋文十一卷　黟县程鸿诏撰

456、养志居仅存稿十八卷　丹徒陈宗起撰

457、淡园文集不分卷　怀宁马徵麐撰

458、邹徵君存稿一卷　南海邹伯奇撰

459、七经楼文钞六卷　固始蒋湘南撰

460、石泉书屋类稿八卷、尺牍二卷　利津李佐贤撰

461、蒼莨初集二十一卷　善化孙鼎臣撰

462、天岳山馆文钞四十卷　平江李元度撰

463、诂经精舍自课文二卷、宾萌集五卷、补篇一卷、外集四卷、春在堂杂文二卷、续编五卷、三编四卷、四编八卷、五编八卷、六编十卷、补遗六卷　德清俞樾撰

464、陶楼文钞十四卷　贵筑黄彭年撰

465、濂亭文集八卷　武昌张裕钊撰

466、一镫精舍甲部稿五卷　光泽何秋涛撰

467、求益斋文集八卷　溧阳强汝询撰

468、十三峰书屋文稿一卷、书札四卷　剑州李榕撰

469、结一庐遗文二卷　仁和朱学勤撰

470、汀鹭文钞三卷　阳湖杨传第撰

471、知退斋稿七卷　常熟张瑛撰

472、迟鸿轩文弃二卷、续一卷　归安杨岘撰

473、清风室文钞十二卷　海宁钱保塘撰

474、孟晋斋文集五卷　会稽顾寿桢撰

475、逊斋文集十二卷　钱塘吴承志撰

476、赌棋山庄文集七卷、续集二卷、又续二卷、余集文三卷　长乐谢章铤撰

477、桐华阁文集十二卷　巴陵杜贵墀撰

478、儆季杂著二十一卷　定海黄以周撰

479、㛋艺轩杂著三卷　定海黄家岱撰

480、弢园文录外编十二卷　苏州王韬撰

481、琴鹤山房遗稿八卷　秀水赵铭撰

482、悲庵居士文存一卷　会稽赵之谦撰

483、越缦堂文集十二卷　会稽李慈铭撰

484、湘绮楼文集八卷　湘潭王闿运撰

485、坚白斋文集八卷　攸县龙汝霖撰

486、复堂类集二十一卷、复堂文续五卷　仁和谭献撰

487、金峨山馆文集（不分卷）　鄞县郭传璞撰

488、行素轩文存一卷　金匮华蘅方撰

489、枕经堂文钞二卷　怀宁方朔撰

490、敬孚类稿十六卷　桐城萧穆撰

491、永怀堂文钞十卷　永新龙文彬撰

492、仪顾堂集二十卷　归安陆心源撰

493、泽雅堂文集八卷　乌程施补华撰

494、谪麐堂文集　德清戴望撰

495、天隐堂文录二卷　归安凌霞撰

496、仰萧楼文集不分卷　新阳张星鉴撰

497、龙泉园文集十二卷　蓟州李江撰

498、问青园集十三卷　蓟州王晋之撰

499、广雅堂散体文二卷、骈体文二卷、杂著四卷、论金石札五卷　南皮
　　张之洞撰

500、拙尊园丛稿六卷　遵义黎庶昌撰

501、庸庵文编四卷、续编二卷、外编四卷、海外文编四卷　无锡薛福
　　成撰

502、桐城吴先生文集四卷、尺牍五卷、补遗一卷　桐城吴汝纶撰

503、善思斋文钞九卷、续钞四卷　桐城徐宗亮撰

504、青草堂集十二卷、二集十六卷、三集十六卷、补集七卷　丰润赵国
　　华撰

505、晦明轩稿二卷、附壬癸金石跋不分卷　宜都杨守敬撰

506、青学斋集三十六卷　新阳汪之昌撰

507、校经室文集六卷　荣城孙葆田撰

508、寄簃文存八卷、枕碧楼偶存稿十二卷　归安沈家本撰

509、半弓居文集六卷　崇明黄清宪撰

510、虚受堂文集十六卷　长沙王先谦撰

511、畹兰斋文集四卷　善化李桢撰

512、桐乡劳先生遗稿八卷　桐乡劳乃宣撰

513、艺风堂文集七卷、外篇一卷、续集八卷、外集一卷、辛壬稿三卷、癸
　　甲稿四卷、乙丁稿五卷　江阴缪荃孙撰

514、松邻遗集十卷　仁和吴昌绶撰

515、汉孳室文钞四卷、补遗一卷　会稽陶方琦撰

516、盋山文录八卷　上元顾云撰

517、读书堂集十三卷　顺德简朝亮撰

518、程伯翰先生遗集十卷　宁乡程颂藩撰

519、味静斋文存二卷、续选二卷　山阳徐嘉撰

520、西江文稿三十二卷　慈溪王家振撰

521、舫庐文存内集四卷、外集一卷、余集一卷　镇海张寿荣撰

522、王文敏公遗集八卷　福山王懿荣撰

523、佩弦斋文存三卷、杂存二卷　义乌朱一新撰

524、奇觚庼文集三卷、外集一卷　长洲叶昌炽撰

525、写礼庼文集一卷、补遗一卷　长洲王颂蔚撰

526、籀庼述林十卷、遗文二卷　瑞安孙诒让撰

527、柔桥文钞十六卷　黄岩王芬撰

528、函雅堂集四十卷　黄岩王咏霓撰

529、镕经室集四卷　黄岩张濬撰

530、默庵集十卷　黄岩王舟瑶撰

531、意园文略二卷　清宗室盛昱撰

532、槃迈文甲集三卷、乙集二卷　萧山汤纪尚撰

533、广经室文钞一卷　宝应刘恭冕撰

534、烟霞草堂文集十卷　咸阳劉光蕡撰

535、可园文存十六卷　江宁陈作霖撰

536、玉津阁文略九卷　大兴胡薇元撰

537、惜道味斋集三卷　普定姚大荣撰

538、金粟斋遗集八卷　合肥蒯光典撰

539、容膝轩文稿八卷　镇海王荣商撰

540、蒿庵类稿三十二卷、续稿三卷　金坛冯煦撰

541、复庵类稿八卷　吴县曹允源撰

542、食旧德斋杂著二卷　宝应刘岳云撰

543、陶庐文集七卷、陶庐笺牍四卷、骈文一卷、外篇一卷　新城王树
　　枏撰

544、后乐堂文钞九卷、续编九卷　盐城陈玉澍撰

545、洨民遗文一卷、丛稿一卷　元和孙传凤撰

546、始诵经室文录一卷　湘潭胡元仪撰

547、端敏先生遗集四卷　湘潭胡元直撰

548、璧沼集四卷　湘潭胡元玉撰

549、蠹庵集十八卷、续集八卷、续集录遗二卷　邵阳曾廉撰

550、平养堂文编十卷　湘乡王龙文撰

551、劬庵文稿初编、二、三、四编各一卷　湘潭罗正钧撰

552、北岳山房文集十四卷　石门阎镇珩撰

553、经训书院自课文三卷、师伏堂骈文四卷、南学会讲义十二篇　善
化皮锡瑞撰

554、郋园山居文录二卷、郋园北游文存一卷、郋园书札一卷　湘潭叶
德辉撰

555、烟海楼文集十六卷　新化邹永脩撰

556、四益馆文集一卷、杂著不分卷　井研廖平撰

557、寿栎庐文集一卷、卮言和天八卷　名山吴之英撰

558、石遗室文集十二卷、续集、三、四集各一卷　侯官陈衍撰

559、贺先生文集四卷　武强贺涛撰

560、南丰刘先生文集四卷、补遗一卷　南丰刘孚京撰

561、序异斋文集八卷　冀州赵衡撰

562、北江先生文集七卷　桐城吴闿生撰

563、抱润轩文集二十二卷　桐城马其昶撰

564、蜕私轩集五卷　桐城姚永朴撰

565、慎宜轩文集十二卷　桐城姚永概撰

566、范伯子文集十二卷　通州范当世撰

567、桂之华轩文集九卷、补遗一卷　泰兴朱铭盘撰

568、质庵集二卷　南通州白作霖撰

569、畏庐文集一卷、续集一卷、三集一卷　闽县林纾撰

570、散原精舍文集十七卷　义宁陈三立撰

571、双松室遗著二卷　阳湖方恒撰

572、钱隐叟遗集八卷　武昌钱桂笙撰

573、横山乡人类稿十三卷　丹徒陈庆年撰

574、观所尚斋文存七卷　江阴夏孙桐撰

575、茹经堂文集六卷、二编九卷、三编八卷、四编八卷、五编七卷、六编
七卷　太仓唐文治撰

576、师郑堂集六卷、骈体文存二卷　昭文孙同康撰

577、退庐文集七卷　新昌胡思敬撰

578、茹荼轩文集十一卷、续集六卷　娄县张锡恭撰

579、待烹生文集四卷　华亭钱同寿撰

580、笺经室遗集二十卷　吴县曹元忠撰

581、复礼堂文集十卷　吴县曹元弼撰

582、小三吾亭文甲集一卷　如皋冒广生撰

583、惺误斋初稿十卷　黄岩喻长霖撰

584、缺斋遗稿三卷　番禺傅维森撰

585、严几道文钞五卷　侯官严复撰

586、读易草堂文集内篇一卷、外篇一卷　厦门辜汤生撰

587、四当斋集十四卷　长洲章钰撰

588、许顾学林二十卷　吴县胡玉缙撰

589、一山文存十二卷　宁海章梫撰

590、弗堂类稿三十一卷　贵筑姚华撰

591、寥天一阁文二卷、远遗堂集外文二卷　浏阳谭嗣同撰

592、饮冰室文集四十五卷　新会梁启超撰

593、涉江先生文钞一卷　渤海唐晏撰

594、程一夔文甲集八卷、续编四卷、三编四卷　江宁程先甲撰

595、缀学堂初稿四卷　象山陈汉章撰

596、隶经杂著甲乙篇各二卷　山阳顾震福撰

597、面城精舍杂文二卷、永丰乡人甲稿一卷、乙稿二卷、丙稿四卷、丁稿一卷、松翁近稿一卷、丙寅稿、丁戊高、辽居稿、辽居乙稿、松翁未焚稿、车尘稿、后丁戊稿各一卷、贞松老人外集四卷、补遗一卷　上虞罗振玉撰

598、静庵文集不分卷、观堂集林二十四卷、别集一卷、补遗、后编各一卷、外集四卷　海宁王国维撰

599、太炎文录初编二卷、别录三卷、补编一卷、续编七卷　余杭章炳麟撰

600、左庵集八卷、外集二十卷　仪征刘师培撰

参考文献

［美］钱存训:《书于竹帛——中国古代的文字记录》,上海世纪出版集团、上海书店出版社,2004 年。

钱存训:《中国纸和印刷文化史》,广西师范大学出版社,2004 年。

肖东发:《中国图书出版印刷史论》,北京大学出版社,2001 年。

曹之:《中国古籍编撰史》,武汉大学出版社,1999 年。

曹之:《中国古籍版本学》,武汉大学出版社,1992 年。

张舜徽:《清人文集别录》(上、下),中华书局,1980 年。

叶德辉:《书林清话》,中华书局,1999 年。

祝尚书:《宋人总集叙录》,中华书局,2004 年。

祝尚书:《宋人别集叙录》(上、下),中华书局,1999 年。

《清史稿》,中华书局,2003 年。

《旧唐书》,中华书局,2002 年。

《史记》,中华书局,2005 年。

《南齐书》,中华书局,1999 年。

《通典》,中华书局,2003 年。

《通志略》,中华书局,1999 年。

［德］马克斯·韦伯:《儒教与道教》,商务印书馆,2004 年。

《晋书》,中华书局,1999 年。

苏国勋、刘小枫主编:《社会理论的开端和终结》,上海三联书店,2005 年。

陈正宏等:《中国禁书简史》,学林出版社,2004 年。

尹德新主编:《历代教育笔记资料——清代部分》,中国劳动出版社,1992 年。

宋原放主编:《中国出版史料——古代部分》(一、二),湖北教育出版社、山东教育出版社,2004 年。

宋原放主编:《中国出版史料——近代部分》(一、二、三),湖北教育出版社、山东教育出版社,2004年。

刘梦溪:《中国现代学术经典——梁启超卷》,河北教育出版社,1996年。

张舜徽:《清代扬州学记》,华中师范大学出版社,2005年。

陈正宏、谈蓓芳:《中国禁书简史》,学林出版社,2004年。

李明山:《中国近代版权史》,河南大学出版社,2003年。

何凯立著、陈建明译:《基督教在华出版史》,四川大学出版社,2004年。

李零著:《简帛古书与学术源流》,三联书店,2004年。

余英时:《文史传统与文化重建》,三联出版社,2004年。

江藩著,漆永祥笺释:《汉学师承记笺释》,上海古籍出版社,2006年。

戈公振:《中国报学史》,上海古籍出版社,2003年。

费成康:《中国的家法族规》,上海社会科学院出版社,2003年。

张仲谋:《清代文化与浙派诗》,东方出版社,1997年。

陶东风、金元浦主编:《文化研究》第4辑,中央文献出版社,2003年。

苏国勋、刘小枫主编:《社会理论的知识学建构》,华中师范大学出版社、上海三联出版社,2005年。

[法]爱弥尔·涂尔干:《宗教生活的基本形式》,世纪出版集团、上海人民出版社,2006年。

邢铁:《宋代家庭研究》,上海人民出版社,2005年。

常建华:《明代家庭研究》,上海人民出版社,2005年。

李卿:《秦汉魏晋南北朝时期家族、宗族关系研究》,上海人民出版社,2005年。

冯尔康:《18世纪以来中国家族的现代转向》,上海人民出版社,2005年。

[美]R·柯林斯:《哲学的社会学——一种全球的学术变迁理论》,新华出版社,2004年。

黄炳垕:《黄宗羲年谱》,中华书局,2006年。

万仕国:《刘师培年谱》,广陵书社,2003年。

徽学研究资料辑刊:《清代徽人年谱》,黄山书社,2006年。

[美]艾尔曼:《从理学到朴学——晚清中国思想面面观》,江苏人民出版社,1994年。

[美]艾尔曼:《经学、政治和宗族——中华帝国晚期常州今文学派研究》,江苏人民出版社,2005年。

支伟成:《清代朴学大师列传》,岳麓书社,1986年。

刘尚恒:《徽州——刻书与藏书》,广陵书社,2003年。

谢水顺、李珽:《福建古代刻书》,福建人民出版社,2001年。

钱穆著:《国史新论》,三联出版社,2005年。

余英时:《士与中国文化》,三联出版社,2003年。

袁啸波:《民间劝善书》,上海古籍出版社,1995年。

梁其姿:《施善与劝化——明清的慈善组织》,河北教育出版社,
    2001年。

张杰:《清代科举家族》,社会科学文献出版社,2003年。

钱穆:《中国近三百年学术史》,商务印书馆,1997年。

梁启超:《中国近三百年学术史》,上海三联书店,2006年。

[美]周策纵:《五四运动——现代中国的思想革命》,江苏人民出版
    社,2005年。

郑士德:《中国图书发行史》,高等教育出版社,2000年。

哈罗德·英尼斯:《传播的偏向》,中国人民大学出版社,2003年。

罗检秋:《嘉庆以来汉学传统的衍变与传播》,中国人民大学出版社,
    2006年。

钱基博:《近百年湖南学风》,中国人民大学出版社,2004年。

[法]布尔迪厄:《国家精英》,商务印书馆,2005年。

张秀民、韩琦增订:《中国印刷史》,浙江古籍出版社,2006年。

冯尔康:《清代人物传记与史料研究》,天津教育出版社,2005年。

曹月堂:《中国文化世家·吴越卷》湖北教育出版社,2004年。

候玉杰等:《滨州杜氏家族研究》,齐鲁书社,2003年。

郑杭生:《社会学概论新编》中国人民大学出版社,2006年。

[美]徐烺光:《宗族、种姓、俱乐部》,华夏出版社,1990年。

[美]E·希尔斯著,傅铿、吕乐译:《论传统》,上海人民出版社,
    1991年。

《清代朱卷集成》408、415、411分册,台湾成文出版社有限公司。

[美]休斯敦·史密斯著,刘述先校订:《人的宗教》,海南出版社,
    2006年。

萧放:《明清家族共同体组织民俗论纲》,《明清史》,人大复印资料,
    2006.(3)年。

冯尔康:《清代宗族、村落与自治问题》,《明清史》,人大复印资料,
    2006.(3)年。

贾载明:《谱牒的产生及其发展演变》:[EB/OL]. www. ourhappy land. net/. 2006 - 05 - 10/2007 - 05 - 10。

郑杭生:《现代化过程中个人的创生与集体化》:《社会学》,人大复印资料,2006 年(6)。

李翔海:《儒家的安身立命之道与东亚价值》:中华读书报. 2006 年 6 月 28 日。

后 记

本书的发端，源于童庆炳先生讲授《文心雕龙》一课的课堂作业。当时，为了完成作业，以"阅读构成的文化史——从《文心雕龙》经典的流传看我们祖先的阅读"为题，写了一篇文章。作业完成之后，却引起了要继续探究下去的想法及对相关问题的思考。一部图书的生命力，究竟是靠什么决定的？像《文心雕龙》这样的经典文献，自作者完成到今天，经过了漫长的收藏、注释、版本校勘等历史传承过程，从参与其中的历代学人身上，能够给予今天的文化出版以哪些有益的启发？带着这样的思考，我开始了本书的材料收集、整理和写作过程。

本书的写作过程中，让我深有感触的，就是对童庆炳先生坚持十几年讲授《文心雕龙》这样一部经典，引领我对中国传统文化有了更深一层的思索。童先生及北京师范大学文艺学一批国内外知名学者，不知用这种潜移默化的方式带领多少青年学子走进了学术殿堂。

本书的基本内容，是在博士论文的基础上修改而成的。期间，得到北京师范大学蒋原伦教授的精心指教，受益良多。尤其是北京师范大学王一川教授、曹卫东教授、中国人民大学余虹教授、北京第二外国语学院汪民安教授、人民文学出版社潘凯雄副社长的宝贵意见，使本书得以顺利成型，出版面世。在此，向给我以多方教益的各位专家学者致以深深的谢意。

何明星

2007 年 4 月